# 求告主名
# Calling on the Name of the Lord

## 合乎圣经的祷告神学
## A Biblical Theology of Prayer

盖瑞·米勒（J. Gary Millar） 著
路得 译
维尼 审

贤理·璀雅
LATERIA PRESS

© J. Gary Millar 2016

**作者**／盖瑞·米勒（J. Gary Millar）
**英译**／路得
**审校**／维尼
**责任编辑**／徐西面
**中文校对**／甘雨，若凡

**中文书名**／求告主名——合乎圣经的祷告神学
**英文书名**／Calling on the Name of the Lord: A Biblical Theology of Prayer
**从属英文系列**／New Studies in Biblical Theology
**英文系列主编**／唐纳·卡森（D. A. Carson）

*All rights reserved.* This translation of ***Calling on the Name of the Lord (NSBT)*** first published in 2016 is published by arrangement with Inter-Varsity Press, London, England. No Part of this book may be reproduced or transmitted in any form or by any means, electronic or mechanical, including photocopying, recording, or by any information storage or retrieval system, without permission in writing from the publisher. For information, address Latreia Press, Hudson House, 8 Albany Street, Edinburgh, Scotland, EH1 3QB.

本书部分经文引自《和合本》和《和合本修订版》，版权属香港圣经公会所有，蒙允准使用。其余经文直接译自英文原文。

**策划**／李咏祈
**装帧设计**／冬青
**出版**／贤理·璀雅出版社
**地址**：英国苏格兰爱丁堡
**网址**：https://latreiapress.org
**电邮**：contact@latreiapress.org
**中文初版**／2020 年 1 月

**ISBN**：978-1-913282-07-3

# 目 录
Contents

总 序 .................................................. 1

自 序 .................................................. 3

缩略表 ................................................. 6

**引言：祷告与福音** ...................................... 9

**第一章 祷告之始：《摩西五经》的祷告** ............... 15
祷告的开始 / 求告耶和华的名 / 中段小结：圣经中祷告的实质 / 摩西五经里的祷告——观点检测
总结

**第二章 祷告与历史进展：前先知书的祷告** ........... 49

**第二章 祷告与历史进展：前先知书的祷告** ........... 49
《约书亚记》的祷告 /《士师记》里的祷告
《撒母耳记》的祷告 /《列王纪》的祷告 / 总结

## 第三章 在未来之光中祷告：后先知书中的祷告......77
长篇祷告与大先知书 / 短篇祷告与小先知书
总结

## 第四章 为新的约祷告：圣卷里的祷告......123
祷告的智慧 / 被掳流放时期的祷告 / 为新的约祈祷：《以斯拉记》《尼希米记》《历代志》的祷告
总结

## 第五章 《诗篇》、弥赛亚与教会......161
诗篇是"祷告"吗？ / 谁的祷告？《诗篇》中有预言吗？ / 《诗篇》如何为圣经祷告神学作出贡献？

## 第六章 耶稣与祷告：福音书中的祷告......197
祷告与耶稣的降生 / 耶稣的教导与祷告
耶稣的比喻与祷告 / 耶稣的生活与祷告

## 第七章 祷告的教会：《使徒行传》中的祷告......229
耶路撒冷的祷告 / 犹太与撒马利亚之地的祷告
地极之处的祷告 / 结语

## 第八章 植堂与祷告：保罗书信中的祷告......243
保罗为他人代祷 / 保罗对祷告的教导
保罗关于祷告的劝勉 / 题外话：保罗与集体祷告？
结语

**第九章 祷告的结束：新约后期的祷告**......................**265**
　　祷告与《希伯来书》/ 祷告与《雅各书》
　　祷告与彼得 / 祷告与《犹大书》
　　祷告与约翰 / 总结

**后记：为何要（重新）学习祷告**..................................**285**
　　引言 / 分析：福音派与祷告出了什么状况？
　　诊断：为什么教会祷告越来越少？
　　重新学习祷告

**参考书目**.........................................................................**297**

# 总序

《圣经神学新研究》（*New Studies in Biblical Theology*）是一系列探讨圣经神学关键问题的专著，这些作品的内容集中在以下三个领域中的一个或多个：（1）圣经神学的本质与地位，包括与其他学科的关系（如历史神学、释经学、系统神学、历史批判学、叙事神学）；（2）对某一圣经作者或圣经某一部分之思想结构的阐述；（3）圣经整体或部分对某个圣经主题的描述。

最重要的是，这一系列专著是创造性的尝试，希望能帮助爱思考的基督徒更好地理解圣经。该系列旨在兼顾指导和启发，在与当前文献互动的同时，也指出今后要走的路。在神看来，意念（mind）与内心（heart）密不可分。因此，在该系列中，我们尽量不把神所联合的东西分开。虽然书中的注释会与学术文献互动，但正文不会使用直译发音的希腊文和希伯来文，并力求避免过多的专业术语。这些专著都是以认信的福音派神学为框架的，但也总是会力求对相关文献作全面性的深入研究。

有关祷告的书很多，其中不少是谈"如何祷告"的，有些几乎是神秘主义的，有些会仔细考查某些经文，比如研究保罗或大卫的祷告,还有一些则考查圣经对神的各种称呼。本书作者盖瑞·米勒博士(Gary Millar)的视角非常独到,他对整本圣经进行梳理,从中探究各卷书或各部分经文的"祷告焦点"——这是关于祷告的圣经神学。一方面,他的发现没什么令人惊奇的:圣经中绝大多数祷告都以这样或那样的方式与神在救赎历史中的目的相联系,并最终指向耶稣与福音。另一方面,他的发现却是革命性的:现代许多基督徒的祷告是以个人的忧虑、需求和喜好为中心,而没有聚焦于神的目的和应许。

只要没有本末倒置,这样的祷告也算不上大错(毕竟,彼得在《彼得前书》5章7节中说:"你们要将一切的忧虑卸给神,因为祂顾念你们")。盖瑞·米勒的这本书不仅告诉我们圣经中的祷告是怎样的,而且读懂这本书会帮助我们发出与神的救赎目的相符的祷告,"奉耶稣之名祷告"的意义也就骤然变得更加清晰。

三一神学院(Trinity Evangelical Divinity School)
卡森(D. A. Carson)

# 自序

神学需要教导出来,也需要活出来,因此,写一部关于祷告的学术书籍,挑战实在不小。我特别感谢妻子菲奥娜(Fiona)在信仰与生活中作我的伙伴,过去几年里,她一直鼓励我将所教所写的内容活出来。此外,我还要感谢女儿露西(Lucy)、苏菲(Sophie)与丽贝卡(Rebekah)与我们共同经历(并创造了!)悲喜交加的家庭祷告时光。这些时光提醒我们一家每天都需要求告主名。

每当思考和写作"祷告"这个话题,并越来越投身祷告和享受祷告时,我都会想起这些年最爱教我祷告的那些人,并为他们而向神感恩。我由衷地感谢父母约翰·米勒(John Millar)和洛娜·米勒(Lorna Millar),他们从我年幼时就鼓励我祷告;感谢北爱尔兰利斯本(Lisburn)母会青年团契的带领人,他们教会了我与他人一起祷告;感谢贝尔法斯特女王大学(Queen's University Belfast)和阿伯丁(Aberdeen Universicy)大学基督团契(Christian Union)的同学们;感谢阿伯丁南吉可姆斯顿(Gilcomston South, Aberdeen)的教会和每周六晚上由威廉·斯蒂尔(William Still)带领的会众祈祷会,他们让我经历了改变生命的独特祷告;感谢我的岳父母沃纳·哈迪（Warner Hardie）和希娜·哈迪（Sheena Hardie），他们建议我在早餐时间为普世宣教代祷；感谢班格尔市汉密尔顿路长老教会（Hamilton Road Presbyterian Church, Bangor）忠诚的"祷告勇士"们，与他们在都柏林（Dublin）同行的十二年多着实令人兴奋，那段经历使我们更加委身地为"忠于福音"和"在福音里成长"而祷告。我们也永难忘怀在霍斯（Howth）与马拉海德长老教会（Malahide Presbyterian Church）面对顺境和逆境时经历的祷告时光。

写作此书也让我更加感谢多年来为我们忠实代祷的人。此刻我们更需要代祷，并且希望这本书能鼓励他们继续祷告，祈求神用祂的圣灵在我们身上做成祂的工。

自从我2012年移居澳大利亚以来，许多人都听我讲过"大声思考"的祷告理念，他们也帮助我完善了这个理念。我特别感谢塔斯马尼亚基督教大会（Tasmania Christian Convention）的参与者，以及布里斯班奋兴大会（Ignite Conference in Brisbane）、新南威尔士科夫斯海港长老教会（Coffs Harbour Presbyterian Church in New South Wales）、圣公会悉尼教区事工培训与发展大会、昆士兰与新南威尔士北部教会宣教协会暑期班，以及南新威尔士中海岸各教会。他们都接触过本书中那些逐渐发展的想法，并且帮助我把这些想法变得更好。

我还要感谢昆士兰神学院的同事，他们不仅听我分享书中的一些论点（并常帮我表达得更清晰），而且帮我查考资料，让我得以自由地写作。图书管理员安妮特·麦格拉斯（Annette McGrath）为此出了不少力。我也要特别感谢帮忙后期制作的学生和毕业生：卡米娜·伍斯特（Kamina Wust）、凯蒂·艾伦（Katie Allan）、梅琳达·史密斯（Melinda Smith）与洛丽莎·阿其扬（Lorissa Achjian）。昆士兰神学院是一个敬虔又乐于助人的团体，专心"求告主名"以持守神透过福音赐给我们的应许。能成为其中一员，我感到荣幸至极。

唐·卡森（Don Carson）一直都是我的榜样与鼓励，他为本书增色不少。与大学出版社（Inter-Varsity Press）的菲利普·杜斯（Philip Duce）合作也一如既往地让我非常愉快。此外我还要感谢艾尔都·巴克文森（Eldo Barkhuizen），他严谨而亲切的审稿让本书的论述变得更加清晰。

愿神，我们的王，透过此书来感动我们求告他的名，继续使他的名在全地得荣耀。

盖瑞·米勒（Gary Millar）
2015年8月

# 缩略表

| | |
|---|---|
| AB | Anchor Bible |
| AcBib | Academia biblica |
| ANE | ancient Near East(ern) |
| AOTC | Apollos Old Testament Commentary |
| AYB | Anchor Yale Bible |
| BCOTWP | Baker Commentary on the Old Testament Wisdom and Psalms |
| BECNT | Baker Exegetical Commentary on the New Testament |
| BECOT | Baker Exegetical Commentary on the Old Testament |
| BTCB | Brazos Theological Commentary on the Bible |
| BZAW | Beihefte zur Zeitschrift für die alttestamentliche Wissenschaft |
| CC | Continental Commentaries |
| *DCH* | *Dictionary of Classical Hebrew*, ed. D. J. A. Clines, 6 vols., Sheffield: Sheffield Phoenix, 1993–2008 |

| | |
|---|---|
| *DOTP* | *Dictionary of the Old Testament: Pentateuch*, ed. T. D. Alexander and D. W. Baker, Downers Grove: InterVarsity Press; Leicester: Inter-Varsity Press, 2003 |
| EBC | The Expositor's Bible Commentary |
| ECC | Eerdmans Critical Commentary |
| FOTB | Focus on the Bible |
| FOTL | The Forms of the Old Testament Literature |
| GKC | *Gesenius' Hebrew Grammar*, ed. E. Kautzsch, rev. and tr. A. E. Cowley, Oxford: Clarendon, 1910 |
| *HALOT* | *The Hebrew and Aramaic Lexicon of the Old Testament*, ed. L. Koehler and W. Baumgartner, tr. and ed. under the supervision of M. E. J. Richardson, 5 vols., Leiden: Brill, 1994–2000 |
| *HBT* | *Horizons in Biblical Theology* |
| JSOTSup | Journal for the Study of the Old Testament, Supplement Series |
| LHB/OTS | Library of the Hebrew Bible / Old Testament Studies |
| MLBS | Mercer Library of Biblical Studies |
| mt | Masoretic Text |
| NAC | New American Commentary |
| NIBC | New International Biblical Commentary |
| NICNT | New International Commentary on the New Testament |
| NICOT | New International Commentary on the |

| | |
|---|---|
| | Old Testament |
| *NIDOTTE* | *New International Dictionary of Old Testament Theology and Exegesis*, ed. W. A. VanGemeren, 5 vols., Carlisle: Paternoster; Grand Rapids: Zondervan, 1997 |
| NIGTC | New International Greek Testament Commentary |
| NIVAC | New International Version Application Commentary |
| NSBT | New Studies in Biblical Theology |
| NT | New Testament |
| *NTS* | *New Testament Studies* |
| OBT | Overtures to Biblical Theology |
| OT | Old Testament |
| OTL | Old Testament Library |
| PNTC | Pillar New Testament Commentary |
| PTW | Preaching the Word |
| *SBET* | *Scottish Bulletin of Evangelical Theology* |
| SBLDS | Society of Biblical Literature Dissertation Series |
| SHBC | Smyth & Helwys Bible Commentary |
| *TynB* | *Tyndale Bulletin* |
| THOTC | The Two Horizons Old Testament Commentary |
| TNTC | Tyndale New Testament Commentaries |
| TOTC | Tyndale Old Testament Commentaries |
| *VT* | *Vetus Testamentum* |
| WBC | Word Biblical Commentary |
| ZECNT | Zondervan Exegetical Commentary on the New Testament |

# 引言：祷告与福音

> 写关于祷告的书是一件令人生畏的难事，就像一个人不敢碰触约柜，唯恐亵渎圣物。堪当此任者，必须花功夫实际操练祷告，不能只研究其原理。但也许对原理的研究也会受到勤于代祷者的尊重，他们让代祷本身成为帮助其更好地认识祷告原理的一种途径。
>
> 《祷告之灵》（The Soul of Prayer）
> 福塞斯（P. T. Forsyth）

出于诸多原因——包括福塞斯所言之因在内，我以前未曾想过写书论述祷告，我也无此雄心。然而，在过去几年里，几件互相关联的事促使我提笔来谈谈祷告，以至有了今天这本书。我的根本动机只是希望自己作为一个属于主耶稣基督、被祂呼召并被赋予了祷告能力的人，能够更多且更有效地祷告。除此之外，也因为我越来越感到祷告被英语世界的教会忽视，情形令人堪忧。在我所移居的圈子里，释经讲道明显增多，我为此感谢神。福音派已经变得越来越善于思考、注重关系和以福音为中心，这很令人鼓舞。比起上世纪80年代，我认为现在小组查经的质量提高了许多，这些都极其振奋人心。不过，还有另一个趋势却常被人忽视了，那就是**许多地方的教会不再祷告**。[1]

这并不是说教会出台了不祷告的政策，或公然宣告只靠自己、无需祷告。我想，在大多数情况下，教会是不知不觉地停止了祷告——常常是为了吸引更多人参与教会生活。我们选择把祷告移出教会生活的中心地带，祷告会被小组活动所取代。结果怎样呢？结果经常是祷告被排挤到晚上9点半之后的某个时段，那时组长就会说："诶呀，没想到这么迟了。今天就先到这里吧，最后我们花几分钟祷告再走。"（我就是一个最好的例子。）这最后几分钟的仓促祷告主要是为某位邻居老奶奶（不一定是基督徒）患癌症之类的事代祷。虽说为这些人祷告也很重要，但这样的祷告无疑凸显出我们的祷告观缺乏福音的深度。

我发现祷告方面的书籍似乎已经不再是基督教必读经典了，这使我愈发为信徒个人成长和祷告正从教会日程上消失而忧心。记得上世纪80年代末我还是个学生时，令人敬佩的学生团契成员没有一个不曾读过奥利·哈勒斯比（Ole Hallesby）的经典名著《祷告》（*Prayer*）[2]，而且还可能仔细研读了更近代卡森（D. A. Carson）出版的《保罗的祷告：灵命更新的呼召》（*A Call to Spiritual Reformation: Priorities*

---

[1] 下文对此会有更加完整的分析。
[2] Hallesby 1931。

*from Paul and His Prayers*)³。但今天,即使在神学生中,我也很难想到一本有关祷告的书能引起大家如此关注,无论它是出于哪个年代或写于哪个程度。⁴几年前,当我决定深入研究祷告,并在五场会议中作一个关于祷告的系列发言时,我很难找到一本书是单单研究圣经从《创世记》到《启示录》有关祷告的材料。尽管有一些关于主祷文和保罗祷告的研究颇有价值,有一些关于祷告操练的书也写得很好,但却没有一本书全面讲述祷告在圣经中的发展。⁵

当我继续思考这些完全不同的问题时,我读到了加尔文《基督教要义》第三卷第二十章一至三节中对祷告的论述:

---

³ 卡森 1992。
⁴ Paul Miller 的佳作《祷告的生活》(*A Praying Life*, 2009)是个例外。此外,在本书写作期间,有两本改革宗福音派出版的关于祷告的书问世,打破了相对"寂静"的局面,参见 Keller 2014 和 Philip 2015 的著作。
⁵ 当然,Graeme Goldsworthy 写过一本饶有兴味的《祷告与对神的认识》(*Prayer and the Knowledge of God,* 2003),但与他通常的做法不同,他在此书中实际上更多采用了系统神学的方法,而不是圣经神学的方法。进一步搜索后,我也寻到了其他几本论及圣经中的祷告的书,例如 Tim Chester 写过一本颇有洞见的《祷告的信息》(*The Message of Prayer,* 2003)。尽管此书在严格意义上不是圣经神学,但书中的确涵盖了许多圣经内容。又如《教我们祷告》(*Teach Us to Pray*)是一部很有价值的研究汇编(参见卡森 1990,尤其是页 136–173,Ed Clowney 所写的那章),同样,Richard Longenecker 所编的《进入神的同在》(*Into God's Presence*)是更具学术性的宝贵作品。此外,还有一些重要学者的研究作品也有价值(参见 Clements 1985 和 P. D. Miller 1994)。不过整体情形仍然是:我找到的这些著作中,没有一个是单单追溯祷告在圣经中的发展。

> 信心由福音而生，信心也操练我们求告神的名（罗 10:14-17）。而且这与他[保罗]先前的教导一致：赐给我们儿子名分的圣灵，就是将福音的见证印在我们心中的灵（罗 8:16），使我们坦然无惧地在神面前表明自己的渴望，用说不出来的叹息替我们祷告（罗 8:26），以至我们能放胆呼叫："阿爸！父！"（罗 8:15）[6]
>
> 信徒也借祷告将主的福音所报告和我们的信心所看见的财宝挖掘出来。[7]
>
> 然而，……人是不晓得神吩咐他百姓祷告的目的为何，因他命令我们祷告并不是为他自己的缘故，而是为了我们。[8]

在加尔文看来，祷告与福音显然密不可分。本书正是依循这个简单却极其深刻的洞见而设定了研究轨迹，书中阐明了这样一个事实：圣经中的祷告是与福音紧紧相连的，这福音是神应许为人类背叛他的罪及其后果提供的解决之道。从圣经的开篇，特别是《创世记》4章26节第一次提到人开始"求告耶和华的名"，直到圣经的结尾，教会祈求"主耶稣啊，我愿你来"（启22:20），祷告的福音性特质都显而易见。

本书以圣经对祷告的教导为框架，将祷告定义为"求告主名"，并展现圣经对祷告的教导是如何建立在这个基础之

---

[6] 约翰·加尔文，《基督教要义》，钱曜诚等译，基督教经典译丛（北京：三联书店，2010），页856。
[7] 同上，页856。
[8] 同上，页857。

上的。因此，本书会比《圣经神学新研究》（*NSBT*）中的其他著作引用更多经文，这是有意而为的。由于圣经中有关祷告的重要教导常常与一些叙事或诗歌融在一起，而这些段落的重点并不是祷告，因此即使非常仔细读经的人，也容易忽略内中与祷告相关的教导。祷告是一条重要的圣经神学脉络，贯穿整本圣经，但却容易被淹没在其他诸多教导中。我盼望本书能尽微薄之力，帮助教会重新发现圣经对祷告之重要性所作出的持续不断的见证。

本书将首先呈现旧约对祷告的所有教导是如何以"求告耶和华的名"或"求神按照圣约的应许施行拯救"为基础的。随后进入新约，我们会清楚地看到耶稣自己如何重新定义"求告耶和华的名"，以及在祂死里复活之后，众使徒如何形成"奉耶稣的名祷告"的观念，以之作为"求告耶和华的名"在新约时代的表达。本书将论述，整本圣经将祷告主要解释为"求神成就他的应许"。正如加尔文所说："透过福音，我们的心操练求告主名。"[9]

我在本书结尾处添加了一个后记，它虽没有严格地延续前面的逻辑论证，却也是本书的重要部分。一方面，本书属于学术作品，但另一方面，若不努力实践所写的内容，并将其应用于教会生活，那它就是虚伪至极的作品。因此本书的最后一部分尝试将前面各章的见解应用到我们所面对的挑战

---

[9] 译者注：此处作者对引文做了少许改动。英文版原句见 John Calvin, *Institutes of The Christian Religion*, ed. John T. McNeill, trans. Ford Lewis Battles (London: John Know Press, 1967), pp. 850-851; 中文版原句见约翰·加尔文，《基督教要义》，钱曜诚等译，基督教经典译丛（北京：三联书店，2010），页856。

中，作为耶稣基督的教会，我们在这个破碎的世界里求告主名，等候主的再来。

# 第一章 祷告之始：《摩西五经》的祷告

## 祷告的开始

《创世记》开头几章对圣经神学的研究至关重要。正是这几章——创造、伊甸园及其之后的事——为理解整个圣经故事奠定了基础。不足为奇，祷告也正是从这里开始的。

圣经中首次记载祷告是在何处呢？有时候人们会把亚当、夏娃与神在伊甸园里的对话看作祷告。但经文本身并没有这样说，只将其描述成日常对话。[1] 这些堕落之前的自然对话并

---

[1] 这个简单的句子背后是一个重要的方法论观点。接下来我会解释，本书中的"祷告"是指**当神没有与人面对面同在的时候**，人呼求神的刻意之举。因此在伊甸园中，神与亚当（神、亚当与夏娃）之间的对话不被视为"祷告"。同样，《创世记》18 章中亚伯拉罕与耶和华的对话——亚伯拉罕仍旧站在耶和华面前...近前来说...(18:22-23)——严格来讲也不属于祷告的范畴。(这与许多大众书籍的观点相反，包括 Keller 2014，页 26。)

没有被描述成"祷告"，[2] 就像此处与神的关系没有被明确描述为"约"一样，一般来讲，《旧约》中"约"的概念是在神主动**开始修复破裂的关系**时才启用的。同样，该隐与亚伯献祭时的人神互动也没有被称为"祷告"。[3] 直到《创世记》第4章的结尾，我们才明确地看到有一件重要的事出现了，它很像祷告。

《创世记》4章25-26节说：

> 亚当又与妻子同房，他就生了一个儿子，起名叫塞特，意思说："神另给我立了一个儿子代替亚伯，因为该隐杀了他。"塞特也生了一个儿子，起名叫以挪士。那时候人才求告耶和华的名。[4]

**这便是祷告的开始。**

---

[2] 我在此无意进入系统神学关于"神与被造之初的人类是何关系"的争论，我不是说从系统神学的角度将堕落前的关系描述为"约"的关系是不合适的，而只是想指出经文文本没有如此使用"约"的语言，或"祷告"的语言没有被如此使用。

[3] 对比例子 M.E.W. Thompson 1996，页 12。

[4] 大多数关于祷告的书，甚至那些有专门的章节讨论摩西五经的，也从未评论过"那时候，人才求告耶和华的名"这句话。（如 Clements 1985；卡森 1990 中 Peskett 写的部分，页 19–34；Balentine 1993；Chester 2003。）不过，Clowney（见卡森 1990，页 138）虽然没有详谈这句话的重要意义，却提到祷告是从这时候开始的。Goldsworthy (2003，页 72)也提到祷告是从这里开始的，但没有进一步分析。Verhoef 1997，页 1062 亦是如此。

这里的关键句是"那时候人才求告耶和华的名",它强调了某个新事物在此时正式开始。[5] 然而,在《创世记》的故事发展进程中,最重要的问题当然是:为什么这个新事物的开始会被安放在此处?为什么以挪士的出生会引发祷告的开始?这真是个有趣的问题。

以挪士这个人似乎无足轻重,[6] 接下来发生的事情与他没什么关系,他的名字此后只在《创世记》第5章与《历代志上》第1章的家谱中出现过,所以我们要从别处寻找解释。解经家也注意到,《创世记》第4章中该隐家谱后面出现这句话显然令人费解,冯拉德(Von Rad)说:"关于耶和华崇拜的起头,其出现显得十分奇怪,难以准确解释。"[7]尽管加尔文曾想从塞特敬虔地养育儿女这方面来解释,[8] 但解经家们(如Wenham、Westermann等)在注释这节经文时,通常只从古代宗教的发展过程来谈。总体上,几乎没有人将这句话放在《创世记》头几章的神学处境中去理解。

---

[5] 见 *GKC* 页103c。根据 *GKC* 页144k,原文此处使用了被动语态加非人称主语来表示主动语态。然而,这种用法在其他地方几乎找不到,这种不寻常的用法可能是为了让读者关注"祷告开始"的事实,而不是开始祷告者的不确定的身份。又见 Walton 2011,页279。

[6] 这与从根源上谈的词源学或病原学之可能性没有联系。[译注:作者是指以挪士这个人的存在并非毫无意义,此处说他"无足轻重",并不是从该词的词源学根本含义上来抹煞以挪士的固有价值。]

[7] 冯拉德1972,页112-113。又见 McKeown 2008,页44-45。这节经文已经成为来源批判的重要讨论资料,尤其是针对《出埃及记》3:13-14 与 6:3。不过本书无意对耶和华之名的早期使用进行详细辩护。关于这些讨论的概况,可参见的例子如 Baker 2003,页359-368,另外,Motyer, 1959 中的简短的论述虽略显过时,却也非常实用。

[8] 加尔文1847,页223。

从紧贴此句的上下文来看，我会说这段叙述的焦点牢牢锁定在后裔的重要性上，更确切地说，是在探讨**哪位后裔**会成为耶和华祝福的承受者。这个问题在该隐与亚伯的故事中清楚地呈现出来。然而我要进一步指出，早在3章15节，故事就已开始寻找那位特殊的"后裔"（zeraʻ）。[9]

在《创世记》1-11章的故事里，人们很可能在寻求3章15节的应许从亚当和夏娃的一个后裔中实现，至少乍看是这样。第4章起始部分的紧张是基于这样一个事实：读者想知道，是否该隐或亚伯就是3章15节中的那位"伤蛇者"。而事实却令人震惊，敬虔的亚伯被杀（因此立即排除了亚伯是那位特殊后裔的可能），存活下来的反而是杀人的该隐。故事情节发展至此，可以想象一个杀人犯将成为应许故事的一部分。然而，在原始历史的这个阶段，经文强调的不是人类的普遍罪恶，而是神持守应许的决心，这个应许将我们带到4章25-26节。

随着神的计划不断展开，这个家庭中的该隐一族也失去了重要地位（这与后来以实玛利和以扫的情况一模一样），4章25节中塞特的出生立即缓和了这种紧张局面。不过令人非常惊讶的是，塞特没有得到更多关注，他对故事发展唯一的贡献就是生了儿子以挪士。几乎没有文献探讨过这个奇怪的省略。

---

[9] 我当然知道有关《创世记》3:15 的争议。虽然我个人相信此节经文是暗指弥赛亚，但我认为《创世记》4:25-26 提供的解释并不是非需要这种解读不可。持续关注每一代子孙中哪一个是神将透过他赐下祝福的那一位（见《创世记》12,22,25,38,49-50），同样很有可能让这处经文指向弥赛亚。

经文对塞特一带而过,其最简单的解释就是塞特对《创世记》情节发展的意义很有限,因为(无论他是否敬虔)没有迹象显示他正在伤蛇的头。他出场之后就退场了,但是,他留下了一个儿子——以挪士。那么以挪士如何推进情节的发展呢?我们看到这个儿子跟父亲一样,以挪士也只是出场之后就退场了。

从神学上看,4章26节这种创新写法是在一个救赎历史的"反高潮"处境中。读者越来越感到3章15节的应许**不会立刻实现**,所期待的那位后裔显然既不是该隐也不是亚伯,也不是塞特或以挪士。自此,亚当家族似乎开始明白,实现应许并非眼前之事。在此处境中,这是对"为什么以挪士的出生使人们开始求告耶和华之名"最自然的解释。

## 求告耶和华的名

现在我们要花点时间梳理"求告耶和华的名"这个短语的准确含义。有一本权威字典将其解释为"以求告者的身份进入一种密切关系",[10] 不过,这一解释好像有点过度延伸了。另一方面,克劳尼(Clowney)将这个短语的意义降低解释为"出声地喊祂的名",[11] 这又似乎过分简化了。那么这个短语到底是什么意思呢?

简单的回答应该是:该短语是指"**在祷告中**向神呼喊"。伊甸园之后,人与神之间的"交谈"开始于"向神呼喊"(或"求告耶和华的名")。我认为,这就从圣经神学的角度给

---

[10] *HALOT* 1130,页 9c,并对比 *DCH* 7,页 294 (2)b。
[11] 见 Clowney 在卡森(1990,页 138)中的评论。

祷告下了定义。该短语在《旧约》其它地方出现的情形也都可引以为证。[12]

关于"耶和华的名"这一略显委婉的说法，人们对其含义做了大量的探讨。实质上，"'主的名'（耶和华）是喻指主的本质。"[13] 然而，使用这个词的准确含义必须由圣经用法决定，而非由一般的希伯来语用法（或古近东用法）决定。

这个短语用在《旧约》中，是指祈求神特别介入，来做成一件事——履行祂的承诺。[14]《创世记》12章8节与13章4节里，亚伯兰在关键时刻"求告耶和华的名"，示范出对神的应许作出"信心的回应"，表明他进入那地乃是依靠耶和华自己来成就祂所应许的。同样，在21章33节中，亚伯拉罕与非利士人亚比米勒立约进展到高潮（亚伯拉罕既得到了别是巴水井的所有权，又消除了非利士人因他"占领"这块地而施加的威胁），这时，亚伯拉罕种了一棵垂丝柳树，并"求告耶和华的名"。《创世记》还有另一处提到，以撒在别是巴筑了一座坛"求告耶和华的名"，以此回应26章24节里耶和华对圣约应许的重申。可见在《创世记》中，"求告耶和华的名"就是回应神，求神主动成就其应许。

---

[12] 见《创世记》12:8，13:4，21:33，26:25；《列王纪上》18:24；《列王纪下》5:11；《历代志上》16:8；《诗篇》79:6，80:18，99:6，105:1，116:4，13，17；《以赛亚书》12:4，41:25，64:7；《耶利米书》10:25；《耶利米哀歌》3:55；《约珥书》2:32；《西番雅书》3:9；《撒迦利亚书》13:9。
[13] Ross 1997: 148. *NIDOTTE* 中 Ross 关于 "名字"（šēm）的那篇文章写得极好。
[14] 见 P.D.Miller 1994，页61的注释。

《旧约》其他地方也是如此。在《列王纪上》18章24节，以利亚挑战巴力的先知时说的话（"你们求告你们神的名，我也求告耶和华的名"）正合乎这一模式。它也清楚地显示：1）以利亚将该短语理解为**祷告**；2）他的祷告乃是围绕神赐给先祖的应许：

> 到了献晚祭的时候，先知以利亚近前来，说："亚伯拉罕、以撒、以色列的神，耶和华啊，求你今日使人知道你是以色列的神，也知道我是你的仆人，又是奉你的命行这一切事。耶和华啊，求你应允我，应允我！使这民知道你耶和华是神，又知道是你叫这民的心回转。"（王上 18:36-37）[15]

同样清楚的是，在先知文学中，"求告耶和华的名"并非一个模糊的术语，用以涵盖所有与神的互动，而是与耶和华宣告将拯救其子民、施行审判与救恩的各项计划紧密相连的。《以赛亚书》12章3节定下了基调：

---

[15] 这个短语在前先知书中[译者注："前先知书"是希伯来圣经中的概念，指《约书亚记》、《士师记》、上下两卷《撒母耳记》和上下两卷《列王纪》]只出现两次，另一处在《列王纪下》5章11节，出自乃缦之口。乃缦期望以利沙"求告耶和华他神的名"（虽然以利沙并没有这么做）。虽然先知的作法不同寻常，叙利亚人乃缦的话却间接支持了我的论点。

> 你们必从救恩的泉源欢然取水。在那日,你们要说:"当称谢耶和华,求告他的名,将他所行的传扬万民中,提说他的名已被尊崇。"

事实上,"求告耶和华的名"是神子民的决定性标志。这可以从反面来说(见《耶利米书》10章25节),但更多的是从正面来说:

> 到那时候,凡求告耶和华名的就必得救;因为耶和华所说的,在锡安山耶路撒冷必有逃脱的人,在剩下的人中必有耶和华所召的。
>
> (珥 2:32)
>
> 那时,我必使万民用清洁的言语,好求告我耶和华的名,同心合意地事奉我。
>
> (番 3:9)
>
> 他们必求告我的名,我必应允他们。我要说:'这是我的子民。'他们也要说:'耶和华是我们的神。'
>
> (亚 13:9)

这几个例子都表明,"耶和华先前承诺守约拯救百姓"与"随后人们求告耶和华的名"密不可分。如果还有什么补充,那就是最后这个例子使这一点变得更加清楚。在这个例子中(此处神被描绘成《诗篇》第2篇中的审判者形象),神的仆人就是"求告耶和华"的那一位:

> 我从北方兴起一人，他是求告我名的，从日出之地而来。他必临到掌权的，好像临到灰泥，仿佛窑匠踹泥一样。
>
> （赛 41:25）

> 看哪，我的仆人，我所扶持、所拣选、心里所喜悦的，我已将我的灵赐给他，他必将公理传给外邦。
>
> （赛 42:1）

我们越来越清晰地看见，"求告耶和华的名"并不是简单的泛指，而是专指祷告。更准确地说，"求告耶和华的名"在本质上与"神承诺拯救祂的百姓并实现应许"相关联。这个关联从该短语在《历代志》与《诗篇》中的用法也可以看出。

这个短语在《历代志》中只出现了一次，但却是在故事至关重要的时刻。当《历代志》的作者坚称：以色列急需救赎，并且神已安置好饶恕的"基石"时，大卫便重建了帐幕（代上 16:1-7）。就在此处，《历代志》记录了一段激情迸发的大卫式(诗篇式)的赞美，它是以呼求耶和华之名开始的：你们要称谢耶和华,求告他的名,在万民中传扬他的作为。（代上 16:8）[16] 这个赞美的上下文显然与神的约相连（见代上 16:15-18），祷告的基础正是神对应许的持守。

如我们所料，这一模式在《诗篇》中被重复使用，尽管"求告耶和华的名"这个短语出现的次数很少。它被用来区分信靠耶和华的人与不信的人：

---

[16]《历代志》的作者在此引用了《诗篇》105:1。

> 愿你将你的忿怒倒在那不认识你的外邦，和
> 那不求告你名的国度。
>
> （诗 79:6）

> 这样，我们便不退后离开你；求你救活我们，
> 我们就要求告你的名。
>
> （诗 80:18）

求告耶和华之名的人都是尝过救恩滋味、享过圣约祝福的人。《诗篇》116篇清楚地说明了这一点，这首诗正是对"求告耶和华的名"进行的一段默想。

> 我爱耶和华，因为他听了我的声音和我的恳
> 求。他既向我侧耳，我一生要求告他。死亡
> 的绳索缠绕我，阴间的痛苦抓住我，我遭遇
> 患难愁苦。那时，我便求告耶和华的名，说：
> "耶和华啊，求你救我的灵魂！"……我拿什
> 么报答耶和华向我所赐的一切厚恩？我要举
> 起救恩的杯，**称扬耶和华的名**。……我要以
> 感谢为祭献给你，又要**求告耶和华的名**。
>
> （诗 116:1-4,12-13,17）

因此，《旧约》中提到"求告耶和华的名"，显然不是泛指一般意义上的"祷告"，而是专指呼喊神履行祂的承诺，尤其是拯救立约之民、赐生命给他们的承诺。这是为救赎而发的祷告，它表达了这样一个事实：一个人正在**为了获得救赎**

而仰靠神。用一种不拘泥于年代顺序的说法来讲,《旧约》中"求告耶和华的名"指的就是"福音式祷告"。

《新约》中的两处重要经文恰巧也证明了这个观点。《使徒行传》第2章中彼得在五旬节讲道时,和《罗马书》9-11章中保罗在论"神的应许与以色列人的关系"时,都引用了《约珥书》2章32节,总结了人必须怎样回应神的救恩,这救恩是神早就应许的,并且已在主耶稣基督里启示出来的。[17]

## 中段小结:圣经中祷告的实质

一方面,"求告主名"这个短语在圣经中被使用的频率出奇地少。但另一方面,这个短语一旦出现,则显然带有重要的神学意义。这说明《创世记》4章25-26节不是一笔简单的历史记录,而是一节"承重"的经文,它至少为圣经中关于祷告的一条重要主线设定了轨迹。这对建构"祷告"的圣经神学带来至少三个深远的影响。

### 1. 这是圣经祷告的主线

很少有人注意到圣经祷告的主线并不是颂赞、哀歌、代求或默想耶和华的话语。圣经中的祷告始于呼求神履行祂的承诺,即按圣约的应许处理罪的问题。就算我们不同意最早的福音预告(创 3:15)是《创世记》4章26节中人们向神呼求

---

[17] 见《使徒行传》2:17-21 和《罗马书》10:12-13。随后我们会看到,新约用"主"(*kyrios*)这个词代替耶和华,"耶稣基督的名"在功能上等同于"耶和华的名"。

的原因，神的应许与祷告之间的关联仍可以从12章之后亚伯拉罕的故事中显明出来。

下文的讨论将以此为导向展开。当然，广义的"祷告"通常包含的内容也需作一些讨论，但我们必须小心，不要将所有的圣经材料笼统地混为一谈。本书将着重论述圣经材料的主线，即**求神履行祂自己的应许**，同时也会谈到其他一些较边缘的内容（例如哀歌）如何从这条以"圣约"为核心的主线获得其意义（和边界）。[18]

### 2. 祷告与福音一开始就不可分

祷告是建立在（甚至可定义为）呼求神实现祂的应许。祷告就是求神为我们做我们无法为自己做的事。这就是说我们承认自己的软弱而诉诸神的大能。从《创世记》看，人们开始祷告是因为他们既看见神对人的应许，也看见他们自身的无助。他们祷告是因为知道神会为他们做事，因为神曾这样说过；他们也知道自己是软弱的，因为神也这样说过。换言之，**祷告始于福音**，事实就是这样，也将永远如此。一旦认识到这一点，我们就不会犯一个简单却贻害深远的错误——将神所联合的**祷告与福音**分开看待。[19]

令人惊讶的是，不管是在《创世记》的注释书中，还是在关于祷告的讨论中（无论学术层面或普通大众层面），几乎没有人注意祷告与福音的关联。唯一值得称道的例外是前面"简介"里提到的加尔文所说的话："信心由福音而生，信

---

[18] 关于祷告的实质，更全面的讨论见 Keller 2014，页35-49。关于旧约祷告的用词，见 Verhoef 1997 从一个不同的层面所做的讨论。
[19] 泛泛想来，几乎所有的基督教小组查经和祷告都存在这种分离。

心也操练我们求告神的名（罗 10:14-17）"[20] 我们对祷告的一切探讨应该始于神在福音里的主动性。

神采取主动的一个明显事实是，在人类开始求告耶和华的名之前，耶和华早已对堕落的被造物说话了。人类堕落之后，经文立刻写道：

> 天起了凉风，耶和华神在园中行走。那人和他妻子听见神的声音，就藏在园里的树木中，躲避耶和华神的面。耶和华神呼唤那人，对他说："你在哪里？"他说："我在园中听见你的声音，我就害怕，因为我赤身露体，我便藏了。"（创 3:8-10）

虽然被造物拒绝耶和华，但耶和华仍然寻找他们。早在人类向祂发出呼喊之前，耶和华就已经**呼唤**他们了。[21]

亚当与夏娃并没有自然而然地以耶和华为乐，并享受祂的同在，却反而躲藏起来。他们逃避神，听到神的脚步声就自觉羞耻，而不是充满喜乐。他们紧张、害怕、假装无辜、说谎为自己辩护。当他们一开口，人与神之间就出现了巨大

---

[20] 加尔文，《基督教要义》，页 856。另见 Patrick Miller (1994，页 174) 讨论有关祷告的旧约经文涉及神圣确据的词语时，所做的评论："我们从这些词当中看到了'福音'，这似乎违反了时间顺序，然而又是千真万确的。"

[21] 见 Goldsworthy (2003，页 109-111)的论述，他极好地描述了神主动性的本质。同样，Seitz (2001，页 15)也说道："祷告不是人努力从下面向神呼喊，以求接近神，而是神首先自我彰显，以致我们能认识祂，并且发出信心的回应。因此，真正的祷告意味着与那位独一的主谈话，不能将此理所当然地仅仅看作一般的通神行为。"

的鸿沟，带来了历史上最严重的一次打击，神人之间的鸿沟就这样在我们眼前裂开。但那又如何？早在亚当呼求神之前，神已先呼唤亚当。祷告始于福音，靠着福音，我们才有祷告的可能。

### 3. 祷告显然是为堕落的世界预备的

下面要谈的第三点，也是初步观察的最后一点，同样很少受人关注，那就是：祷告是为堕落的世界预备的。伊甸园里的对话严格来说不是祷告，如果此言不差，那么祷告显然是在世界堕落之后才成为人类生活的一部分。

只有堕落的世界才需要祷告，这一点几乎不言而喻。《创世记》4章25-26节（从第3章发展而来）乃是建立在这样一个基础上：尽管我们与耶和华的关系深深地破裂了，但祂依然对祂的被造物说话，使我们可以回应祂。我们能够求告耶和华，仅仅是因为祂已经先呼唤了我们。我们能够呼求祂实现应许，仅仅是因为祂已经先赐下了应许。在此意义上，**所有的圣经祷告都是与圣约相关联的，所有祷告都是被福音推动的**。

我们祷告时应该以福音为念。一方面，透过福音，神使我们可以向祂说话，但另一方面呢？在圣经里，神吸引我们就近祂，并邀请我们"求告祂的名"。这就意味着圣经里的祷告与其他古近东的祷告截然不同。这一点我们可以从下面这篇苏美尔-阿卡德人（Sumero-Akkadian）"献给诸神的祷告"看出，这篇古老的祷词写于摩西时代：

> 主在忿怒中注视我；
> 神在狂暴中扑向我；

> 女神生我的气，使我病倒；
> 我认识或未识之神使我遭灾。
> 我不停求救，却无人伸手搭救；
> 我哭泣流泪，也无人前来安慰；
> 我哀叹伤心，但无人侧耳倾听。[22]

这与圣经里描述的情形可谓有天壤之别。耶和华上帝呼唤我们，并且邀请我们求告祂的名。

我们需要意识到，这一点所包含的圣经神学意义重大，它尤其凸显出祷告是一种过渡性的措施。现在是一个混乱的世界，我们在其中遭受痛苦和诱惑，与罪作斗争又常常失败，这段过渡时期就是从现在直到神亲自介入，将混乱的一切摆平。祷告是神所赐的礼物，它帮助我们在混乱中跟随神过好世上的生活。在我们身处的这个世界中，人们彼此伤害，即使属神的人也常常忽略神、让神失望，祷告正是为这样一个世界预备的。我们在这世上常常感到与神隔绝、孤单无助、沮丧气馁，祷告正是我们在这一境况中的镇痛膏。但我们并不是永远都需要祷告。

《启示录》中有好几次提到祷告（例如5:8），然而这些祷告都发生在约翰的面前。[23] 在《启示录》的末尾，约翰看到了新天新地，那时候并不是除了祷告什么都不做，相反，

---

[22] 见 Pritchard 1969，页 391–392。
[23] Beale (1998，页 357)认为，5:8 和 8:3-4 提到的祷告与 6:10 的祷告内容是一致的："因此，此处提到的祷告不仅是赞美，还要求神为维护祂的公义之名而审判迫害神百姓的人。"除此之外，《启示录》中所有指向神的对话都发生在神面前，并常与"敬拜"这个词相连，这显然是另一码事，不是圣经里通常意义的"祷告"。

那里完全没有提到我们需要祷告。当神的羔羊取代了一切地上的宗教时，我们似乎可以合理地认为：如同最初在伊甸园里一样，我们能够欢喜地与神面对面交谈，而不再需要"求告耶和华的名"。[24]

如果圣经中的祷告是以福音为导向、与圣约相关联，是呼求耶和华履行承诺、实现应许，那么这就应该成为祷告应有的样子。不过，我们仍需查看这种对祷告的理解是否也从摩西五经的其他书卷反映出来。

## 摩西五经里的祷告——观点检测

到目前为止，有人可能会认为，仅凭《创世记》第4章一个略显神秘的短语（"求告耶和华的名"）就推测出这么多理论，这不可靠。这样的担心情有可原。然而，若摩西五经中其他书卷对祷告的理解也是如此，那就极其有力地证明了我的观点。

### 《创世记》里的祷告

有趣的是，祷告在《创世记》里并没有扮演非常重要的角色。许多关键事件都没有提到祷告。[25] 不过，这并不表示这卷书对探讨祷告的圣经神学毫无帮助。

当亚伯拉罕与夏甲生子造成混乱时，亚伯拉罕第一次做了祷告。神宣布撒莱（此时被改名为撒拉）将要怀孕生子，就是应许之子。亚伯拉罕听后俯伏在地，喜笑说："但愿以实

---

[24] 这些想法在本书第9章里有详细的阐述。
[25] 例如，在挪亚的故事与亚伯拉罕出场的故事中都没有提到祷告。

玛利活在你面前。"（17:18）亚伯拉罕所祷告的当然是耶和华应许的实现，这一点在下一节经文中就被神自己强调出来："神说：'不然，你妻子撒拉要给你生一个儿子，你要给他起名叫以撒。我要与他坚定所立的约，作他后裔永远的约。'"祷告与圣约之间的这一联系（或更宽泛地说，是祷告与福音之间的联系，如我前文所述），主导了《创世记》其他地方的祷告。[26]

神在梦中向亚比米勒显现，并亲自提到祷告（20:4-7），[27]这事之后，接下来出现的祷告者，就是被亚伯拉罕差去为以撒娶妻的那位无名而敬虔的老仆人。

> 天将晚，众女子出来打水的时候，他便叫骆驼跪在城外的水井那里。他说："耶和华我主人亚伯拉罕的神啊，求你施恩给我主人亚伯拉罕，使我今日遇见好机会。"（24:11-12，另见同章26-27节）

---

[26] 许多人（如 Clements 1985，页 20；Balentine 1993，页 40；P.D.Miller 1994，页 262-280）简单地认为 18 节中神与亚伯拉罕之间的对话就是祷告，但其实从上下文看不出这一点。这是一次神与人的会遇，更像伊甸园中亚当与神面对面的讨论，而不像"祷告"。
[27] 此处提到的是亚伯拉罕作为**先知**为亚比米勒祷告，使亚比米勒得赦免。这显然是为**人代求**的祷告。然而，我们决不能忽视这样一个事实：当亚伯拉罕不断做出危害圣约的错误举动时，这个祷告所关系到的就是圣约的延续（又见 12:8-20）。

从大背景看，这些祷告无疑都聚焦在圣约应许的实现。神已赐给亚伯拉罕应许之子，现在老仆人求告这位神再赐给以撒一个妻子，以确保这个承受圣约的家族得以延续。[28]

以撒本人的祷告生活可以说十分有限，实际上仅限于求神让这个圣约家族传宗接代："以撒因他妻子不生育，就为她祈求耶和华。耶和华应允他的祈求，他的妻子利百加就怀了孕。（25:21）原文此处的动词用的是 'tr（恳求），与下半节中的被动式相呼应（被耶和华应允）。此处直截了当地将祷告描述为以撒恳求神，神就按祂先前所约定的实现他的恳求。

虽然以撒（和其他族长）的个人欲望与延续应许的迫切需要有相当程度的重合，但我们不可过分夸大这一点。他们的祷告的确反映了个人的欲望，并且这些欲望被带到了耶和华面前，然而这并不减损这样一个事实：**经文所强调的焦点仍在于救赎历史与圣约的延续。**

《创世记》中最有说服力的例子是第32章中雅各的祷告。它是这卷书所记载的最长的祷告，也是雅各的第一次祷告。[29]

全段祷文值得引出：

> 雅各说："耶和华我祖亚伯拉罕的神，我父亲
> 以撒的神啊，你曾对我说：'回你本地本族去，
> 我要厚待你。'你向仆人所施的一切慈爱和诚

---

[28] 有趣的是，故事的叙述（或复述）中并没有出现任何特殊的"祷告词汇"，只是简单地提到这位仆人"对神说"。

[29] 在 28:22 中，雅各许愿的最后一句话确实由第三人称变为第二人称，但目前还不太清楚它是否应理解为祷告。再者，此处雅各的神学立场并不值得效法，因此明智的做法是不要过度解读。

> 实，我一点也不配得。我先前只拿着我的杖过这约旦河，如今我却成了两队了。求你救我脱离我哥哥以扫的手，因为我怕他来杀我，连妻子带儿女一同杀了。你曾说：'我必定厚待你，使你的后裔如同海边的沙，多得不可胜数。'"（创 32:9-12）

我们再次看见，这个祷告关注的也是圣约的延续。从很多方面来讲，这可谓是"族长精神"的至高点。祷文中没有浮夸的赞美之词，而是承认自己的不配，感谢神过去的厚赐，并求耶和华尊荣祂的圣约应许。雅各的这段话完美地体现了起初祷告的圣经神学，这也正是本章想要强调的圣经的祷告神学。[30]

### 《出埃及记》里的祷告

《出埃及记》的开头几章与《创世记》紧密相连，是从约瑟时期到摩西时期的过渡。过渡部分的结尾写道：

> 过了多年，埃及王死了。以色列人因作苦工，就叹息哀求，他们的哀声达于神。神听见他们的哀声，就记念他与亚伯拉罕、以撒、雅

---

[30] 除此之外，《创世记》中没有其它明确的祷告了。"祝福"这个相关概念的确在其它地方还出现过，例如 43:14, 48:15-16, 20，但"祝福"不属于本书研究范围。P. D. Miller (1994，页 165) 发现一个有趣的现象，就是在整个约瑟的故事中都没有出现祷告。这可能是因为约瑟的故事重点在于选民血脉的存续，其它方面便甚少提及。

各所立的约。神看顾以色列人，也知道他们的苦情。（出 2:23-25）

这里的用词与《创世记》里的不同，但内涵却是一样：[31] 祷告就是呼求亚伯拉罕、以撒、雅各的神施行拯救。[32]

《出埃及记》从头到尾记录了摩西的诸多祷告，它们都同样反映了这一内涵。[33] 例如，在5章22节中，摩西"回到"耶和华那里求问：

> 摩西回到耶和华那里说："主啊，你为什么苦待这百姓呢？为什么打发我去呢？自从我去见法老，奉你的名说话，他就苦待这百姓，你一点也没有拯救他们。"（5:22-23）

摩西实际上是在埋怨耶和华没有持守祂的应许，所以神特地作出如下回应：

> 耶和华对摩西说："现在你必看见我向法老所行的事，使他因我大能的手容以色列人去，且把他们赶出他的地。"

---

[31] 这里所用的词汇特别强烈——叹息、哀求、哀声，这是可以理解的。

[32] 有趣的是，P. D. Miller (1994, 页 94‑95) 虽然花了较长的篇幅论述这段文字，但却似乎没有看出其中的本质。

[33] 为了保持一致，这里不讨论"与耶和华面对面的互动"（或者说"与现身的神会遇"更好），就像前面不讨论伊甸园中神与亚当和夏娃的互动一样。因为严格来讲，这些互动都不算祷告。不过，这两种情况在 32 章中特别不容易区分。

> 神晓谕摩西说:"我是耶和华。我从前向亚伯拉罕、以撒、雅各显现为全能的神,至于我名耶和华,他们未曾知道。我与他们坚定所立的约,要把他们寄居的迦南地赐给他们。我也听见以色列人被埃及人苦待的哀声,我也记念我的约。所以你要对以色列人说:'我是耶和华。我要用伸出来的膀臂重重地刑罚埃及人,救赎你们脱离他们的重担,不作他们的苦工。我要以你们为我的百姓,我也要作你们的神。你们要知道我是耶和华你们的神,是救你们脱离埃及人之重担的。我起誓应许给亚伯拉罕、以撒、雅各的那地,我要把你们领进去,将那地赐给你们为业。我是耶和华。'"(出 6:1-8)

有关这段经文材料的起源,以及6章2节给重建耶和华崇拜史带来的问题,人们已有诸多讨论。[34] 然而关于祷告,我们不可忽略经文作者明显强调了一点:摩西如此祷告是基于相信耶和华会履行祂对百姓的承诺,而神的回答也肯定了摩西的想法。神确认祂会守约,这个回答其实就是强调祂必会应允摩西的祷告。

17章与32章中的祷告也可以这样理解。

> 摩西就呼求耶和华说:"我向这百姓怎样行呢?他们几乎要拿石头打死我。"耶和华对摩西说:

---

[34] 例如见 Dozemann (2009,页 163 – 168)的讨论。

> "你手里拿着你先前击打河水的杖,带领以色列的几个长老,从百姓面前走过去。我必在何烈的磐石那里站在你面前。你要击打磐石,从磐石里必有水流出来,使百姓可以喝。"摩西就在以色列的长老眼前这样行了。他给那地方起名叫玛撒(就是"试探"的意思),又叫米利巴(就是"争闹"的意思),因以色列人争闹,又因他们试探耶和华说:"耶和华是在我们中间不是?"(出 17:4-7)
>
> 摩西便恳求耶和华他的神说:"耶和华啊,你为什么向你的百姓发烈怒呢?这百姓是你用大力和大能的手从埃及地领出来的。为什么使埃及人议论说'他领他们出去,是要降祸与他们,把他们杀在山中,将他们从地上除灭'?求你转意,不发你的烈怒;后悔,不降祸与你的百姓。求你记念你的仆人亚伯拉罕、以撒、以色列,你曾指着自己起誓说:'我必使你们的后裔像天上的星那样多,并且我所应许的这全地,必给你们的后裔,他们要永远承受为业。'"(出 32:11-13)

这两处所涉及的关键事宜都是"神的百姓"形成之初的生存问题。《出埃及记》17章里的祷告所表达的意思是:没有耶和华的同在,这群百姓不仅凡事都会失败,而且他们根本不能自称为耶和华的百姓。32章里的祷告则更加明确地指出这群百姓与亚伯拉罕、以撒、雅各之约的连接。在这两处祷告中,摩西所关注的都是圣约的延续,以及神的应许带来的盼望。

《出埃及记》中最后一个祷告出现在32章的末尾。从表面上看,摩西表达的情感似乎与同一章里先前的祷告大体相似,但其实两个祷告存在着巨大的差异。在这个祷告中,摩西不是简单地求神履行祂对以色列人的承诺,而是提出为百姓**赎罪**可能。

> 到了第二天,摩西对百姓说:"你们犯了大罪,我如今要上耶和华那里去,或者可以为你们赎罪。"摩西回到耶和华那里,说:"唉!这百姓犯了大罪,为自己作了金像。倘或你肯赦免他们的罪,——不然,求你从你所写的册上涂抹我的名。"耶和华对摩西说:"谁得罪我,我就从我的册上涂抹谁的名。现在你去领这百姓,往我所告诉你的地方去,我的使者必在你前面引路。只是到我追讨的日子,我必追讨他们的罪。"(出 32:30-34)[35]

为了寻求"赎罪"(*kpr*的加强主动字干鼓励式)的可能,摩西提出的方式可能反映了古近东的通常想法。[36] 但有趣的

---

[35] 在这个例子中,摩西有可能是与神"面对面"说话,也就是说,严格来讲这有可能不是一个祷告。然而,这里几乎看不出作者想要强调说话的方式。这段话要谈的是"中间人或代祷者能否为罪带来救赎"这个问题。

[36] 美索不达米亚思想反映了对犯罪和犯错的担忧。他们的祷告旨在寻求赦免或停止惩罚。例如美索不达米亚的箴言(Walton 2006,页144)说:"敬畏使人得宠,献祭使寿得长,祷告使罪得赎。"遭遇

是，摩西并没有用任何祭物（或宗教活动）来寻求赦免，而只是忧伤地请求让自己代替百姓被神除名。摩西似乎困在了古近东传统思维模式与耶和华恩典模式之间。[37] 耶和华在33-34节实际上回绝了摩西的请求，祂只是宣称自己神圣的主权，**以及祂对那些未背弃之人守约的承诺**。这就将圣约与赎罪两条线拉到了一起，以一种有趣的方式建立了与后面《利未记》所谈内容的连接。

### 《利未记》里的祷告

《利未记》是旧约中谈圣礼祭典最突出的一卷书，它有个很有趣的特征：**整卷书没有提到一个祷告**。[38] 尽管伊斯雷尔·克诺尔（Israel Knohl）与雅各·米尔格隆（Jacob Milgrom）都强调了这件事，但很少有人注意它。[39] 克诺尔认为在希西家时期之前，圣殿里既没有音乐也没有祷告。不过米尔格隆驳斥了这一观点，称其为"无声的观点"，并坚称根本无法想象以色列人的圣殿仪式是悄无声息的。

我觉得米尔格隆的观点是正确的，当时的圣殿里一定既有祷告也有音乐。《利未记》16章21节至少暗示在赎罪日会

---

不幸时，古近东人不加思索的本能反应通常是认定有人犯了错，他们会做出祷告和提供补偿等行为，以重新获得神明的喜爱（同上，页144-146），但他们又几乎不能确定这样做是否真能赎罪。

[37] 古近东人犯错后的标准反应是尝试用某种东西来平息神的怒气，他们常用一种绝望的祷告来乞求怜悯。（恳求怜悯和同情在埃及人的祷告中也非常普遍。见同上，页109-111）。

38 这一点在文献中很少被人注意到，更不用说被讨论了。

[39] Knohl 1988；Milgrom 1991，页18-19。

有某些活动与祷告很相似。⁴⁰ 米尔格隆的不足之处在于，他指出克诺尔的问题后，并未充分解释《利未记》中没有记载祷告的原因。鉴于祷告普遍存在于其他类似的古近东宗教仪式中，我们很难相信《利未记》中的缄默只是出于偶然，或是因为这卷书只专注于献祭制度的结果。⁴¹

关于《利未记》对祷告的"缄默无声"，摩西五经所展示的祷告神学为我们提供了可靠的解释（即或还算不上完全令人信服）。在《出埃及记》32章里，摩西已经无意中强调了这样一个事实：唯有耶和华才能赎罪。宗教仪式（包括祷告）不能影响以色列的神改变这一事实，即使是摩西请求代赎这种最敬虔的个人行为，也无法替代神的救赎。《利未记》正是沿着这个逻辑带着我们继续向前走。百姓需要赎罪是明确无疑的，然而，献祭制度有不足之处，⁴²以致必须设立赎罪日，来预表神自己将提供的终极献祭，也象征神圣法典的总结。这就凸显出唯有神才有能力为以色列人的罪代赎。《利未记》中不记载祷告还可能是基于这样一个理念：以色列是"祭司之国"，国中人人都可到神面前来（求告祂的名），并非只限于祭司阶层的人。⁴³

---

⁴⁰ Wenham（1979；页 61）认为《利未记》1:4 的按手礼中也隐含着祷告。

⁴¹ 我知道这种说法也不能很好地应对米尔格隆提出的批评，但是在材料如此缺乏（且与同时代其他材料完全不合拍）的情况下，为"缄默"寻找可信的解释是完全合理的。

⁴² 不足之处主要在于明显缺少了对故意所犯之罪的献祭。此"遗漏"在《历代志》作者使用"不忠、背叛"（ma 'al）这个概念时捡了起来（例如见 Johnstone 1986）。

⁴³ 见 Balentine 1993，页 45；Greenberg 1983，页 52。我也很感谢与 David Peterson 就这个话题进行的讨论。

总之，鉴于《创世记》和《出埃及记》中对祷告的描述，《利未记》中没有记载祷告，很可能是为了将以色列人的祷告与古近东的祷告（其典型内容为祈求诸神灵的眷顾）区分开来，同时也是为了确立"祷告并不能带来宽恕"这个理念。这无疑与《利未记》所传达的根本理念——唯有完美无瑕的牺牲才可能达成救赎——完全契合。

### 《民数记》里的祷告

若按正典的规范通读摩西五经，我们读到《民数记》（尤其是11-14章这个关键部分）时，就会愈发看出《利未记》中的"缄默无声"值得注意。

11章1-2节介绍了摩西为百姓祷告的情况：

> 众百姓发怨言，他们的恶语达到耶和华的耳中。耶和华听见了就怒气发作，使火在他们中间焚烧，直烧到营的边界。百姓向摩西哀求，摩西祈求耶和华，火就熄了。

经文（刻意地）让百姓与摩西形成鲜明对比。百姓**彼此**抱怨，以致恶语"达到耶和华的耳中"，然后他们又向摩西吵嚷，抱怨耶和华；只有摩西一人对神说话。[44] 这似乎暗示只有摩西从圣约的角度思考问题，因此也只有他想到要"求告耶和华的名"。

不过，当忘恩负义的百姓又一次哭号（11:4-9），耶和华再次降火，摩西为此责怪神的时候，情况就变得更为复杂了：

---

[44] 凑巧的是，这是《圣经》第一次用了"祷告"这个我们惯常使用的动词。

> 摩西对耶和华说:"你为何苦待仆人,我为何
> 不在你眼前蒙恩,竟把这管理百姓的重任加
> 在我身上呢?这百姓岂是我怀的胎,岂是我
> 生下来的呢?你竟对我说:'把他们抱在怀里,
> 如养育之父抱吃奶的孩子,直抱到你起誓应
> 许给他们祖宗的地去。'我从哪里得肉给这百
> 姓吃呢?他们都向我哭号说,'你给我们肉吃
> 吧!'管理这百姓的责任太重了,我独自担当
> 不起。你这样待我,我若在你眼前蒙恩,求
> 你立时将我杀了,不叫我见自己的苦情。"
> (民 11:11-15)

摩西的祷告毫不客气。他凭什么对万物之主如此说话?是什么让他如此大胆?答案就在12节——摩西的抱怨(或者说"咆哮"更好)倚仗的是神对百姓的圣约应许。由此我们再次发现,祷告是以神的应许为前提的。

在12章中,圣约之民的生存又受到了威胁,这次是因为与摩西一同带领百姓的米利暗与亚伦犯了罪。他们的怨恨掺杂着嫉妒与赤裸裸的种族歧视,最后演变成暗自抗拒神的话。

> "我要与他面对面说话,乃是明说,不用谜语,
> 并且他必见我的形像。你们毁谤我的仆人摩
> 西,为何不惧怕呢?"耶和华就向他们二人发
> 怒而去。
> 云彩从会幕上挪开了。不料,米利暗长了大
> 麻疯,有雪那样白。(民 12:8-10)

在随后的对话中，亚伦请求以色列人的领袖摩西为他们的姐妹米利暗代求，摩西也如此行了。[45] 然而，我们必须看到，这个求医治的祷告（圣经首次记载的医治祷告）不能脱离其上下文：（1）这个祷告是在耶和华亲自介入并惩罚米利暗的实时，摩西对此事作出的**直接回应**；（2）这个祷告深嵌在圣约之民的未来面临威胁的大故事之中；(3)这个祷告与前几章里百姓的诸多抱怨相关联，表明悖逆之心普遍流行于摩西带领的这群希伯来人中。由此可知，这不是一般意义上的"治病祷告"，它乃是一连串事件中的一部分，在这些事件中，神重申了祂（透过摩西）对圣约之民的带领。因此这个祷告也与圣约不可分。

这一点在《民数记》14章的故事高潮部分显得更加明显。由于百姓生性悖逆，在加低斯巴尼亚发生的事情使人们再次质疑神的"圣约计划"是否可行。耶和华自己的话发出了不祥的预兆：

> 耶和华对摩西说："这百姓藐视我要到几时呢？我在他们中间行了这一切神迹，他们还不信我要到几时呢？我要用瘟疫击杀他们，使他们不得承受那地，叫你的后裔成为大国，比他们强胜。"（民 14:11-12）

这时，摩西为百姓代求。

---

[45] 摩西的祷告非常简单："神啊，求你医治她！"（13节）

此处摩西是**祷告**还是"与耶和华面对面讲话",我们也不完全清楚。[46] 但无论如何,摩西的话是要强调一个神学观点,那就是:耶和华透过应许对百姓立下了承诺,与耶和华的互动(包括祷告)正是以此为基础的。

> 摩西对耶和华说:"埃及人必听见这事,因为你曾施展大能,将这百姓从他们中间领上来。埃及人要将这事传给迦南地的居民,那民已经听见你耶和华是在这百姓中间,因为你面对面被人看见,有你的云彩停在他们以上。你日间在云柱中,夜间在火柱中,在他们前面行。如今你若把这百姓杀了,如杀一人,那些听见你名声的列邦必议论说:'耶和华因为不能把这百姓领进他向他们起誓应许之地,所以在旷野把他们杀了。'现在求主大显能力,照你所说过的话说:'耶和华不轻易发怒,并有丰盛的慈爱,赦免罪孽和过犯,万不以有罪的为无罪,必追讨他的罪,自父及子,直到三四代。'求你照你的大慈爱,赦免这百姓的罪孽,好像你从埃及到如今,常赦免他们一样。"耶和华说:"我照着你的话赦免了他们。"(民 14:13-20)

神答应摩西的祈求,并不是因为摩西的个人品格,也不是因为他的谈判技巧,而是因为这个祈求的根基是建立在神

---

[46] 见前文关于《创世记》第 18 章的讨论。

事先所立的"福音"应许之上。[47] 另外两个例子也体现了这一根基,一个是在16章22节,摩西和亚伦回应可拉的叛乱;另一个是在27章16-17节,当耶和华告诉摩西他将要在应许之地的外面去世时,摩西求耶和华指定一个敬虔的接班人。在《民数记》里,人的祷告与神的回应都单纯地诉诸神的应许,以此为根基,并完全是为了神百姓的福祉。

### 《申命记》里的祷告

摩西五经中关于圣约性祷告的最后一片拼图是在《申命记》里。《申命记》里唯一与众不同的祷告是摩西临死前的祷告,记载在3章23-26节:[48]

> 那时,我恳求耶和华说:"主耶和华啊,你已将你的大力大能显给仆人看,在天上、在地下,有什么神能像你行事、像你有大能的作为呢?求你容我过去,看约旦河那边的美地,就是那佳美的山地和黎巴嫩。"但耶和华因你们的缘故向我发怒,不应允我,对我说:"罢了,你不要向我再提这事。"

这是圣经中第一例被神明确拒绝的祷告。耶和华不仅没有应允这个祷告,还因这个祷告"发怒"。为什么会这样呢?

---

[47] Contra Levine (1993,页 280)将此视为摩西与神之间的一场对峙。有关这段经文,更多有帮助的讨论见 Olson 1996,页 80-84。
[48] 《申命记》9:25-29 复述了《出埃及记》32 章里对应的内容。若有什么不同的话,那就是《申命记》里的表述更强调了以色列人作为神的圣约子民的本质(见"你的百姓"、"你的产业"这些短语)。

这是一个至关重要的问题，正如任何人想要总结关于祷告的圣经神学，都不能绕开"祷告未蒙应允"这个敏感而微妙的教牧难题。摩西是一位伟大的代求者，可为什么他的这个祷告竟被描写得如此负面？为什么这个祷告竟遭到耶和华的严厉斥责？

其实，神的回应完全在意料之中，因为它与我们在圣经开始几卷书中看到的祷告理念完全一致。祷告的实质是"圣约"性的，其动力与基础是耶和华对圣约百姓之未来的承诺，以及祂向全地彰显自己荣耀的计划。摩西的这个祷告是否符合这些条件呢？简单来说：没有！虽然摩西首先称颂了神的伟大，但之后马上转移到一个请求，这个请求只能说是"利己的"。从人的角度来看，摩西的祷告是完全可以理解的，但这却是摩西五经中第一次出现了一个与耶和华的计划没有本质关联的祷告。摩西理应更清楚知道这一点。[49]

《申命记》中另一处值得关注的地方是4章5-8节。这段话虽然不是祷告，却是极美的宣告，它称赞了耶和华对待以色列民的独特性。在4章7-8节中，摩西宣告说："哪一大国的人有神与他们相近，像耶和华我们的神、在我们求告他的时候与我们相近呢？又哪一大国有这样公义的律例、典章，像我今日在你们面前所陈明的这一切律法呢？"这里指出了以色列人的两大特权，其中一个就是当他们求告耶和华的时候，

---

[49] 当然，有时候我们所求的事与有利于神国扩张的事会相互重合，但我们并不总能轻易地分辨出什么才是对这个世界里的福音工作最有利的。这段经文不应使我们为了以纯正的动机祷告，而陷入无休止的自我反省，以致陷入一种瘫痪无力的状态。但我们也同样需要清楚地看到，有时候我们只是为"我想要"的事祷告，而没有考虑神的荣耀。这类祷告，不做也罢。

耶和华就与他们亲近。这显然暗示神垂听并回应祷告，而且为他们成就所求的。[50] 丹尼尔·布洛克（Daniel Block）将此形象地描述为：

> 当其他人向他们的神明祷告时，这些神明都漠不关心，沉默不语。匠人为他们造了硕大的耳朵，他们却依然没有反应。讽刺的是，虽然以色列的神没有可见的形像可以供人摆在家里或其他地方，但祂却与人相近。虽然祂没有有形的耳朵，**但当人们求告的时候，祂却倾听他们的呼求**。[51]

再次可见，祷告离不开神对祂百姓许下的圣约承诺。[52]

## 总结

对于摩西五经里的祷告，以前的研究大多是用"宗教史"的方法研究文本，或是探讨祷告所呈现的类型。我认为这些方法都遗漏了文本中的某些基本内容，这些内容正是本书所

---

[50] 毫无疑问，另一个特权就是拥有律法。
[51] Block 2012，页 119 (原文字体无加黑)。
[52] Seitz (2001，页 17) 对祷告与《申命记》30 章的关系提出了一个有趣的观点："《申命记》坚称，是祷告带来关系的重建（30:1-5）。在此我们触及到了献祭的本质，它藏于所有献祭的共同特征背后，那就是一颗忧伤痛悔的心。"如果他所说属实，这将对本章的论点有极大的帮助。但是，我在《申命记》30 章里找不到任何证据表明，这段经文描述了将来悔改和因此得以从被掳之地归回都与祷告有关。

谈到的。当我们将这五卷书作为正典来读,就会发现一个前后连贯一致的圣经神学路径异常清晰地出现在眼前。随后我们将会看到,这一路径为圣经余下的部分设定了发展轨迹。摩西五经里的祷告离不开神首先立下的圣约。用圣经神学的术语说:唯有"福音"使祷告成为可能。所有的祷告都是**福音性**祷告,是求告耶和华这位圣约与救赎之神的名。这里面有深刻的神学与实践含义。接下来我将要呈现:继续研读旧约的剩余部分,这种对祷告的理解也将得到证实。

# 第二章 祷告与历史进展：前先知书的祷告

若第一章中提出的"祷告就是求告耶和华之名"的观点成立，鉴于《创世记》到《列王纪下》在内容上有连续性，我们就有理由预期与摩西五经相同的祷告观会出现在《约书亚记》及之后的书卷中。[1] 而事实也的确如此。

## 《约书亚记》的祷告

《约书亚记》中的第一个祷告记载在第 7 章攻打艾城失败的故事中：[2]

---

[1] 这里显然回避了关于前先知书的作者与成书的许多重要问题。但是，无论我们认为被掳时期"出版"这些书卷的人仅仅是将之前同质的材料组合在一起，还是借鉴某些早期资源创造出全新的作品，这都与本书的研究关系不大。要了解不同的视角可参看其他书籍，例如 Greenberg 1983 的相关著作。
[2] 这与我的方法是一致的，即不讨论神亲自显现的那些情况。

> 约书亚便撕裂衣服,他和以色列的长老把灰撒在头上,在耶和华的约柜前,俯伏在地,直到晚上。约书亚说:"哀哉!主耶和华啊,你为什么竟领这百姓过约旦河,将我们交在亚摩利人的手中,使我们灭亡呢?我们不如住在约旦河那边倒好。主啊,以色列人既在仇敌面前转背逃跑,我还有什么可说的呢?迦南人和这地一切的居民听见了,就必围困我们,将我们的名从地上除灭。那时你为你的大名要怎样行呢?"(书7:6-9)

第 9 节将以色列人的"名"与耶和华的"大名"连在一起,是这个祷告的关键。这立刻使《约书亚记》的祷告与《摩西五经》的祷告之间建立起紧密的关联。[3] 约书亚抗议的基础是:耶和华似乎忘记了祂的圣约应许,以致使自己的名受损。随后神(很可能是亲自显现)作了有力的回应(书7:10-14)。实际上,约书亚的这个祷告是一个将正确原则用在了错误处境的例子。但有一点是肯定的,就是他对祷告之目的的理解与我们迄今所看到的完全一致。

下一个有关祷告的故事稍稍有点不同寻常,它讲的是约书亚与以色列民因忽略祷告[4]而受到指责(经文暗指他们受了

---

[3] 有关这段经文的大多数讨论,焦点都准确地集中在约书亚的反应与百姓在旷野中的埋怨这两者之间的相似性上,而非祷告本身。不过谈及祷告,请参见 Boling 和 Wright(1995,页 224)的讨论。
[4] 我们不能确定被忽视的"求问"是一个祷告,还是一个更具体的占卜过程(可参见的例子如 Woudstra 1981,页 160)。不过总的来说,将它理解为祷告似乎是最自然的。

指责)。其实基遍人精心设计的诡计并不难识破,以色列人没有看穿这个诡计,是因为"以色列人受了他们些食物,并没有求问耶和华"(书 9:14)。神的百姓未曾呼求神,让神的计划彰显,其结果就是给救赎历史的进程带来了潜在的威胁。[5]

《约书亚记》中最后一个祷告出现在第 10 章那场与亚摩利人的战争故事里。旧约记载的神迹之中,大概没有哪一个比这个故事里的神迹给解经家们造成更多迷惑。[6] 不过,我们首要关注的不是神如何帮助以色列人打了大胜仗,而是这个战事背后的问题,即所发生的一切都是对约书亚祷告的直接回应:

> 当耶和华将亚摩利人交付以色列人的日子,
> 约书亚就祷告耶和华,在以色列人眼前说:
> "日头阿,你要停在基遍;月亮阿,你要止
> 在亚雅仑谷。"于是日头停留,月亮止住,
> 直等国民向敌人报仇。这事岂不是写在雅煞
> 珥书上吗?日头在天当中停住,不急速下落,
> 约有一日之久。在这日以前、这日以后,耶
> 和华听人的祷告,没有像这日的,是因耶和
> 华为以色列争战。(书 10:12-14)

在这个事件中,约书亚仅仅是向耶和华说话,经文没有说明他向耶和华说了什么,更没有记载耶和华的回答。但结

---

[5] 然而,正如喇合能够归入圣约之民,耶和华的主权最终完全能够处理以色列的愚蠢与悖逆。
[6] 参见 Pitkänen(2012,页 224)颇有帮助的探讨。

果很明显——约书亚命令日头和月亮停住了，直到打完胜仗。《约书亚记》7章14节中的结论令人震惊（特别是考虑到5章13-15节记载的那个没法明确解释的会遇）。约书亚的祷告得蒙垂听，正如24章7节记载的神在埃及所行的神迹一样，耶和华听了他们的呼求，亲自介入并为祂的百姓争战。祂的救恩计划在既定轨道上继续进行。

## 《士师记》里的祷告

由于《士师记》（及整个士师时期）呈现的是一段黑暗的历史，我们或许根本不期待这卷书会带来关于祷告的丰富资料。然而，谈及建立"圣经祷告神学"的规范，它其实很可能是前先知书中最重要的一卷。[7]

《士师记》开篇就定下基调——求告耶和华是这卷书的关键主题：

> 约书亚死后，以色列人求问耶和华说："我们中间谁当首先上去攻击迦南人，与他们争战？"耶和华说："犹大当先上去，我已将那地交在他手中。"（士1:1-2）

当神的百姓继续按着神的旨意与迦南人征战时，百姓的祷告与耶和华的回答在圣约计划的发展中相互交织。然而，

---

[7] 与此事实相反，许多论述祷告的书籍（甚至是在学术层面的作品）几乎没有提到《士师记》（可参见的例子如 Clements 1985）。

祷告与以色列人的安全和得胜之间的联系并不限于首战告捷。这卷书有一个重要特点，就是以色列人不断地向耶和华呼求：[8]

> 以色列人呼求耶和华的时候，耶和华就为他们兴起一位拯救者救他们，就是迦勒兄弟，基纳斯的儿子俄陀聂。（士 3:9）
> 以色列人呼求耶和华的时候，耶和华就为他们兴起一位拯救者，就是便雅悯人基拉的儿子以笏，他是左手便利的。以色列人托他送礼物给摩押王伊矶伦。（士 3:15）
> 耶宾王有铁车九百辆。他大大欺压以色列人二十年，以色列人就呼求耶和华。（士 4:3）
> 以色列人因米甸人的缘故，极其穷乏，就呼求耶和华。以色列人因米甸人的缘故，呼求耶和华……（士 6:6-7）
> 以色列人哀求耶和华，说："我们得罪了你，因为离弃了我们神，去事奉诸巴力。"（士 10:10）

每一次百姓背叛而遭神惩罚的循环，都最终带来悔改和"呼求耶和华"。不过，有趣的是，在《士师记》第 10 章之后，这种循环渐渐停止了。对《士师记》10 章 11-14 节，巴里·韦布（Barry Webb）如此评论："显然，双方关系的危

---

[8] 参见 Barry Webb（2012: 32 - 35）的评论。

机已经来到关键时刻,看似极可能已经完全破裂。"[9] 耶和华在13-14节中宣告:"你们竟离弃我,侍奉别神,所以我不再救你们了。你们去哀求所选择的神,你们遭遇急难的时候,让他救你们吧!"[10] 值得注意的是,《士师记》接下来的部分再没有出现全民呼求怜悯的记载,耶和华也不再像先前一样明显地出手拯救祂的百姓。

若你认为这种对祷告的强调单单局限于全体民众在绝望中的集体呼求,那你就错了。祷告贯穿整个故事,好几位士师都不止一次地发出个人的祷告。最引人注目的是,士师的祷告与"救赎"的渴望之间存在着普遍联系。[11]

因此,《士师记》第5章中底波拉之歌是用这样一个祷告结尾的:

> 耶和华啊,愿你的仇敌都这样灭亡!愿爱你
> 的人如日头出现,光辉烈烈!(士5:31)

基甸对神的认识并不敏锐,他在《士师记》6章36-40节中跟神谈了一个著名的交换条件:

> 基甸对神说:"你若果照着所说的话,借我
> 手拯救以色列人,我就把一团羊毛放在禾场

---

[9] 同上,页303。
[10] 这预示了一个在后先知书中变得极为重要的主题:神的百姓不可理所当然地认为,不管他们的行为如何,神都永远垂听他们的祷告。
[11] 我们常常难以辨别士师祷告只是为了从战争压迫中得解救,还是像读者情不自禁所想的那样,认为祷告是为了祈求神实现对亚伯拉罕、以撒、雅各的应许。

> 上。若单是羊毛上有露水，别的地方都是干的。我就知道你必照着所说的话，借我手拯救以色列人。"次日早晨基甸起来，见果然是这样；将羊毛挤一挤，从羊毛中拧出满盆的露水来。基甸又对神说："求你不要向我发怒，我再说这一次：让我将羊毛再试一次。但愿羊毛是干的，别的地方都有露水。"这夜神也如此行：独羊毛上是干的，别的地方都有露水。（士 6:36-40）

正如博林（Boling）的评论："至此，对士师时期的描述开始像一部现代荒诞剧。"[12] 基甸提出要求，更出人意料的是，神竟然应允了——是的，祂一定会拯救祂的百姓。神其实完全不必做出这样的应允。

类似情况在这卷书此后的部分重复出现，尽管祷告者有严重的偏差，祷告本身也有严重的缺陷，耶和华仍满有恩慈地回应了这些祷告。参孙的父亲玛挪亚知道可以通过祷告来求神帮助，但他也只是知道这一点而已，神就施恩帮助了他。[13] 参孙虽然与模范士师当有的样子正好相反，但他两次向神祷告时，都显示出他多少明白祷告就是祈求耶和华拯救祂的百姓：

---

[12] Boling 1975，页 141。
[13] 《士师记》13:8-9。

> 参孙甚觉口渴,就求告耶和华说:"你既借仆人的手施行这么大的拯救,岂可任我渴死,落在未受割礼的人手中呢?"(士 15:18)

同样,参孙死前的祷告尽管算不上敬虔的典范[14],但耶和华为减轻祂子民的痛苦,仍垂听了他的祷告:

> 参孙求告耶和华说:"主耶和华啊,求你眷念我。神啊,求你赐我这一次的力量,使我在非利士人身上报那剜我双眼的仇。"参孙就抱住托房的那两根柱子,左手抱一根,右手抱一根,说:"我情愿与非利士人同死!"就尽力屈身,房子倒塌,压住首领和房内的众人。这样,参孙死时所杀的人,比活着所杀的还多。(士 16:28-30)

虽然《士师记》接下去的部分可以说是整本《圣经》中最令人沮丧的几章,但我们仍惊讶地看到,神在祂的恩典中未曾遗弃祂的百姓,并且当他们呼求时,祂会继续垂听(尽管 10 章 13 节也有警告)。在 20 章中,当以色列人与便雅悯支派发生内战时,经文这样说:

---

[14] Butler(2006,页 353)直率地指出,"参孙的动机并不是宗教性的。他没有求神帮助他完成被他遗忘的拯救使命,他的动机仍是自私的报复。"

以色列人就起来,到伯特利去求问神说:
"我们中间谁当首先上去与便雅悯人争战
呢?"耶和华说:"犹大当先上去。"
以色列人早晨起来,对着基比亚安营。以色
列人出来,要与便雅悯人打仗,就在基比亚
前摆阵。便雅悯人就从基比亚出来,当日杀
死以色列人二万二千……未摆阵之先,以色
列人上去,在耶和华面前哭号直到晚上,求
问耶和华说:"我们再去与我们弟兄便雅悯
人打仗,可以不可以?"耶和华说:"可以
上去攻击他们。"
第二日,以色列人就上前攻击便雅悯人。便
雅悯人也在这日从基比亚出来,与以色列人
接战,又杀死他们一万八千,都是拿刀的。
以色列众人就上到伯特利,坐在耶和华面前
哭号,当日禁食直到晚上,又在耶和华面前
献燔祭和平安祭。那时,神的约柜在那里。
亚伦的孙子,以利亚撒的儿子非尼哈侍立在
约柜前。以色列人问耶和华说:"我们当再
出去与我们弟兄便雅悯人打仗呢?还是罢兵
呢?耶和华说:"你们当上去,因为明日我
必将他们交在你们手中。"(士 20:18-21,
23-28)

这一串事件很奇怪,不容易理解。戴尔·拉尔夫·戴维斯
(Dale Ralph Davis)清晰地说出了其中的难题:

> 若耶和华要审判便雅悯人，为何以色列人会两次狼狈战败？尤其是这两次出兵还都是耶和华指示的？……还有另一种可能：以色列人最初的失败可能并不表示遭受耶和华的审判，而是表明耶和华的做事方式是奥秘的。[15]

在《士师记》之后，我们就不可能假设祷告会自动蒙神垂听了。非常明显，这时耶和华回应祷告仅仅是出于恩典，有时祂不再垂听祷告，甚至百姓祷告之后，祂会施行审判。现在没有人可以将"神听祷告"视为理所当然的了。不过，直到《士师记》的末了，神对百姓的哭求仍是有所回应的，为的是持守祂的应许，将圣约之福倾倒在这些不配得福（并且彼此分裂）的百姓身上。

> 以色列人来到伯特利，坐在神面前直到晚上，放声痛哭，说："耶和华以色列的神啊，为何以色列中有这样缺了一支派的事呢？"
> （士 21:2-3）

## 《撒母耳记》的祷告

有意思的是，在《撒母耳记》与《列王纪》中，祷告是一个被大大忽视的主题。但《撒母耳记》却是以英雄撒母耳（这卷书就是以他命名的）的母亲——哈拿的精彩祷告开始的，这就更让人觉得奇怪了。

---

[15] Davis 2000，页 217。

第二章 祷告与历史进展：前先知书的祷告 059

读者往往只看到一个不正常的家庭和哈拿没有孩子的痛苦，而忽视了《撒母耳记上》第 2 章所蕴藏的巨大影响力。有关第 1 章中哈拿许愿的祷告，以及她为何如此焦虑，作者写得十分简略。经文似乎故意让我们一无所知，只能假设这仅仅是一个妇人迫切渴求生子的个案：

> （哈拿）许愿说："万军之耶和华啊，你若垂顾婢女的苦情，眷念不忘婢女，赐我一个儿子，我必使他终身归与耶和华，不用剃头刀剃他的头。"16 哈拿在耶和华面前不住地祈祷……（撒上 1:11-12）

然而，对于哈拿真诚而敬虔的祷告，以色列的领袖以利却缺乏属灵的分辨，这使我们警觉：这个"平常的故事"绝非如此简单。当我们读到《撒母耳记上》2 章 1-10 节，情况就变得非常清楚了。

这个祷告最显著的特征就是哈拿对自己的处境只字未提。[17] 这不像一位刚怀孕生子的妇人会做的祷告。这段祷告对本书的论点十分重要，因此值得全文引用如下：

哈拿祷告说：

---

[16] 第 12 节表明这个"许愿"也是一个祷告："哈拿在耶和华面前不住地祈祷……"。见 Woodhouse's（2008，页 20－21）对这整段故事的精彩的讨论。

[17] 人们通常简单地（也着实笨拙地）将其归咎于后面插入了诗体材料（见 McCarter 1980，页 74－76；Alter 1999，页 9）。但这个解释并不令人满意。

"我的心因耶和华快乐，我的角因耶和华高举，我的口向仇敌张开。我因耶和华的救恩欢欣。只有耶和华为圣，除祂以外没有可比的，也没有磐石像我们的神。人不要夸口说骄傲的话，也不要出狂妄的言语，因耶和华是大有知识的神，人的行为被祂衡量。勇士的弓都已折断，跌倒的人以力量束腰。素来饱足的，反作佣人求食；饥饿的，再不饥饿。不生育的，生了七个儿子；多有儿女的，反倒衰微。耶和华使人死，也使人活；使人下阴间，也使人往上升。祂使人贫穷，也使人富足；使人卑微，也使人高贵。祂从灰尘里抬举贫寒人，从粪堆中提拔穷乏人；使他们与王子同坐，得着荣耀的座位。地的柱子属于耶和华，祂将世界立在其上。祂必保护圣民的脚步；使恶人在黑暗中寂然不动，人都不能靠力量得胜。与耶和华争竞的，必被打碎；耶和华必从天上以雷攻击他，必审判地极的人；将力量赐与所立的王，高举受膏者的角。"（撒上 2:1-10）

这是整本《圣经》中最精彩的祷告之一，它关注的中心是什么呢？这段祷告充满了对旧约其它一些经文段落的暗示（或预期）。哈拿的祷词使人想起《申命记》32 章和《诗篇》

第2篇所描述的情况。[18] 更有意思的是，祷告的高潮并不是撒母耳的出生，而是弥撒亚君王的降临。

这段文字常被看作是对君主制的宣传。[19] 然而，若将《撒母耳记上》第 2 章与《摩西五经》、《约书亚记》、《士师记》的故事联系起来，就会发现这一章的不同之处。这是另一个与《创世记》第 4 章相呼应的祷告，它祈求众士师的神差下一位拯救者，此时这位拯救者已被明确认定为弥赛亚。

值得指出的是，除摩西之歌外，这段杰出的祷告是目前我们遇见的篇幅最长、神学含义最丰富的祷告，**它出自一个与中央崇拜和祭司职分没有关系的妇人之口**，这在古时是极罕见的。并且《撒母耳记》与《列王纪》是对以色列历史的精辟记述，在《撒母耳记》中出现这种情况，不可能是出于偶然。其实，它正是一个提醒：祷告的实质就是**祈求耶和华实现祂的圣约应许**。

下一章的内容极有力地证实了这个观点。在"童子撒母耳初次遇见神"这个著名的故事中，经文除了不断强调"听"（šmʻ）与耶和华的"话"（dbr）之外，还强调了耶和华的"呼唤"（qrʼ）。显然，以利没有求告耶和华，他最初也没

---

[18] 见 Firth（2009，页 59 - 63）的探讨。事实上，几乎哈拿祷告的每句话都在《诗篇》里有呼应之处。亦见《约伯记》1:21，5:11，36:7，38:4-6。

[19] 例如 Gordon 认为"在君主制时期之前写的诗不太可能提到耶和华膏立的君王"，虽然他承认这个祷告若的确是哈拿发出的，第 10 节也可能是"对君主制的即将来临所做的补充"（Gordon 1986，页 23）。Hertzberg（1964，页 29）认为这显然不是哈拿的祷告。Davis（1999，页 24, n.）对讨论作了一个很好的概括，并对哈拿的祷告作了辩护。

有意识到是耶和华在说话。尽管如此，耶和华却不停地**呼唤**撒母耳。人类堕落后，耶和华主动的呼唤并非在伊甸园里对亚当发出一次就停止了。《创世记》第 3 章中审判与盼望的平衡关系同样出现在《撒母耳记上》2 章 27-36 节：神向撒母耳启示出以利时代已经结束，也启示出祂将建立一种新的领导方式。之后，神便在示罗用"自己的话"默示撒母耳。[20]

所以，在《撒母耳记》到《列王纪》这一段历史的开头，以圣约为本质的祷告（也正是摩西五经所描述与定义的那种祷告）再次成为首先出场的中心内容。

当我们继续往下读《撒母耳记》，这种对祷告的理解会一次又一次被确认。《撒母耳记上》第 6 章讲述了约柜失而复得之后，第 7 章记载了以色列全民的一次悔改。这次悔改至少从表面上看是《申命记》所要求的样子（撒上 7:4）。以色列人在"重新立约"之后，马上就发出祷告，尤其是祈求神救他们脱离非利士人之手。撒母耳向耶和华祷告（pll）、呼求（z'q），虽然用词不同，祈求的内容却始终一致：求耶和华持守约的应许，再次拯救祂的百姓（撒母耳说："要使以色列人众人聚集在米斯巴，我好为你们祷告耶和华。"撒上 7:5）。[21] 这便是历史书对祷告的理解。

这解释了《撒母耳记上》8 章 6-8 节中，撒母耳对百姓要求立王所作出的奇怪反应。

---

[20] 例如见 Firth 2009，页 80。
[21] 这里的用词稍有点不同寻常——撒母耳提出要为以色列人代求，此提议引人注目。这可能是士师时期属灵衰退的结果。

> 撒母耳不喜悦他们说立一个王治理我们,他就祷告耶和华。耶和华对撒母耳说:"百姓向你说的一切话,你只管依从。因为他们不是厌弃你,乃是厌弃我,不要我作他们的王。自从我领他们出埃及到如今,他们常常离弃我,事奉别神。现在他们向你所行的,是照他们素来所行的。"

在这样一个以色列历史的高潮时刻,有个小问题很容易被忽视:**撒母耳为什么要祷告?** 摩西律法禁止百姓为自己立王,先知撒母耳肯定知道这一点。为什么他不直接指责并纠正百姓,用《申命记》里的话教导他们呢?原因只可能是:撒母耳认为百姓的这个要求对圣约本身构成了威胁,因此,他自然要呼求圣约之神出手拯救。

若这种推测是正确的,当撒母耳在《撒母耳记上》12章又短暂地回到舞台中心时,祷告与圣约不可分割的联系就变得更加清楚了。撒母耳在回顾了源远流长的圣约历史(撒上12:6-17)之后,他"求告耶和华,耶和华就在这日打雷降雨,民众便甚惧怕耶和华和撒母耳。"(撒上 12:18)这个圣约的缩影带来的诅咒使得民众乞求撒母耳为他们祷告(12:19),故事在12章23-25节的精彩话语中达到高潮:

> 至于我,断不停止为你们祷告,以致得罪耶和华。我必以善道正路指教你们。只要你们敬畏耶和华,诚诚实实地尽心事奉祂,想念祂向你们所行的事何等大。你们若仍然作恶,你们和你们的王必一同灭亡。

撒母耳要为何事祷告？只能是一件事——为圣约祷告。撒母耳先知求神装备自己的圣约之民，让他们过与圣约相称的生活。他求神成就祂的应许。这里回避了一个重要的问题：为什么撒母耳停止为百姓祷告就会"得罪耶和华"呢？经文中并没有什么地方表明撒母耳必须承担为百姓代祷的特殊职责。[22] 一种较好的解释是："求告耶和华的名"乃圣约之民的基本责任，他们有责任呼求神持守祂的应许，包括与祂的百姓同在、坚固他们、帮助他们跟上祂的脚步这些最基本的约定。

与撒母耳形成鲜明的对比，扫罗不是一个懂得"合理"祷告的人。在扫罗的故事中，唯一有点像祷告的一次，发生在《撒母耳记上》14 章他轻率起誓之后。对以色列的第一位王来说，"祷告"只是从耶和华那里索取必需的指导信息的工具。[23] 37 节中扫罗"求问"（该动词与扫罗的名字有相同的词根）耶和华，耶和华没有回答，他就抱怨。扫罗虽然没用轻蔑的语言求问，[24] 但从使用乌陵和土明掣签的上下文可以看出，扫罗最关注的是他如何保住个人的势力（而不是国家本身），连掣签也显示罪在他这一边。扫罗的这个祷告暴露了他的愚昧，说明他对祷告的理解极不正确。

在 15 章 10-11 节，耶和华最终向撒母耳启示祂对扫罗的判决，这让撒母耳甚是气恼（译者注：和合本翻译成"忧

---

[22] 尽管这里也有可能是暗指《撒母耳记上》7 章 5 节。
[23] 另外，这一点在《撒母耳记上》第 28 章扫罗求问隐多珥女巫的故事中得到了证明，扫罗求问女巫与他此处求问耶和华方式在本质上是一样的，只是他求问女巫的结果更加帮不了他（28:17）。
[24] 此处的"求问"可以用于向耶和华求问，也可用于向其他神明求问（如《列王纪下》第 2 章中发生的可悲事件）。

愁"），终夜哀求耶和华。撒母耳究竟是因扫罗气恼，还是因耶和华气恼，经文没有说明（总体来看，更可能是因扫罗气恼[25]）。但无论如何，面对神所允许发生的这次圣约危机，他的反应是终夜向耶和华祷告哀求。虽然许多解经家都说撒母耳的祷告内容无从知晓[26]，但其实我们无须认为它完全不可知。此前的故事已清楚地表明：在立王一事上，撒母耳最关心的是耶和华的圣约将会如何进展（尽管这也关系到他个人[27]）。由于不敬虔的百姓作出了愚昧的决定，这约如今陷入了危险的境地。然而，正如《撒母耳记上》16 章所显明的，耶和华自己绝不会袖手旁观，任由祂的百姓迷失。

《撒母耳记上》剩下的章节与《撒母耳记下》前几章中的祷告稍微有点令人困惑。在《撒母耳记上》23 章 1–5 节和 30 章 7–10 节（这次大卫在求问耶和华之前穿上"以弗得"），以及《撒母耳记下》2 章 1–2 节和 5 章 19 节，作者记载了大卫的几次祷告。至少在形式上，大卫这几次求告耶和华的方式与扫罗更相似，而非与撒母耳更相似。大卫经常求问耶和华，耶和华也赐福给他，使他得胜（通常是战胜非利士人）。然而，有两件事需要引起我们的注意：1）圣经作者着力强调大卫求问的是"耶和华"（Yahweh），而不只是"神"（Elohim），这立刻就与扫罗的祷告区分开来；2）在大卫逃亡时期，作者叙述的重点是大卫作为以色列的"弥赛亚"而被神保守，并最终得胜回到耶路撒冷。与扫罗再次形成对比的是：大卫没有只想着自保，而是想着侍奉耶和华（撒上

---

[25] 参见 Gunn 1980，页 146。
[26] 例如 Firth 2009，页 174。
[27] 这在《撒母耳记上》8 章 1-5 节中暗示出来。

30:6），尽管在非同寻常的境况下，他也要按照圣约的要求过顺服神的生活。这些章节里大卫的祷告尽管是头几次出现，却明显符合《撒母耳记上》前面部分对圣约的强调。[28] 大卫每一次战胜非利士人，都提醒我们耶和华会战胜祂的敌人，并且会立一位**属祂的**君王来治理祂的百姓。

该主题还出现在《撒母耳记下》7章18–29节——大卫用祷告回应神对其王朝的应许。这个祷告不仅是前先知书中最重要的祷告之一，而且也是整本圣经中最重要的祷告之一，值得我们详细考查。

在《撒母耳记下》7 章 18 节，大卫进去，坐在耶和华面前。这种祷告的姿势极不寻常，大概是为了强调大卫作为耶和华所设立的弥赛亚君王，正在与他的主说话。前面几节中，耶和华都是用第一人称说话，就说明了这一点。显然，耶和华再次主动发起对话，这与普通的古近东模式完全不同。[29] 神刚刚对大卫之"家"作出的应许是与耶和华伟大圣约计划的全盘实现联系在一起的，这便决定了大卫随后的祷告。22-24节的语言带着典型的《申命记》特征，并引出了 25 节中大卫祈求的核心。[30] 大卫向耶和华求的是什么呢？就是求祂成就祂所应许的话："耶和华神啊，你所应许仆人和仆人家的话，求你坚定，直到永远，照你所说的而行。"这正让我们看见

---

[28] 这也被《撒母耳记下》2 章 1-7 节的故事高潮所肯定，在那段经文中，基列雅比人被祝福，其中第 4 节直截了当地表明整个故事的发展方向。

[29] 参见 Davis 1999，页 74 – 75，其中罗列了古代人类为获得神的恩惠而设计的各种主动行为。

[30] 见《申命记》4:7,34；9:26；10:21；33:29；26:18。

圣经祷告的核心，祷告的实质就是呼求耶和华按祂所说的而行。28-29节中大卫祷告的结束语也再次印证了这一点：

> 主耶和华啊，惟有你是神。你的话是真实的，你也应许将这福气赐给仆人。现在求你赐福与仆人的家，可以永存在你面前。主耶和华啊，这是你所应许的，愿你永远赐福与仆人的家。

然而值得指出的是，对于大卫（或许出于本能）要给为耶和华建一个"家"（圣殿）这件事，耶和华却没有作出什么应许。据7章13节看，这件事并不是神计划的一部分，大卫祷告的其他内容都坚定地以耶和华的主权为根基，但这件事却显得有点不搭调。

在《撒母耳记下》剩余部分的祷告中，$bqš$（求问）一词出现了两次：第一次是大卫"恳求神"（撒下12:16），另一次是他"寻求耶和华的面"（撒下21:1）。而在这卷书最后一处祷告中，大卫向耶和华忏悔了自己的骄傲。我们必须看到，这些祷告每一次都包含与大卫王朝相关（或更恰当地说"与圣约相关"）的弦外之音。大卫为他病重的婴孩祷告、为国家的饥荒祷告，他在认识到自己的骄傲后，为自己的"家"祷告。即使这些祷告记载得非常简略，仍看得出它们与圣约不能割裂的关联。

# 《列王纪》的祷告

《列王纪》较少提及祷告,但在故事叙述的关键处记载了少数长篇祷告(尤其是所罗门与希西家的祷告)。另外,以利亚与以利沙的故事也不断凸显出祷告的重要性。我们接下来将探讨这些内容。

### 1. 所罗门的祷告

在某种意义上,《列王纪上》3章中所罗门的祷告不属于我们的讨论范畴,因为那根本就不算祷告。3章1–15节中所罗门与耶和华的对话发生在梦里。然而,随后发生的事情清楚地表明,这个梦带来了真实的结果,因为所罗门的祈求蒙了应允。虽然此处没有使用通常的祷告用语,但把它列入我们的讨论仍是合理的,特别是因为这个梦中的祈求呼应了其它祷告(例如《撒母耳记下》第7章里的祷告)。

所罗门的话通常被认为是祈求某种个人恩赐。然而,所罗门自己很快将他的祈求关联到他父亲大卫的王位传承,以及先祖亚伯拉罕所领受之应许的实现。

> 所罗门说:"你仆人我父亲大卫用诚实、公义、正直的心行在你面前,你就向他大施恩典;又为他存留大恩,赐他一个儿子坐在他的位上,正如今日一样。耶和华我的神啊,如今你使仆人接续我父亲大卫作王,但我是幼童,不知道应当怎样出入。仆人住在你所拣选的民中,这民多得不可胜数。所以求你赐我智慧,可以判断你的民,能辨别是非。

不然，谁能判断这众多的民呢？"（王上 3:6-9）

这个祷告远不止祈求有好的判断能力，而是在求神帮助他胜任他在弥赛亚计划中的角色。[31] 耶和华喜悦他的祈求正是因为所罗门是弥赛亚计划中的一部分。神赐的智慧是要让他能够好好带领耶和华的百姓，忠于圣约。《列王纪上》第 2 章（大卫在第 6 和 9 节嘱咐所罗门照智慧而行，杀了约押与示每，清理大卫留下的政治后患）与 3 章 16–28 节（无人在意和指责妓院的存在，可见以色列民族的衰退[32]）都证实了这种智慧的必要性。《列王纪上》3 章 11–15 节肯定了这种与圣约关联的视角，在此耶和华宣布所罗门的祷告被应允了，好使他成为无人可比的君王，**能信实地遵行圣约**，管理无人能及的财富。

值得顺带一提的是，这个视角在一定程度上缓解了我们常常观察到的一个矛盾，即所罗门是最有智慧的人，却在他的个人生活中做出了一些不智的选择（如王上 7:8，11:1-8）。耶和华赐给所罗门智慧，是要让祂所膏立之君带领祂的百姓信守圣约。[33] 这智慧取决于所罗门在多大程度上听从耶和华。这一点从他做梦的那一刻开始，直到他统治的结束都是非常明显的。在《列王纪上》第 8 章描绘的所罗门政权鼎盛时期，这一点也非常明显。

---

[31] 例如 House 1995，页 110–111。
[32] 这种混乱只会发生在女人聚居一处而没有丈夫的情况下，换言之，就是在妓院里。这标志着以色列的道德衰退。
[33] 又见《列王纪上》第 4 章 29-34 节中明确的圣约用语。神对所罗门的装备为亚伯拉罕之约带来了一个中继过渡性的实现。

这段关于献殿礼的描述在多个方面都是旧约的高潮。节庆一开始，献祭的牛羊就多得不可胜数，后来又增加了一万四千两百只。对神的百姓来说，这次住棚节与往常的不同，它是激动人心的历史时刻，因期待已久的圣殿正式启用了。但所罗门的献殿祷告有一个令人颇感惊讶之处，就是**几乎未提圣殿本身**。这个祷告不是谈献祭、礼仪、祭司职分，甚至不是谈赎罪，而是在谈圣约。[34]

这一事实在《列王纪上》第8章到处可见。约柜在本章一开始的显著地位，为所有后续内容设定了基调。经文强调神的百姓**聚集**，就像他们当初在西奈山聚集成一个民族一样。"以色列"这个词在本章出现了三十五次（译者注：和合本为三十六次），经文中也不断提到神**成就祂向大卫的应许**（8:15，20，24-25，66）、在西奈山上的应许（8:21，53，56）和对亚伯拉罕的应许（8:40，48），以及耶和华是守约之神的属性（8:23）。

对圣约的强调有助于我们理解所罗门祷告核心中一个深奥的悖论，这个悖论就是8章27-30节所说的：

> 神果真住在地上吗？看哪！天和天上的天，
> 尚且不足你居住的，何况我所建的这殿呢？
> 惟求耶和华我的神垂顾仆人的祷告祈求，俯
> 听仆人今日在你面前的祈祷呼吁。愿你昼夜
> 看顾这殿，就是你应许立为你名的居所；求
> 你垂听仆人向此处祷告的话。你仆人和你民

---

[34] Peter Leithart（2006，页68 - 69）对《列王纪上》第8章中与申典/摩西律法的关联作了极好的讨论。

> 以色列向此处祈祷的时候，求你在天上你的
> 居所垂听，垂听而赦免。

这是一个奇怪的献殿祷告，其中谈到神的超越与临在之间的张力，这正是《申命记》圣约神学的核心。它清楚地说明圣殿本身并不是终极目的[35]，乃是为一个更大的目标服务。[36]

从31节开始，所罗门提到《申命记》28章与《利未记》26章列出的圣约诅咒，继续强调圣约（而非圣殿或献祭本身）。这一方面带着浓厚的悲情色彩，另一方面却仍有被赦罪的可能。我们再次看到，所罗门引用《申命记》的教导，将赦罪与基于圣约的悔改——而非圣殿礼仪——关联起来。

> 他们若在掳到之地想起罪来，回心转意，恳
> 求你说：'我们有罪了，我们悖逆了，我们
> 作恶了'；他们若在掳到之地尽心尽性归服
> 你，又向自己的地，就是你赐给他们列祖之
> 地和你所选择的城，并我为你名所建造的殿
> 祷告，在天上你的居所垂听他们的祷告祈求，
> 为他们伸冤。饶恕得罪你的民，赦免他们的
> 一切过犯，使他们在掳他们的人面前蒙怜恤。
> 因为他们是你的子民，你的产业，是你从埃
> 及领出来脱离铁炉的。（王上 8:47-51）

---

[35] 例如《申命记》第 4 章，参见 I. Wilson（1995）与 McConville（1992，1993a）的作品。

[36] "是祷告而不是献祭被视为神的百姓与神沟通的媒介，并且祷告也是他们寻求神赦免的方式。"（M. E. W. Thompson 1996，页191。）

这段最有力的祷告是以圣约为根本内容的，如果还想进一步证明这一点，那么请看接下来所罗门祈求了什么：所罗门一再呼吁神成就祂藉摩西所应许的话（8:52-53），并眷顾加入以色列人的外邦人，也垂听他们的祷告（8:41-43,60）。这些内容都指向神对亚伯拉罕应许的实现。[37] 所罗门的祷告就是求耶和华实现圣约的应许。

### 2. 以利亚与以利沙的祷告

在《列王纪》中，以利亚与以利沙的故事出现的祷告最多。以利亚为死去的男孩祷告，求神使他复活（王上17:20-24）；在迦密山上与巴力众先知对抗时，以利亚祷告求神显明自己，为他辩护（王上18:36-37）；以利亚还曾祷告求神结束他的生命（王上19:4）。每一处祷告都与耶和华的应许有重要关联。

撒勒法寡妇的儿子复活不仅是祝福延及外邦人的一个例子（撒勒法位于耶洗别地的中心），彰显出耶和华这位立约之神有远超巴力与阿娜特(Anat)[38]神的至高主权，而且也证实了神藉先知所说的话（妇人对以利亚说："现在我知道你是神人，耶和华藉你口所说的话是真的。"王上 17:24）。在《列王纪上》的背景下（尤其是刚才看到的《列王纪上》第8章），提到"耶和华的话"就不可能不唤起"耶和华的同在"，因为这位立约之神说过："我就作你们的神，你们也作我的子民。"这是一个与圣约有关的神迹。

---

[37] McConville 1992，页42。
[38] 参见 House 1995，页215；Sweeney 2007，页14。

在迦密山献晚祭的时候,以利亚的祷告明确提到神与亚伯拉罕、以撒、雅各立下的约:

> 亚伯拉罕、以撒、以色列的神,耶和华啊!
> 求你今日使人知道你是以色列的神,也知道
> 我是你的仆人,又是奉你的命行这一切事。
> 耶和华啊,求你应允我,应允我!使这民知
> 道你耶和华是神,又知道是你叫这民的心回
> 转。(王上 18:36-37)

从根本上看,以利亚的祷告就是求神用行动来证明祂自己,并遵守祂的承诺。

即使是《列王纪上》19 章 4 节中以利亚绝望的祷告,也需要放在圣约的背景下来看,否则就难以完全理解。我认为 19 章 3 节里的动词应该是马索拉抄本所写的"看见",而不是"害怕"[39](译者注:和合本译为"见这光景",新译本译为"以利亚害怕")。若我的观点没错,那就几乎可以肯定以利亚祷告不是因为惧怕或个人的崩溃,而是因为在前辈们一代又一代漫长的失败之后,他为自己也遭失败而感到沮丧。尽管有迦密山上发生的一幕,但以色列民的情况仍未改变。他如同以前的先知一样,也没能成功地唤回神的百姓顺服圣约。这个音符在第 10 和 14 节发出回响:当以利亚被带回到何烈山,即以色列民曾与神立约的地方,他两次提到神的百姓"背弃了你的约"。由此我们再次发现,旧约中对祷告的理解,就是呼求神成就祂在圣约中的应许。

---

[39] 马索拉抄本为"他看见";延用此抄本的如 Davis 2007, 页 257–258; Provan 1995, 页 144。

以利沙与他的老师一样，也为一个死去的男孩祷告（王下4:32-37）。虽然在以利沙的故事中，有关圣约的表述并不明显，但这故事与以利亚的故事十分相似，表明《列王纪》的作者想告诉我们：耶和华仍在拯救人出死入生，并持守对百姓的约。与圣约的关联在《列王纪下》6章15-19节显得更为明显。以利沙祷告，神便保护祂的百姓。神打开那少年人的眼目，让他看见"真正的"实情，却使亚兰军队眼目昏迷，败于以色列人，竟被带进了以色列人驻防的腹地！如此看来，祷告不是求神应许之外的事，而是求神成就祂已经应许的事。

**3. 希西家的祷告**

前先知书中关于祷告神学的最后一部分内容，是《列王纪下》第19和20章里犹大王希西家的两个故事。在第一个故事中，希西家面对亚述的威胁，作出了很好的回应。在第二个故事中，希西家面对自己即将来临的死亡，作出了糟糕的回应。这两处祷告的对比进一步证明，旧约的祷告就是求耶和华成就祂对以色列民的应许。

在《列王纪下》19章中，面对拉伯沙基的傲慢挑衅（声称耶和华不可靠，不会按其应许施行拯救），希西家的回应非常值得称赞。[40] 他进入神的殿，将敌人的书信在耶和华面前展开，然后祷告。他称耶和华是以色列的神和天下万国的神，这是他祷告的基础。他关心的是耶和华的荣耀，并相信这荣耀与圣约之民的命运息息相关。14-19节的祷告非常符合我们已谈到的祷告模式。如我们所料，神用一种戏剧性的方

---

[40] 参见 Wray Beal（2014，页 464–465）的讨论。

式应允了他的祷告（19:35），并**明确表示祷告蒙垂听是基于祂与大卫所立的约**："因我为自己的缘故，又为我仆人大卫的缘故，必保护拯救这城。"（19:34）

然而，希西家在第20章里的祷告却与此形成鲜明的对比。虽然耶和华仍记念祂的约，但希西家关心的却似乎只是自哀自怜：[41]

> 希西家就转脸朝墙，祷告耶和华说："耶和华啊，求你记念我在你面前怎样存完全的心，按诚实行事，又做你眼中所看为善的。"希西家就痛哭了。（王下 20:2-3）

有趣的是，即使在绝望中，希西家仍在圣约的基础上祈祷（无论他这个祷告是否正当）。更有趣的是，耶和华再一次以祂与大卫所立的约为基础来回应希西家：

> 你回去，告诉我民的君希西家说："耶和华你祖大卫的神如此说：我听见了你的祷告，看见了你的眼泪，我必医治你。到第三日，你必上到耶和华的殿。我必加增你十五年的寿数；并且我要救你和这城脱离亚述王的手。我为自己和我仆人大卫的缘故，必保护这城。"（王下 20:5-6）

---

[41] 这段经文是否暗示对希西家的批评，解经家们对此是有分歧的。我赞同 Hobbs（1986，页 290）的观点，认为此处与前一章的对比很可能是暗示对希西家的批评。

这就是耶和华对其圣约（和圣约君王）的持守，为了使人相信祂的应许，祂甚至愿意使日晷后退（王下20:10，圣经作者没有解释神是通过扭曲时间进程来做成这事，还是仅仅使日影缩短而已）。

就我们所谈的祷告话题而言，虽然希西家对先知以赛亚的预言作了非常自私的回应，后来又愚蠢地邀请比罗达巴拉但参观自己一切的财宝，但这些都不影响一个事实，那就是希西家祷告的时候，他都是呼求耶和华成就约的应许。其中有些是"好的"祷告，有些是"不好的"祷告，有些很合宜，有些不相称。但神按照祂对属祂之王与国的应许，尽都垂听了这些祷告。[42]

## 总结

若说祷告是《约书亚记》到《列王纪下》的主题之一，这或许有点夸大其词，但承认这几卷书对祷告作出了贯连一致的教导，则毫不为过。从《约书亚记》到《士师记》，再到《撒母耳记》和《列王纪》，每卷书都体现出：耶和华的百姓最大的需要之一就是呼求神照祂说过的话而行，持守祂的圣约应许。

旧约的这一部分对祷告的理解、描述与实践大致如上所述。摩西五经奠定的祷告神学——如果可以这样称的话——在这几卷书中得到了连贯一致的发展与应用，呈现出显著的统一性。祷告就是求告耶和华这位与我们立约之神的名。

---

[42] 非常感谢卡森帮助我对这几段经文作出更清晰的思考。

# 第三章 在未来之光中祷告：后先知书中的祷告

当提到圣经中的先知书时，祷告可能不是我们首先想到的主题。然而令人惊讶的是，先知书中的大量材料其实与本书的讨论很有关系。

显然，进入后先知书的世界就是进入一些关键性和历史性问题的雷区，我并不想在这里讨论这些问题。[1] 我将用一种共时性的方法，把每一卷大先知书作为一个整体来处理，然后用类似的方式来讨论十二小先知书中有关祷告的内容。

## 长篇祷告与大先知书

### 1.《以赛亚书》

令人惊奇的是，《以赛亚书》首次提到祷告竟是耶和华透过先知发出的一个警告：警告百姓，他们的祈求将不蒙垂听：

---

[1] 尤其是论及《以赛亚书》，以及十二小先知书的本质与写作成书。

> 你们举手祷告，我必遮眼不看；就是你们多
> 多地祈祷，我也不听。你们的手都满了杀人
> 的血。（赛 1:15）[2]

这种不听祷告带来的沉默支配了《以赛亚书》的大部分篇幅。

《以赛亚书》6章中神的显现（或神显现的异象）的确包含了先知与耶和华的对话，不过，我们很难说那是否就是祷告。如果是祷告，以赛亚发自肺腑地呼求怜悯，大致符合我们一直所说的"呼求耶和华之名"的祷告模式。然而，我们必须等到第12章，才会看到这卷书中第一次与神的实质性沟通。

《以赛亚书》12章是这卷书第一部分的高潮。在此之前，耶和华清楚地表明祂将要亲自介入，差下以马内利，就是从"耶西的本必发的一条"，祂将要得胜，招聚万邦俯伏敬拜祂（见11:1-6）。接着，12章将这一部分推向顶点，它有一个很有趣的特征：它不提"呼求耶和华的名"，而是提到在耶和华施行拯救*之后*向神献上赞美。那么严格来说，这是**祷告**吗？这很难确定。

旧约看待祷告与赞美是有区别的。祷告是呼求神来拯救，而赞美则发生在神施行拯救之后。当然，两者的区分并不绝对。在任何意义上，人对神说话常常会自由地将祈求与赞美混合在一起，因为祷告者很容易从赞美过去的拯救转入祈求将来的拯救。但是，在原则上保持两者间的区别还是颇有价

---

[2] 对16章12节摩押人的祷告也有类似的评论。另见《以赛亚书》59章1-3节。

值的,研究"旧约是否对祷告有一致的理解"这个问题时尤其如此。

这一区别在《以赛亚书》中被称为"以赛亚天启默示"的部分变得特别明显。当以赛亚本人和那些将要经历这些事的人思想这默示时,他们的陈述都聚焦于一个事实:耶和华确实是按照祂的承诺在做,只不过此时的他们经历的是"咒诅"而非"祝福"。这与《以赛亚书》1章15节中先知的警告——神已不再垂听百姓的祷告——完全一致。所以我们会在25章1-2节读到这样的话:

> 耶和华啊,你是我的神,我要尊崇你,我要
> 称赞你的名,因为你以忠信诚实行过奇妙的
> 事,成就你古时所定的。你使城变为乱堆,
> 使坚固城变为荒场;使外邦人宫殿的城不再
> 为城,永远不再建造。

这可以被理解为"反向祷告"(anti-prayer),也就是当祈求的时日过去之后要对神说的话。显然,这种预言式的赞美所关注的内容与我们先前讨论的祷告原则完全一致,都是关于神的应许与计划。

《以赛亚书》26章预言了犹大地的百姓对神作为的反应,这种反应也印证了以上的观点。这一章以"歌"开始,但这首歌唱着唱着,就从回应神的审判发展到等候祂的拯救。可以说这首歌变成了祷告,它值得我们详细解读一下。

这首歌首先庆祝审判过去之后,锡安被建立成坚固的堡垒,并吩咐弟兄姊妹当信靠耶和华(26:1-7)。随后焦点就转

为祈求，此时已难以区分它是诗歌还是祷告，尤其是歌中的祈求正是以"耶和华的名"为焦点。

> 耶和华啊，我们在你行审判的路上等候你，**我们心里所羡慕的是你的名，就是你那可记念的名**。夜间，我心中羡慕你，我里面的灵切切寻求你，因为你在世上行审判的时候，地上的居民就学习公义。以恩惠待恶人，他仍不学习公义，在正直的地上，他必行事不义，也不注意耶和华的威严。耶和华啊，你的手高举，他们仍然不看；却要看你为百姓发的热心，因而抱愧，并且有火烧灭你的敌人。耶和华啊，你必派定我们得平安，因为我们所作的事，都是你给我们成就的。耶和华我们的神啊！在你以外曾有别的主管辖我们，**但我们专要倚靠你，提你的名**。（赛 26:8-13）

歌中表达的愿望（或祈求）是：神的仇敌将见识到神的能力与伟大，神为祂的百姓设立的计划将完全成就，神的名也因此被尊崇。从以赛亚的先知视角来看，神已经施行审判这一事实，就是这一切必将发生的证据：

> 他们死了，必不能再活；他们去世，必不能再起；因为你刑罚他们，毁灭他们，他们的名号就全然消灭。耶和华啊，你增添国民，

你增添国民；你得了荣耀，又扩张地的四境。
（赛 26:14-15）

文中有悖逆之民的祷告不蒙垂听的反例（再次呼应1章15节）。即使这些祷告的背后仍然显示出：祷告的实质是呼求耶和华的名，求祂按应许施行拯救。

耶和华啊，他们在急难中寻求你，你的惩罚临到他们身上，他们就倾心吐胆祷告你。妇人怀孕，临产疼痛，在痛苦之中喊叫；耶和华啊，我们在你面前也是如此。我们也曾怀孕疼痛，所产的竟像风一样。我们在地上未曾行什么拯救的事；世上的居民也未曾败落。
（赛 26:16-18）

只有审判过后，耶和华才会再次垂听百姓的呼求，断然介入，带来生命和公义（26:19-21）。事实变得越来越清楚，即使从以赛亚完全不同的视角来看，审判就快来临，呼求耶和华的名至少在短期内不会带来解救，但祷告从根本上仍然是与神成就祂的圣约计划连在一起的。[3]

《以赛亚书》36-39 章是这卷书中重要的历史环节，其中包含了希西家的两段祷告（36:16-20，38:2-3）。除了这几章在《以赛亚书》中的修辞功能[4]，希西家的祷告还汇聚了探讨圣经祷告神学时的两个显著观点。他的第一个祷告关注国家

---

[3] 这也反映在《以赛亚书》31 章 1-2 节中。此处虽非祷告，但也反映了这个神学理解。
[4] Motyer（1999，页 247–272）对这几章的探讨非常有用。

的命运,也就是耶和华对亚伯拉罕、大卫等人的承诺。他第二次祷告则完全关注自己的命运(他在39章8节说的话证实了这一点)。这位大卫的后裔对弥赛亚的受苦有完全错误的理解,与《诗篇》中的表述形成鲜明对比。[5]

此后文中几乎没有出现任何祷告,直到第55章。然而,我们在55章发现,先知劝诫神的百姓用悔改、顺服、回转到神面前,寻求神的原谅。这个回转的呼召必然带来祷告[6]:

> 当趁耶和华可寻找的时候寻找祂,相近的时
> 候求告祂。恶人当离弃自己的道路,不义的
> 人当除掉自己的意念。归向耶和华,耶和华
> 就必怜恤他;当归向我们的神,因为神必广
> 行赦免。(赛 55:6-7)

随后的经文清楚地表明,听从这个劝勉并求告神,就是承认祂的至高权柄,求神在地上推进祂的计划(见赛55:8-11)。这会带来什么结果?当然是耶和华赐下终末的祝福。换言之,我们再次看到"求告耶和华的名"与"求神实现应许"不可分割:

> 你们必欢欢喜喜而出来,平平安安蒙引导;
> 大山小山必在你们面前发声歌唱,田野的树

---

[5] 见我在第5章里的评论。
[6] Blenkinsopp(2002: 371)认为"有关寻求神的劝勉……在后期是泛指祷告与悔罪行动中表现出的积极开放的宗教态度。"Motyer(1999: 389)认为求告耶和华就是在敬拜中承认祂,并且同时在困难中寻求祂的帮助(例如《诗篇》第50篇15节)。

> 木也都拍掌。松树长出,代替荆棘,番石榴
> 长出,代替蒺藜。这要为耶和华留名,作为
> 永远的证据,不能剪除。(赛 55:12-13)

这卷书的结尾部分呼应了这个观点,它与之前保持沉默的命令形成鲜明对比,守望者现在被鼓励去不断向耶和华发出呼吁,提醒祂去履行祂的圣约义务:

> 耶路撒冷啊,我在你城上设立守望的,他们
> 昼夜必不静默,呼吁耶和华的,你们不要歇
> 息,也不要使祂歇息,直等祂建立耶路撒冷,
> 使耶路撒冷在地上成为可赞美的。(赛 62:6-7)[7]

《以赛亚书》63章15节至64章12节是这卷书中篇幅最长的祷告。与《申命记》30章非常相似,此处设想了神的百姓在流放审判之后对耶和华的求告。在64章8节中,沉默最终被打破,有人果真开始呼喊耶和华的名字,恳求祂让时光倒转,回到祂对亚伯拉罕、以撒、雅各的应许逐渐实现的日子。这段震动人心的祷告值得全文引用如下:

> 求你从天上垂顾,从你圣洁荣耀的居所观看。
> 你的热心和你大能的作为在哪里呢?你爱慕
> 的心肠和怜悯向我们止住了。亚伯拉罕虽然
> 不认识我们,以色列也不承认我们,你却是

---

[7] 这几节经文通常被看作祷告。见 Childs 2001,页 512;Motyer 1999,页 432。

我们的父。耶和华啊,你是我们的父,从万古以来,你名称为我们的救赎主。耶和华啊,你为何使我们走差,离开你的道,使我们心里刚硬不敬畏你呢?求你为你仆人、为你产业支派的缘故转回来。你的圣民不过暂时得这产业,我们的敌人已经践踏你的圣所。我们好像你未曾治理的人,又像未曾得称你名下的人。(赛 63:15-19)

愿你裂天而降,愿山在你面前震动,好像火烧干柴,又像火将水烧开,使你敌人知道你的名,使列国在你面前发颤。你曾行我们不能逆料、可畏的事。那时你降临,山岭在你面前震动。从古以来人未曾听见、未曾耳闻、未曾眼见,在你以外有什么神为等候他的人行事。你迎接那欢喜行义、记念你道的人,你曾发怒,我们仍犯罪。这景况已久,我们还能得救吗?我们都像不洁净的人,所有的义都像污秽的衣服;我们都像叶子渐渐枯干,我们的罪孽好像风把我们吹去,并且无人求告你的名,无人奋力抓住你;原来你掩面不顾我们,使我们因罪孽消化。耶和华啊,现在你仍是我们的父!我们是泥,你是窑匠,我们都是你手的工作。耶和华啊,求你不要大发震怒,也不要永远记念罪孽。求你垂顾我们,我们都是你的百姓。你的圣邑变为旷野,锡安变为旷野,耶路撒冷成为荒场。我

们圣洁华美的殿，就是我们列祖赞美你的所
在，被火焚烧；我们所羡慕的美地尽都荒废。
耶和华啊，有这些事，你还忍得住吗？你仍
静默，使我们深受苦难吗？（赛64:1-12）

这个充满悲情的祈求在本质上可归结为一件事，就是求神记念祂的圣约胜过审判。它催促神在震怒中仍要记得怜悯。我们不能忽视一个事实：这是神早已应许的。这一事实将《以赛亚书》对祷告的教导放在了整本旧约教导的中心。先知最后的话表明那日的景况将大大不同：

他们尚未求告，我就应允；正说话的时候，
我就垂听。（赛65:24）

### 2.《耶利米书》

在《耶利米书》的前几章里，耶和华自己提出了一个与《以赛亚书》所强调的内容类似的问题——神百姓的祷告短期内将不蒙垂听，因为他们执迷不悟地拜假神，拒绝悔改：

从今以后，你岂不向我呼叫说：'我父啊，
你是我幼年的恩主。耶和华岂永远怀怒，存
留到底吗？'看哪！你又发恶言、又行坏事，
随自己的私意而行。（耶3:4-5）

这里的代词从第4节中的"你"变成了第5节中的"祂"（译者注：中译本将"祂"直接译为"耶和华"），这表现出耶和华与百姓的关系变得疏远了。他们的祷告不蒙垂听，因为约的关系已经被他们持续的不顺服、不悔改破坏了。但

尽管如此，在《耶利米书》中，祷告仍被解释为呼求耶和华成就祂的应许。

耶和华在3章19–20节的自我陈述证实了这一点。经文描绘了如下的理想景况：

> 我说："我怎样将你安置在儿女之中，赐给你美地，就是万国中肥美的产业。我又说，你们必称我为父，也不再转去不跟从我。以色列家，你们向我行诡诈，真像妻子行诡诈离开她丈夫一样。这是耶和华说的。"（耶3:19-20）

随着耶利米关于审判的信息不断展开，我们越发明显地看到神的百姓不再"求告耶和华的名"，这转而导致了 7 章 16 节的那个可怕命令："所以，你不要为这百姓祈祷。不要为他们呼求祷告，也不要向我为他们祈求，因我不听允你。"木已成舟，求神赐福已毫无意义，因为约的咒诅已经发动：

> 耶和华对我说："在犹大人和耶路撒冷居民中有同谋背叛的事。他们转去效法他们的先祖，不肯听我的话，犯罪作孽，又随从别神，侍奉他。以色列家和犹大家背了我与他们列祖所立的约。"所以耶和华如此说："我必使灾祸临到他们，是他们不能逃脱的。他们必向我哀求，我却不听。那时，犹大城邑的人和耶路撒冷的居民，要去哀求他们烧香所

供奉的神，只是遭难的时候，这些神毫不拯救他们。"（耶 11:9-12）

至此，《耶利米书》发生了一个戏剧性的转变。耶利米不再期盼（在被掳之地）献上真实祷告的日子，而是悲情地与耶和华展开了激烈的讨论。耶利米在这些讨论中的告白为我们提供了整本圣经中最丰富的祷告资料。

所谓的耶利米告白（其实严格来讲不是任何意义上的"告白"）井井有条地对犹大拒绝听耶和华的话提出了有力的控诉。[8] 形式上它大致属于"哀歌"的范畴，尽管它与哀歌还是有显著的差异。[9] 对我们要研究的课题来说，这些"告白"（11:18-23；12:1-6；15:10-14，15-21；17:14-18；18:18-23；20:7-13，14-18）可以帮助我们深入理解圣经祷告的核心所存在的张力。

戈登·麦康维尔（Gordon McConville）在其研究《耶利米书》的优秀著作——《审判与应许》（*Judgment and Promise*）一书中，做出了生动的评论："耶利米的形象，尤其是这些告白中呈现出的形象……是极为复杂的。他要代表百姓，要代表耶和华，同时还要仍然是他自己。"[10] 这给这耶利米的祷告带来了复杂性，因此麦康维尔继续评论：

> 比如在 14 章 9-22 节里，他代表百姓说话。他这样做必然会让百姓看到，他们自己根本没

---

[8] 见 Allen（2012，页 431）的讨论。
[9] 例如 Baumgartner（1987）的经典解说。
[10] McConville 1993，页 72。

> 有诚心祷告。因此,耶利米的话是对全体国民的一种批评,道出了他们的命运。同时,这些话又是耶利米自己的肺腑之言。由于他是百姓的代表,他的祷告最终成了百姓的真实祷告,百姓在这个祷告中有份,因此这个祷告也带来众百姓得救的盼望,这都是透过这位先知才获得的。

这些祷告同时具有代表性、示范性与控诉性。虽然如此复杂,但从我们的研究课题来看,这些祷告的重点既明确又简单:神百姓生活中的主要问题就是神的应许是否实现,它也是先知和百姓的祷告都应关注的主题。即使粗略地浏览耶利米告白,我们也能明显看到这一点。

在告白的第一部分,耶利米最忧虑的是百姓因为拒绝耶和华的话而反对他,因此也是反对耶和华(耶11:18-20)。

这种忧虑一直延续到第二部分(12:1-6)。反对者虽然嘴上称神的名(12:2),心却远离耶和华。审判已成必然,当耶利米开始接受这个事实时,百姓的背叛就成了告白的重要内容:

> 耶和华啊,我与你争辩的时候,你显为义。但有一件,我还要与你理论:恶人的道路为何亨通呢?大行诡诈的为何得安逸呢?你栽培了他们,他们也扎了根,长大,而且结果。他们的口是与你相近,心却与你远离。耶和华啊,你晓得我,看见我,察验我向你是怎样的心。求你将他们拉出来,好像将宰的羊,

叫他们等候杀戮的日子。这地悲哀,通国的青草枯干,要到几时呢?因其上居民的恶行,牲畜和飞鸟都灭绝了。他们曾说:"祂看不见我们的结局。"耶和华说:"你若与步行的人同跑,尚且觉累,怎能与马赛跑呢?你在平安之地,虽然安稳,在约旦河边的丛林要怎样行呢?因为连你弟兄和你父家都用奸诈待你。他们也在你后边大声喊叫。虽向你说好话,你也不要信他们。"(耶 12:1-6)

第二组告白的前半部分(15:10-14)清楚地说明,耶利米的内心纷乱是因他担心神关于咒诅的应许实现——他渴望看到这地得祝福,却只是经历到这地被咒诅:

我的母亲哪,我有祸了!因你生我作为遍地相争相竞的人。我素来没有借贷与人,人也没有借贷与我,人人却都咒骂我……"我也必使仇敌带这掠物到你所不认识的地去,因我怒中起的火要将你们焚烧。"(耶 15:10,14)

接下来的祷告同样非常激昂。先知预演了将来的情形,就是他如何因领受耶和华的话而被同伴们疏离,但同时也使他经历到神自己:

耶和华啊,你是知道的,求你记念我,眷顾我,向逼迫我的人为我报仇,不要向他们忍怒取我的命,要知道我为你的缘故受了凌辱。

> 耶和华万军之神啊,我得着你的言语,就当食物吃了,你的言语是我心中的欢喜快乐,因我是称为你名下的人。我没有坐在宴乐人的会中,也没有欢乐,我因你的感动(原文作"手")独自静坐,因你使我满心愤恨。我的痛苦为何长久不止呢?我的伤痕为何无法医治,不能痊愈呢?难道你待我有诡诈,像流干的河道吗?(耶15:15-18)

当耶利米尝到"耶和华的痛苦"后,他的痛苦也是显而易见的。他发现,带给他欢喜快乐的那些话语(必是关乎耶和华圣约应许的"福音之言")却遭百姓拒绝,从而招致审判与咒诅[11]。这使他的祷告满怀悲痛。耶利米的忠诚对他自己的祷告和渴望来说,是一个暂时性的答案,他经历到耶和华的拯救,也经历到国人对他的断然拒绝。

> 耶和华如此说:"你若归回,我就将你再带来,使你站在我面前;你若将宝贵的和下贱的分别出来,你就可以当作我的口。他们必归向你,你却不可归向他们。我必使你向这百姓成为坚固的铜墙。他们必攻击你,却不能胜你,因我与你同在,要拯救你、搭救

---

[11] 耶利米的遭难、呐喊与耶和华应许之间的关系,带我们进入圣经祷告的核心。祷告源自福音,这一观念并不是要把深切的个人哭诉排除在祷告范畴之外,只是要把它们放在"以福音为框架"的上下文中重新定位。

你。"这是耶和华说的。"我必搭救你脱离恶人的手,救赎你脱离强暴人的手。"(耶 15:19-21)

随着告白继续进行,耶利米开始呼求耶和华拯救他,并盼望耶和华的话应验,不管神是拯救还是审判众百姓:

> 耶和华啊,求你医治我,我便痊愈;拯救我,我便得救;因你是我所赞美的。他们对我说:"耶和华的话在哪里呢?叫这话应验吧!"至于我,那跟从你作牧人的职分,我并没有急忙离弃,也没有想那灾殃的日子,这是你知道的。我口中所出的言语都在你面前。不要使我因你惊恐;当灾祸的日子,你是我的避难所。愿那些逼迫我的蒙羞,却不要使我蒙羞;使他们惊惶,却不要使我惊惶;使灾祸的日子临到他们,以加倍的毁坏毁坏他们。(耶 17:14-18)

《耶利米书》的祷告及耶利米本人的祷告中有一个显著的特色,就是神的话都具有双重意义。这在先知书中早有体现(例如《以赛亚书》6 章 8-10 节),现在又成了先知耶利米祷告的主要特征,表现在 18 章 18-23 节中耶利米越来越焦虑的情绪发泄上。耶利米祷告中的张力逐渐增加,在 20 章达到顶点。先知用高度情绪化的言语,首先抱怨耶和华操控与利用自己,然后才重申他相信耶和华既有能力施行审判,也有能力施行最终的拯救，从而成就祂先前说过的话——祂曾经应许先有咒诅，后有祝福：

> 耶和华啊，你曾劝导（译者注：新译本为"愚弄"）我，我也听了你的劝导，
> 你比我有力量，且胜了我；我终日成为笑话，人人都戏弄我。我每逢讲论的时候，就发出哀声，我喊叫说，有强暴和毁灭！因为耶和华的话终日成了我的凌辱、讥刺。我若说："我不再提耶和华，也不再奉他的名讲论"，我便心里觉得似乎有烧着的火闭塞在我骨中，我就含忍不住，不能自禁。
> 我听见了许多人的谗谤，四围都是惊吓，就是我知己的朋友也都窥探我，
> 愿我跌倒说："告他吧！我们也要告他！或者他被引诱，我们就能胜他，在他身上报仇。"然而耶和华与我同在，好像甚可怕的勇士。因此，逼迫我的必都绊跌，不能得胜；他们必大大蒙羞，就是受永不忘记的羞辱，因为他们行事没有智慧。试验义人、察看人肺腑心肠的万军之耶和华啊，求你容我见你在他们身上报仇，因我将我的案件向你禀明了。你们要向耶和华唱歌，赞美耶和华！因他救了穷人的性命脱离恶人的手。
>
> （耶 20:7-13）

此时，最后一部分的告白出人意料地急转直下，给解经家们带来了各种各样的问题。有的解经家认为耶利米已经精神失常，有的认为他只是有点自我矛盾，各种说法不一而足。[12] 然而，我们发现，将 20 章 14-18 节这个晦暗的部分置于这一系列告白的高潮，就有了一个完全可理解的修辞效果——它让读者领会到，以色列在短期内既无解救，也无盼望。百姓将面对约的咒诅，他们的先知耶利米也将与他们一同遭难。正如先知所说，在他身上体现了真实的审判：

> 愿我生的那日受咒诅！愿我母亲产我的那日不蒙福！给我父亲报信说："你得了儿子"，使我父亲甚欢喜的，愿那人受咒诅！愿那人像耶和华所倾覆而不后悔的城邑；愿他早晨听见哀声，晌午听见呐喊。因他在我未出胎的时候不杀我，使我母亲成了我的坟墓，胎就时常重大。我为何出胎见劳碌愁苦，使我的年日因羞愧消灭呢？（耶 20:14-18）

耶利米的祷告揭示了先知在其生活与经历中深刻的个人挣扎，它也反应了犹大人生命中的挣扎。支撑他祷告的是一个顿悟，即在短期内，呼求耶和华只能是在审判中确认祂的圣约目标。祷告蒙应允的盼望在于最终的咒诅——被掳流放

---

[12] Brueggemann（1998，页 185）认为"也许他性格极不稳定。他的同辈人无疑是这样认为的。"但是他随即承认"从诗歌本身我们无从进行任何心理分析"。Harrison（1973，页 116）把耶利米描述为一个"敏感"的人，他因自己的预言长期未得成就而感到尴尬，又被人们的嘲笑所"激怒"。J. A. Thompson（1980，页 458）也说耶利米天性敏感。

——之后，会有新的祝福来临。那么在此期间呢？先知孤独的祷告声暴露了耶和华内心的伤痛，同时也发出了一个真正具有预言性的音符，它只会在超越审判的救赎中，成为逐渐增强的音符。14章19-22节的祷告就隐含了这个观点，这段祷告虽然没有被正式归入告白之列，却让我们看到了这卷书的核心信息：

> 你全然弃掉犹大吗？你心厌恶锡安吗？为何击打我们，以致无法医治呢？我们指望平安，却得不着好处；指望痊愈，不料，受了惊惶。耶和华啊，我们承认自己的罪恶，和我们列祖的罪孽，因我们得罪了你。求你为你名的缘故，不厌恶我们，不辱没你荣耀的宝座；求你追念，不要背了与我们所立的约。外邦人虚无的神中，有能降雨的吗？天能自降甘霖吗？耶和华我们的神啊，能如此的不是你吗？所以我们仍要等候你，因为这一切都是你所造的。（耶14:19-22）

接下来，《耶利米书》对祷告的关注逐渐减少，却并未完全消失。在32章中，耶利米购置田地这个举动，将告白的信息具体表现出来，并把这一信息带回到舞台的中心：

> 我将买契交给尼利亚的儿子巴录以后，便祷告耶和华说：主耶和华啊，你曾用大能和伸出来的膀臂创造天地，在你没有难成的事。你施慈爱与千万人，又将父亲的罪孽报应在

他后世子孙的怀中,是至大全能的神,万军之耶和华是你的名。谋事有大略,行事有大能,注目观看世人一切的举动,为要照各人所行的和他做事的结果报应他。在埃及地显神迹奇事,直到今日在以色列和别人中间也是如此,使自己得了名声,正如今日一样。用神迹奇事和大能的手并伸出来的膀臂与大可畏的事,领你的百姓以色列出了埃及。将这地赐给他们,就是你向他们列祖起誓应许赐给他们流奶与蜜之地。他们进入这地得了为业,却不听从你的话,也不遵行你的律法。你一切所吩咐他们行的,他们一无所行,因此你使这一切的灾祸临到他们。"看哪!敌人已经来到,筑垒要攻取这城;城也因刀剑、饥荒、瘟疫交在攻城的迦勒底人手中。你所说的话都成就了,你也看见了。主耶和华啊,你对我说:'要用银子为自己买那块地,又请见证人。'其实这城已交在迦勒底人的手中了。"(耶 32:16-25)

这段祷告里没有提出任何直接的请求,这很有意思。相反,耶利米与耶和华对话时,显然在思考神为何赐下这个命令。他渐渐明白,购买土地的命令暗含着耶和华的承诺:从长远来说,祂必实现对亚伯拉罕的应许。在先知心里,祷告错综复杂地关联着神的圣约之工,这种关联在这卷书的最后一部分再次被强调出来。

在《耶利米书》42 章中，剩下的百姓终于来找先知，要求聆听神的话语：

> 众军长和加利亚的儿子约哈难，并何沙雅的儿子耶撒尼亚以及众百姓，从最小的到至大的都进前来，对先知耶利米说："求你准我们在你面前祈求，为我们这剩下的人祷告耶和华你的神。我们本来众多，现在剩下的极少，这是你亲眼所见的。愿耶和华你的神指示我们所当走的路，所当做的事。"先知耶利米对他们说："我已经听见你们了，我必照着你们的话祷告耶和华你们的神。耶和华无论回答什么，我必都告诉你们，毫不隐瞒。"于是他们对耶利米说："我们若不照耶和华你的神差遣你来说的一切话行，愿耶和华在我们中间作真实诚信的见证。我们现在请你到耶和华我们的神面前，他说的无论是好是歹，我们都必听从！我们听从耶和华我们神的话，就可以得福。"（耶42:1-6）

不同寻常地，这一次百姓和先知都将祷告与寻求耶和华的指引联系起来。然而，此处并不只是用某种特殊的祷告来替代乌陵与土明。这个寻求指引的祷告出现在救赎历史的特殊时刻——神的审判即将来临，对百姓来说已到了"下决心"的时候。神的命令十分清楚：他们应该去巴比伦。但百姓却拒绝了神的命令而转去埃及，即使是耶利米这位活出神的话、也靠神的话而活的先知，也只能在百姓的不顺服中与他们同去。

作为神最热心的发言人，耶利米的祷告在《耶利米书》中占有相当大的篇幅在《以赛亚书》中，神命令百姓不要祷告，因为百姓祷告只会讲虚伪的话。但先知耶利米却坚持祷告。他为耶和华已决定降咒诅在百姓身上而祷告，为咒诅过后神仍然应许的祝福而祷告。他为购置土地而祷告，为耶和华百姓要去往何处而祷告。耶利米的祷告都是围绕着神至高无上的圣约计划，也是被这计划所主导。

### 3.《耶利米书》的姊妹篇：《耶利米哀歌》中的祷告

假设《耶利米哀歌》与《耶利米书》在一定程度上的确有联系，我们现在来讨论这本书就是有意义的，而不必把它放在下一章对圣卷（the Writings）的讨论中。[13]

如标题所示，这卷书由一系列"哀歌"构成。不过，令我们特别感兴趣的是书中对耶和华直接说话的部分（祷告）。这些内容大量出现在经文中，比如，我们读到：

> 耶和华啊，求你观看，因为我在急难中！我心肠扰乱，我心在我里面翻转，因我大大悖逆。在外刀剑使人丧子；在家犹如死亡。听见我叹息的有人；安慰我的却无人！我的仇敌都听见我所遭的患难；因你做这事，他们都喜乐。你必使你报告的日子来到，他们就像我一样。愿他们的恶行都呈在你面前；你

---

[13] 有关这两卷书的作者或《耶利米书》对《耶利米哀歌》的影响，请参看 Parry 2010，页 3 - 5 等相关资料。

> 怎样因我的一切罪过待我，求你照样待他们，
> 因我叹息甚多，心中发昏。（哀1:20-22）

与耶利米相似，此处的作者作为神百姓的代表，既要面对过去的背叛及其招致的审判，也要呼求神的公义（更准确地说，是求神惩罚那些毁灭犹大的巴比伦人）。

这一类"求告耶和华之名"的祷告继续出现在第2章里，我们在此看到被征服的残酷经历使百姓发出了哀号：

> 耶和华啊，求你观看，见你向谁这样行？妇人岂可吃自己所生育手里所摇弄的婴孩吗？祭司和先知岂可在主的圣所中被杀戮吗？少年人和老年人都在街上躺卧，我的处女和壮丁都倒在刀下。你发怒的日子杀死他们。你杀了，并不顾惜。你招聚四围惊吓我的，像在大会的日子招聚人一样。耶和华发怒的日子，无人逃脱，无人存留。我所摇弄所养育的婴孩，仇敌都杀净了。（哀2:20-22）

祷告并没有说他们遭此命运是不公平的，甚至没有说耶和华应该出手相助。当神的百姓试图接受神已转身反对他们的这个事实时，他们的感受更多是一种无尽的痛苦：

> 我们当深深考察自己的行为，再归向耶和华。我们当诚心向天上的神举手祷告。我们犯罪背逆，你并不赦免。你自被怒气遮蔽，追赶我们，你施行杀戮，并不顾惜。你以黑云遮

> 蔽自己，以至祷告不得透入。你使我们在万民中成为污秽和渣滓。我们的仇敌都向我们大大张口。恐惧和陷坑，残害和毁灭，都临近我们。因我众民遭的毁灭，我就眼泪下流如河。（哀3:40-48）

然而，随着哀歌的继续，作者对神说话的基调发生了转变。此时，对流放的本能恐惧被一种健康的自我反省取代。作者重新呼求公义，甚至最终祈求神在流放之后拯救祂的百姓：

> 耶和华啊，我从深牢中求告你的名。你曾听见我的声音，我求你解救，你不要掩耳不听。我求告你的日子，你临近我说："不要惧怕！"主啊，你伸明了我的冤，你救赎了我的命。耶和华啊，你见了我受的委屈，求你为我伸冤。他们仇恨我，谋害我，你都看见了。耶和华啊，你听见他们辱骂我的话，知道他们向我所设的计，并那些起来攻击我的人口中所说的话，以及终日向我所设的计谋。求你观看，他们坐下、起来，都以我为歌曲。耶和华啊，你要按着他们手所做的，向他们施行报应。你要使他们心里刚硬，使你的咒诅临到他们。你要发怒追赶他们，从耶和华的天下除灭他们。（哀3:55-66）

《耶利米哀歌》最后一章与《耶利米书》14 章十分相似，经文中结合了上面提到的所有元素。祷告真实地反映了百姓面对的处境——他们受到审判，但是，他们求告耶和华的名，求祂翻转他们的命运，带他们走出咒诅进入祝福，并再次成就古时的应许：

> 耶和华啊，求你记念我们所遭遇的事，观看我们所受的凌辱。我们的产业归与外邦人；我们的房屋归与外路人。我们是无父的孤儿，我们的母亲好像寡妇。我们出钱才得水喝，我们的柴是人卖给我们的。追赶我们的，到了我们的颈项上，我们疲乏不得歇息。我们投降埃及人和亚述人，为要得粮吃饱。我们列祖犯罪，而今不在了，我们担当他们的罪孽。奴仆辖制我们，无人救我们脱离他们的手。因为旷野的刀剑，我们冒着险才得粮食。因饥饿燥热，我们的皮肤就黑如炉。敌人在锡安玷污妇人，在犹大的城邑玷污处女。他们吊起首领的手，也不尊敬老人的面。少年人扛磨石，孩童背木柴，都绊跌了。老年人在城门口断绝，少年人不再作乐。我们心中的快乐止息，跳舞变为悲哀。冠冕从我们的头上落下，我们犯罪了，我们有祸了！这些事我们心里发昏，我们的眼睛昏花。锡安山荒凉，野狗行在其上。耶和华啊，你存到永远，你的宝座存到万代。你为何永远忘记我们？为何许久离弃我们？耶和华啊，求你使

> 我们向你回转,我们便得回转;求你复新我
> 们的日子,像古时一样。你竟全然弃绝我们,
> 向我们大发烈怒。(哀 5:1-22)

因主耶和华仍然掌权,祂的计划丝毫没有改变,所以祂的百姓仍然可以怀着盼望求告祂。从最终来看,这就是《耶利米书》与《耶利米哀歌》的信息。

### 4.《以西结书》

与《耶利米书》丰富的祷告形成鲜明的对比,《以西结书》鲜有记载任何形式的祷告。原因也许很简单:很大程度上,以西结的预言是为了让流亡者知道犹大的故事并未结束。换言之,这卷书的写作目的是给流亡者一个继续祷告的理由,而不是教导祷告本身。从以西结的预言可以看出,流亡者的确作过祷告,只是没有被写入这卷书内。

即便如此,我们仍要注意到,书中四段以西结本人的祷告都涉及救赎历史中的关键问题。

> 我说:"哎!主耶和华啊,我素来未曾被玷污,从幼年到如今没有吃过自死的,或被野兽撕裂的,那可憎的肉也未曾入我的口。"
>
> (结 4:14)
>
> 他们击杀的时候,我被留下。我就俯伏在地说:"哎!主耶和华啊,你将忿怒倾在耶路撒冷,岂要将以色列所剩下的人都灭绝吗?"
>
> (结 9:8)

> 我正说预言的时候，比拿雅的儿子毗拉提死了。于是我俯伏在地，大声呼叫说："哎！主耶和华啊，你要将以色列剩下的人灭绝净尽吗？"
>
> （结 11:13）
>
> 于是我说："哎！主耶和华啊，人都指着我说：'他岂不是说比喻的吗？'"
>
> （结 20:49）

当然，应该指出的是，这些祷告都是自然发出的，没有什么证据表明它们曾经过精心的安排与设计。然而，同样清楚的是，这些祷告也都谈及并表达了犹大在被掳流放中经历的忧愁。

第一段祷告（4:14）是祭司以西结的抗议，因他在执行先知使命的过程中，神让他自我玷污。神要透过以西结的演示，迫使百姓面对被掳流放的事实，并学会以敬虔的方式处理这件事。这显然是一个高度敏感的问题，因它关乎圣约、圣洁与拣选。第二段祷告（9:8）是由耶和华令人震惊的宣告引起的。这一次，神似乎允许祂的百姓被消灭，甚至连少数余民也不存留下来维持祂选民心中正迅速消逝的希望。第三段祷告（11:13）与第二段祷告相似，但这一次是因以西结在流亡百姓中的布道引起了轩然大波，影响久远。最后一段祷告（20:49）是因为以西结所遭遇的与以前的先知一样，虽然他清楚地宣告了神的话语，却没有人愿意听，于是他祷告。每一次先知的祷告都是由令人震惊的宣告或事件引起的，这不禁使人担心神的百姓已走投无路。

以西结的使命之一就是将福音带给神的百姓,告诉他们事实并非眼前所见。实际上,以西结的职责不是要(像耶利米和以赛亚那样)关上祷告的门,而是要兴起祷告:

> 主耶和华如此说:我要加增以色列家的人数,多如羊群。他们必为这事向我求问,我要给他们成就。耶路撒冷在守节作祭物所献的羊群怎样多,照样,荒凉的城邑必被人群充满。他们就知道我是耶和华。
>
> (结36:37-38)

纵览大先知书中的祷告,我们对"旧约的祷告在实质上就是求耶和华成就祂的应许"增加了另一层认识。以赛亚与耶利米用微妙而复杂的方式发展了这个概念,力图让神的百姓明白咒诅与祝福、审判与救赎之间的关系,同时勉励他们继续求告耶和华的名,在艰难的处境中持守盼望。以西结则更进一步,在经历被掳流亡的创伤之后,他重新打开与神对话的门,勉励神的百姓再次求告耶和华的名。

## 短篇祷告与小先知书

自1990年保罗·豪斯(Paul House)出版了具有划时代意义的《十二小先知书的统一性》(*The Unity of the Twelve*)之后,越来越多的人将十二小先知书看成一个整体,做同步性阅读。虽然学术界对小先知书"合集"在编辑上的统一程度尚无定论,但可以肯定的是,这十二卷书在主题上确实存在重要的联系。[14] 为本书研究之便，我们假设小先知书之间的确存在实质性关联，并且肯定豪斯最初的观察是准确的，即这一合集中包含一个"从警告到审判、再到盼望"的运动过程。[15]

在《以赛亚书》、《耶利米书》与《以西结书》中，祷告之门最初被关闭了，重新调整之后又再次开放。考虑到这几卷书中对祷告的观点，我们可能会期待在十二小先知书中找到类似的模式。事实的确如此。

### 1. 祷告结束了吗？

《何西阿书》、《阿摩司书》和《弥迦书》是被掳前的三卷篇幅较长的小先知书，它们的模式与同时代大先知书的模式极其类似。

在《何西阿书》中，除了8章2节有一个绝望的、自我辩护的呼求之外，基本就没有其它祷告了。很明显，这个祷告也未蒙耶和华垂听：

> 你用口吹角吧！敌人如鹰来攻打耶和华的家，
> 因为这民违背我的约，干犯我的律法。他们

---

[14] 参看豪斯本人最近在圣经研究学会 2014 年大会（Institute of Biblical Research Conference 2014）上发表的调查报告"《十二小先知书的统一性》出版二十五年后：同步阅读十二小先知书"（"*The Unity of the Twelve* Twenty-Five Years Later: Synchronic Readings of the Book of the Twelve"，未出版）。

[15] 学者们对豪斯最初的论文已进行了大量的探讨、批判与修正，但他的基本观点从本质上说仍是十分准确的。对这方面的深入探讨参见 Cumerford 2015。

> 必呼叫我说：'我的神啊！我们以色列认识
> 你了！'以色列丢弃良善，仇敌必追逼他。
>
> （何 8:1-3）

这与《以赛亚书》与《耶利米书》中越来越糟糕以致被掳流放的情景完全相符。神的百姓有时会在惊恐中为了自己而"呼求神"，但他们既不认识神，也不侍奉神，因此神闭耳不听他们的祷告。

先知何西阿在其个人生活中，体会到耶和华所遭遇的百姓的背叛；阿摩司则比较像耶利米，他是在与神的对话中直接为百姓求赦免。与《何西阿书》一样，《阿摩司书》里也几乎没有祷告，只有7章2-9节十分引人注目。在这一段经文中，先知祈求耶和华的情况与《创世记》18章中亚伯拉罕的情况很相似，只不过阿摩司不是为异教之城代求，而是为神的百姓代求。以色列即将面临审判，阿摩司则不愿此事发生，这一段经文把我们带入阿摩司的异象：

> 我就说："主耶和华啊，求你赦免！因为雅各微弱，他怎能站立得住呢？"耶和华就后悔说："这灾可以免了。"
> 主耶和华又指示我一件事：他命火来惩罚以色列，火就吞灭深渊，险些将地烧灭。我就说："主耶和华啊，求你止息！因为雅各微弱，他怎能站立得住呢？"耶和华就后悔说："这灾也可免了。"
> 他又指示我一件事：有一道墙是按准绳建筑的，主手拿准绳站在其上。耶和华对我说：

> "阿摩司啊,你看见什么?"我说:"看见
> 准绳。"主说:"我要吊起准绳在我民以色
> 列中,我必不再宽恕他们。以撒的邱坛必然
> 凄凉,以色列的圣所必然荒废。我必兴起,
> 用刀攻击耶罗波安的家。"
>
> (摩 7:2-9)

阿摩司面对感情的创伤,不得不接受审判的现实,这与几个世纪后的耶利米是一样的。

有趣的是,弥迦的经历和表现有所不同。《弥迦书》在结尾之前,一直都没有提及向耶和华祈求或任何形式的祷告。然而在最后一段,弥迦却预言有一天沉默会被再次打破,百姓(首先以先知的名义)将要再次求告耶和华,并且神必成就祂赐给先祖的应许,让百姓经历医治,得蒙赦免:

> 神啊,有何神像你,赦免罪孽,饶恕你产业
> 之余民的罪过,不永远怀怒,喜爱施恩?必
> 再怜悯我们,将我们的罪孽踏在脚下,又将
> 我们的一切罪投于深海。你必按古时起誓应
> 许我们列祖的话,向雅各发诚实,向亚伯拉
> 罕施慈爱。(弥 7:18-20)

谈完《弥迦书》,我们就必须谈谈篇幅较短的《约珥书》。众所周知,《约珥书》的起源难以确定[16],我个人认为

---

[16] 参见 Garrett(2012,页 449)与 Dillard(1992,页 239)等人的评论。

它很可能是写于被掳流放之前,为本书研究之便,就权且以此为准,这对祷告的理解影响不大。

《约珥书》包含两个祷告:第一个(1:19-20)是在遭受毁灭后先知自己作的祷告,此后他就发出了预言;第二个(2:17)是规定祭司要作的祷告。这两个祷告都表明一个主题:神百姓目前的经历与神的应许之间存在着明显的差距。

> 耶和华啊,我向你求告,因为火烧灭旷野的草场,火焰烧尽田野的树木。田野的走兽向你发喘,因为溪水干涸,火也烧灭旷野的草场。(珥 1:19-20)
>
> 侍奉耶和华的祭司,要在廊子和祭坛中间哭泣说:"耶和华啊,求你顾惜你的百姓,不要使你的产业受羞辱,列邦管辖他们。为何容列国的人说:'他们的神在哪里呢?'"
> (珥 2:17)

为何先知会如此祷告?为何祭司要如此祷告?因为祷告的实质就是求耶和华持守应许,而他们经历的现实却是耶和华食言了。面对他们的祷告,耶和华既不垂听也不回应。但是,继续往下读,我们就会发现约珥与被掳前的先知持一样的观点:祷告的时间已经过去,神的百姓唯一能做的就是回到神的面前,盼望神会回心转意,再施怜悯(例如2:12)。

然而,即使此处审判的音调听起来又长又明确,它仍然伴随着一个强调,那就是审判过后会有一个新的日子,那时人们会再次求告耶和华的名而得拯救:

> 在天上地下，我要显出奇事，有血、有火、有烟柱。日头要变为黑暗，月亮要变为血，这都在耶和华大而可畏的日子未到以前。到那时候，凡求告耶和华名的就必得救；因为照耶和华所说的，在锡安山，耶路撒冷必有逃脱的人，在剩下的人中，必有耶和华所召的。（珥 2:30-32）

至此我必须承认，在十二小先知书中，有三卷极少或根本没有提及祷告。当然，其中两卷是写给神子民的敌人的。俄巴底亚宣告以东将受审判，那鸿抨击亚述，这都无需百姓做出什么回应，这些国家也没有什么可对耶和华说的（尽管约拿为此跟神做过讨论，见下文）。他们任意欺压耶和华的百姓，如今要为此付上代价。但问题是，这对我们所探讨的主题——神百姓的祷告有什么影响吗？

豪斯等人认为十二小先知书的排序与"信息"有某种一致性，若他们所说属实，那么这几卷书被收录在合集的核心部分，很可能在一定程度上反应了犹大民族自己在被掳流放中经历的情况——面对耶和华的命令与审判，他们没有回答，也无话可说。他们实质上已经沦落到与其他"列国"同样的地位。

《哈该书》的情况略有不同。这卷书篇幅短小，主题也与祷告关系不大，因此对我们的讨论可能没有什么贡献。从另一方面看，它可能是另一个例子，表明神的百姓迫切需要发出祷告的声音，再次求告耶和华的名。随着我们继续研读十二小先知书，这个主题将变得越发明显，这也许有点出人意料。

## 2. 祷告的恢复

多年来，在所有小先知书中，教会与学术界关注最多的莫过于《约拿书》。然而，《约拿书》对教导祷告的贡献却常被人忽略。另外，在十二小先知书中，《约拿书》离奇而具有开放性的结尾，最有力地向读者展示了"恢复祷告"的可能性。

就祷告这个话题而言，《约拿书》最重要的特征就是不断求告耶和华的名。只要粗略地浏览第1章与第3章，我们便可明显看出这一点：

> 水手便惧怕，各人哀求自己的神。他们将船上的货物抛在海中，为要使船轻些。约拿已下到底舱躺卧沉睡。船主到他那里对他说："你这沉睡的人哪，为何这样呢？起来，求告你的神，或者神顾念我们，使我们不至灭亡。"……他们便求告耶和华说："**耶和华啊，我们恳求你，不要因这人的性命使我们死亡，不要使流无辜血的罪归与我们，因为你耶和华是随自己的意旨行事。**"（拿 1:5-6,14）
> 
> 耶和华的话二次临到约拿说："你起来！往尼尼微大城去，向其中的居民宣告我所吩咐你的话。"约拿便照耶和华的话起来，往尼尼微去。这尼尼微是极大的城，有三日的路程。约拿进城走了一日，宣告说："再等四十日，尼尼微必倾覆了！"尼尼微人信服神，便宣告禁食，从最大的到至小的都穿麻衣。

> 这信息传到尼尼微王的耳中,他就下了宝座,脱下朝服,披上麻布,坐在灰中。他又使人遍告尼尼微通城说:"王和大臣有令,人不可尝什么,牲畜、牛羊不可吃草,也不可喝水。人与牲畜都当披上麻布,人要切切求告神。各人回头离开所行的恶道,丢弃手中的强暴。或者神转意后悔,不发烈怒,使我们不至灭亡,也未可知。"于是神察看他们的行为,见他们离开恶道,他就后悔,不把所说的灾祸降与他们了。(拿3:1-10)

那些外邦水手最初是哀求自己的神,但当他们发现风暴是出于约拿的神之后,便迅速地向耶和华发出恳求。他们的祷告显示出高度的神学敏感性。与约拿的国人不同[17],这些水手相信耶和华的力量、主权和拯救的能力。

同样,当约拿(可能是满怀激情地)遵照耶和华的命令,在3章4节向尼尼微人宣告神的审判时,这些亚述人竟出人意料地作出了回应。他们"宣告禁食","切切求告"约拿的神![18] 神正是在使用各类异教徒来教导自己的先知与百姓,

---

[17] 假设这里的先知约拿与《列王纪下》14章25节中提到的约拿是同一个人。若确实如此,那么不管你是否赞同我对这个故事的历史真实性的看法,有一点都是成立的:在经文描述的约拿时代,神的百姓总体上显然没有求告耶和华的名。

[18] 此处有一些用词上的变化。第1章中描述水手求告的词是 z'q,但第3章中描述尼尼微人求告的词是 qr'。因为这些词属于同一语义范围,所以最好将此变化单纯理解为追求文学效果。

让他们重新学会祷告。耶和华正是在邀请祂的百姓来求告祂的名。

这卷书中还有一个特点，促使我们必须往这个方向解读经文，那就是约拿对耶和华说话的方式：

> 约拿在鱼腹中**祷告**耶和华他的神，说："我遭遇患难求告耶和华，你就应允我；从阴间的深处呼求，你就俯听我的声音。"（拿2:1-2）
> 
> 这事约拿大大不悦，且甚发怒，就祷告耶和华说："耶和华啊，我在本国的时候岂不是这样说吗？我知道你是有恩典、有怜悯的神，不轻易发怒，有丰盛的慈爱，并且后悔不降所说的灾，所以我急速逃往他施去。耶和华啊，现在求你取我的命吧！因为我死了比活着还好。"（拿4:1-3）

与描述外邦水手和亚述人的用词不同，经文描述约拿时用的是"祷告"（*pll*）一词。不过，我认为第2章中约拿对耶和华说的话，从技巧到神学立场都无可挑剔，这恰恰暴露了约拿已经停止祷告的事实。而第4章中约拿的祷告却完全不顾及神学合理性，因为这时约拿真正暴露了他自己心中的问题，同时也是百姓心中的问题。

约拿祷告的意义常被人忽视，因此值得我们仔细研究一下。人们一般从字面上理解约拿的情况，认为他是在鱼腹里恢复了理智,但我强烈认为事实恰恰相反。事实上,鱼腹中那个正统的祷告反而揭示出他问题的严重性![19]

> 约拿在鱼腹中祷告耶和华他的神,说:"我遭遇患难求告耶和华,你就应允我;从阴间的深处呼求,你就俯听我的声音。"(拿2:1-2)

故事发展到此处,并无迹象表明约拿有任何"求告耶和华"的意愿,这是经文令人困惑的地方。事实上,在之前的故事中,他曾**拒绝**求告神。当然,这可能表明先知已经恢复理智,此时正诚恳地求告神;但这个祷告的时态很奇怪[20],约拿话里的调子更显得不对劲,至少应该引起读者的疑惑。随着约拿继续祷告,这种张力越发变得明显:

> 你将我投下深渊,就是海的深处;大水环绕我,你的波浪洪涛都漫过我身。我说:"我

---

[19] Jenson(2008,页58)也持类似的观点,他指出"如果约拿真正顺服神的旨意,就应该会认罪。但他并没有任何认罪的举动,这说明他的行为(如正统祷告)与意愿之间是分裂的。正因为这种矛盾,神才会在第4章中试图说服约拿。"

[20] 理论上我们有可能认为约拿的话是指他正在做的事(给出理由),或认为这几句"诗"是事后写了插进去的,只是写的时候换了个角度。但更有可能的情况是,约拿是在用一般过去时貌似敬虔地鼓吹他没有做过的事。

从你眼前虽被驱逐，我仍要仰望你的圣殿。"
（拿 2:3-4）

此刻，祷告中的诗句似乎变成了"后末世时代反乌托邦式"的青少年小说。虽然从神学上讲，耶和华把他投下深渊的说法可能是准确的，但这充其量只是故事的一部分。而宣称"我从你眼前被驱逐"，这却与事实相去甚远。经文并没有说约拿是因不顺服神而逃离，也没有暗示他在船上拒绝与"他的"神接触。相反，我们看到的是非常戏剧化地描述他的可怕经历（2:5-6），和略有点莫名其妙地提及"圣殿"。我认为，若要充分解释这段祷告，必须要好好分析这个令人费解的文本特征（此特征也出现在第 7 节中）。

约拿在此提到耶路撒冷的圣殿，最有可能是为了强调他对耶和华始终不变地保持着强烈的民族主义观念。尽管约拿为躲避这位圣殿的神而离开约帕，这有点讽刺，但他仍两次表达了这样一个事实，即耶和华与他的都城耶路撒冷之间存在着密不可分的联系。约拿在第 8 节中"反偶像"的陈述与第 9 节中自诩的（且律法式的）话也随即证明了这一点。

> 我心在我里面发昏的时候，我就想念耶和华。
> 我的祷告进入你的圣殿，达到你的面前。那
> 信奉虚无之神的人，离弃怜爱他们的主；但
> 我必用感谢的声音献祭与你。我所许的愿，
> 我必偿还。救恩出于耶和华。（拿 2:7-9）

若将这几节祷告放在这卷书本身的背景中去理解，我们就会发现，尽管约拿口号喊得很响，可实际上他的祷告有严

重的问题。例如，就在前面几节经文中，**正是那些信奉虚无偶像的外邦水手表现出了属灵的看见、真实的虔诚和对耶和华的敬畏，并最终作出了真正的祷告。**然而，约拿虽然熟谙祷告之法，晓得正统的"圣殿神学"，并清楚地知道"救恩出于耶和华"的道理，他的祷告却没有任何悔改之意，也不是从信心中自然流露出来的。他是否在真实地呼求耶和华似乎都是个问题。克里斯托弗·塞茨（Christopher Seitz）曾说："祷告就是喊着神的名字对神说话。而喊神的名字就要毫无保留地面对真实的神，但总要记得这位被呼叫的是一位圣洁并忌邪的神。"[21] 约拿却仿佛没有意识到这一点。

最后一章中约拿的言辞及其涵义都证明了这一点。前面我们已提到过4章1-2节，在这两节里，我们看见有两件事被奇怪地并列在一起：

> 这事约拿大大不悦，且甚发怒，就祷告耶和华说："耶和华啊，我在本国的时候岂不是这样说吗？我知道你是有恩典、有怜悯的神，不轻易发怒，有丰盛的慈爱，并且后悔不降所说的灾，所以我急速逃往他施去。"

先知自己得了怜悯，却似乎不怎么愿意别人也得怜悯。他生气的事实再一次说明（如同第2章），虽然他是在与神说话，却离"求告耶和华的名"还有一段距离。约拿甚至引用耶和华经典的圣约宣告来反对耶和华，并且极不合理地要求这位充满恩典与怜悯、不愿降灾的神取走他的性命！

---

[21] Seitz 2001，页 13。

所以，约拿是不会祷告也不愿祷告的先知，故此他成了百姓的绝佳代表。这也解释了这卷书为何以那样的方式结尾。结尾处，耶和华邀请约拿重新与祂对话，甚至可能是重新开始祷告，第一次真正地求告祂的名，但约拿却没有再说什么。我们有理由相信，"邀请神的百姓重新祷告"至少是这部重要书卷的写作目的之一。

不出所料，这种邀请在十二小先知书的其它几个地方——尤其是在《哈巴谷书》中——得到呼应。

《哈巴谷书》的内容常被解读为一种神义论（theodicy），它也涉及了祷告未蒙垂听的问题，这在书卷开篇就现出端倪：

> 耶和华啊，我呼求你，你不应允，要到几时
> 呢？我因强暴哀求你，你还不拯救。（哈 1:2）

然而，如我们已经看到的，先知书强调神的百姓不再祷告（这既是因为百姓没有求告耶和华的名，也是因为神定意不再垂听，直等祂倾倒了约的咒诅）。在这种情况下，很可能有另一种更有效的方法来回答哈巴谷的提问。

哈巴谷的提问并不是一个脱离了所有历史背景的抽象问题，而是一个在救赎历史中的特定时刻提出的具体问题。[22] 哈巴谷不是问："神为何不应允我们？"而是问"神为何**此刻**不应允？"书中给出的答案再次重申了我们之前反复看到的一件事——在审判未结束以前，求告耶和华的名将毫无用处，至少就眼前来说木已成舟。

---

[22] 哈巴谷很可能与那鸿、西番雅、耶利米是同时代的人，于公元前七世纪在耶路撒冷发预言（见 Bruckner 2003，页 300 等资料）。

这件事很早就在经文中出现了。国家正在逐步瓦解,虽然哈巴谷不断"求告耶和华的名",祈求神按先前立约的承诺采取行动,但却毫无用处。他的第一段祷告(通常被称为"诉怨")展示了犹大的糟糕景况:

> 你为何使我看见罪孽?你为何看着奸恶而不理呢?毁灭和强暴在我面前,又起了争端和相斗的事。因此律法放松,公理也不显明;恶人围困义人,所以公理显然颠倒。(哈 1:3-4)

这种境况与先知根据神的应许所设想的境况大相径庭。而耶和华的回应是什么呢?1章5-11节中神的解释非常简单——哈巴谷的祷告未蒙垂听,国家也继续走向瓦解,因神正在透过迦勒底人(巴比伦人)施行审判。哈巴谷继续求问答案(1:12-2:1)。这一次他的问题是,耶和华怎么能使用如此残忍的工具?耶和华立即驳斥了这一指控,祂保证压迫者与被压迫者将来都要面临最终的审判。这就把我们带到了这卷书的中心与高潮——哈巴谷接下来的"祷告"(*tĕpillâ*)。正是这段祷告印证了我们之前的观点。

哈巴谷祷告的开头就点出了关键问题:

> 耶和华啊,我听见你的名声就惧怕。耶和华啊,求你在这些年间复兴你的作为,在这些年间显明出来;在发怒的时候以怜悯为念。
>
> (哈 3:2)

哈巴谷意识到，就神而言，"侍奉已被暂停"，现今是震怒的日子，因此祈求怜悯是没有用的。所以第3章中哈巴谷的祷告发生了转变：现在他只求耶和华"以怜悯为念"。他比较实际地祈求神将来有一天再次垂听百姓的祷告。

借助旧约中的其它意象[23]，哈巴谷生动地描绘了耶和华的审判与救赎行为。但与以往不同，他现在能更加宏观地看待此事。即使在审判之中，他也能看到救赎的目的（这一原则早在《出埃及记》中就已显明）：

> 你出来要拯救你的百姓，拯救你的受膏者，打破恶人家长的头，露出他的脚，直到颈项……你乘马践踏红海，就是践踏汹涌的大水。（哈 3:13,15）

此处的重点并不在于哈巴谷相信耶和华一定会应允祷告，而在于他对救赎历史有了新的理解。他明白现在不是耶和华应允百姓祷告的时候，但那一天终究会到来——祂首先会审判那些压迫者，然后实现祂所有的终末应许：

> 我听见耶和华的声音，身体战兢，嘴唇发颤，骨中朽烂；我在所立之处战兢。我只可安静等候灾难之日临到，犯境之民上来。虽然无花果树不发旺，葡萄树不结果，橄榄树也不效力，田地不出粮食，圈中绝了羊，棚内也没有牛；然而，我要因耶和华欢欣，因救我的神喜乐。主耶和华是我的力量！他使我的

---

[23] Bruce 1993，页 890 - 891。

> 脚快如母鹿的蹄，又使我稳行在高处。（哈
> 3:16-19）

与《约拿书》表达的信息一致，《哈巴谷书》也清楚表明神的百姓已不再求告耶和华的名，并且他们即使求告，耶和华也不再垂听。但更重要的是，这两卷书都展望有一天耶和华的百姓将会再次大声呼求神，神也会乐意回应他们的呼求。

同样的想法也存在于《西番雅书》的信息中。按先知西番雅所说，约西亚时期面临两方面的问题：百姓不寻求耶和华，神也使他们沉默：

> 与那些转去不跟从耶和华的，和不寻求耶和华、也不访问他的。你要在主耶和华面前静默无声，因为耶和华的日子快到。（番 1:6-7）

而 3 章 9 节则解决了这个问题，耶和华亲口承诺：

> 那时，我必使万民用清洁的言语，好求告我耶和华的名，同心合意地侍奉我。（番 3:9）

《撒迦利亚书》强有力的预言包含多个复杂的主题，虽然祷告不是核心主题之一，但同样的祷告思想仍然继续上演。神的百姓不再求告耶和华的名，耶和华也不再垂听祂的百姓。然而，将来必有一天，百姓会再次祷告，耶和华也乐于应允他们：

使心硬如金钢石,不听律法和万军之耶和华用灵藉从前的先知所说的话。故此,万军之耶和华大发烈怒。"万军之耶和华说:'我曾呼唤他们,他们不听;将来他们呼求我,我也不听!我必以旋风吹散他们到素不认识的万国中。这样,他们的地就荒凉,甚至无人来往经过,因为他们使美好之地荒凉了。'"(亚 7:12-14)

万军之耶和华如此说:"将来必有列国的人和多城的居民来到。这城的居民必到那城说:'我们要快去恳求耶和华的恩,寻求万军之耶和华,我也要去。'必有列邦的人和强国的民,来到耶路撒冷寻求万军之耶和华,恳求耶和华的恩。"万军之耶和华如此说:在那些日子,必有十个人从列国诸族中出来,拉住一个犹大人的衣襟说:'我们要与你们同去,因为我们听见神与你们同在了。'"(亚 8:20-23)

我要坚固犹大家,拯救约瑟家,要领他们归回。我要怜恤他们,他们必像未曾弃绝的一样。都因我是耶和华他们的神,我必应允他们的祷告。(亚 10:6)

我要使这三分之一经火,熬炼他们,如熬炼银子;试炼他们,如试炼金子。他们必求告我的名,我必应允他们。我要说:'这是我

> 的子民。'他们也要说：'耶和华是我们的
> 神。'（亚 13:9）[24]

这些经文累积起来的效果是巨大的。"祷告将被恢复"的思想在许多关键地方都看得出来，在十二小先知书的后半部分尤为明显。恢复祷告就是恢复耶和华与祂百姓之间的联系，这表现在百姓求告耶和华的名，耶和华也回应百姓，将圣约所应许的祝福倾倒在他们身上。唯一剩下的问题是：这个强调是否一直持续到小先知书的结尾？

《玛拉基书》关注的与其说是祷告，不如说是神子民的生活（尤其是祭司的职任）所呈现的矛盾。书中耶和华斥责了百姓说的一些话，这些话与其说是百姓对神说的，不如说是他们对其他人说的（这些话都说得不对，见3章13节的例子）。然而，这个小信的世代之所以问题不断，其根源是因为他们不再敬畏耶和华的名（2:5）。只有当敬畏耶和华的人聚集在一起（而开始与神交谈）时[25]，他们所求之事才会蒙垂听，终末应许的实现才会开启：

> 那时，敬畏耶和华的彼此谈论，耶和华侧耳
> 而听，且有纪念册在他面前，记录那敬畏耶
> 和华、思念他名的人。万军之耶和华说：
> "在我所定的日子，他们必属我，特特归我。
> 我必怜恤他们，如同人怜恤、服待自己的儿
> 子。那时，你们必归回，将善人和恶人，侍

---

[24] 参见 Petterson (2015) 的精彩评论，尤其是 234 与 278 页谈到那日他们的祷告必再蒙垂听的部分。
[25] 同上，379-380 页。

奉神的和不侍奉神的分别出来。"（玛 3:16-18）

## 总结

我们在这一章讨论了大量先知书的内容。虽然涉及广泛的文体和不同的历史情况，但是大先知书和十二小先知书对于祷告在被掳流放前后的情况，都有一个共同的观点——"求告耶和华之名"的特权被暂时收回，因为约的咒诅要倾倒在顽固悖逆的神子民身上，并且他们要被流放到巴比伦，离开应许之地。接受这个惊天动地的转变并不容易（《耶利米书》、《耶利米哀歌》、《哈巴谷书》甚至《约拿书》都证明了这一点），但先知们都发出了一个信息——这一转变只是暂时的。

> 审判之日过后，有希望的日子到来，耶和华的子民将再次求告祂的名，祂也应允他们。"到那时候，凡求告耶和华名的就必得救"（珥 2:32）。"他们尚未求告，我就应允；正说话的时候，我就垂听。"（赛 65:24）

# 第四章 为新的约祷告：圣卷¹里的祷告

确定了律法书与先知书（包括前先知书和后先知书）有一致的祷告神学之后，我们接下来要探究祷告在圣卷中是如何展现的。²

## 祷告的智慧

除了《诗篇》这个特例（我们后面再谈），若说祷告在智慧文学中扮演重要角色，那就大大误导人了。³不过，这不

---

¹ 译者注："圣卷"（the Writings）在希伯来圣经中是指《诗篇》、《箴言》、《约伯记》、《雅歌》、《路得记》、《耶利米哀歌》、《传道书》、《以斯帖记》、《但以理书》、《以斯拉记》、《尼西米记》、《历代志》（上/下）。
² 出于内容上的实际考虑，《耶利米哀歌》已在前一章中讨论了。《诗篇》则将在第五章中讨论。
³ 唯一可能的例外是《约伯记》。但我们发现，即使在《约伯记》里，祷告也几乎不占据中心地位。

是说圣经的这一部分与祷告无关。例如《箴言》就坚持认为顺服的生活与耶和华应允祷告是有关联的。

> 恶人献祭,为耶和华所憎恶;正直人祈祷,
> 为祂所喜悦。(箴 15:8)
> 耶和华远离恶人,却听义人的祷告。(箴 15:29)
> 转耳不听律法的,他的祈祷也为可憎。(箴 28:9)

虽然措辞有些不同,但这些话与先知所说的相似。在以色列走向灭亡、犹大将要被掳的那些年里,先知说的就是:耶和华不再垂听百姓的祷告,因为他们背叛了祂。

《传道书》是在传讲福音之前做铺垫的信息[4],它和《雅歌》[5]都没有提到祷告[6]。不过,《约伯记》倒是弥补了这一空缺。

人们对《约伯记》的主题有各种各样的理解。有人认为它是在讲终极的神义论,有人认为它主要谈的是"无辜遭难"这个话题,也有人认为它本质上是先知预言式的书卷,发展了"受苦的义人"这个概念,预表了主耶稣的一生及其工作。[7]

---

[4] 请参见 Fredericks 在他与 Estes 合写的著作(2010)中对此话题的探讨。
[5] 我认为这卷书是所罗门对真实爱情之神秘本质的思考。
[6] 《传道书》5 章 2 节提到"你在神面前不可冒失开口,也不可心急发言。因为神在天上,你在地下,所以你的言语要寡少。"尽管这节经文与祷告有所关涉,但它主要不是在谈祷告。
[7] 参见 Christopher Ash 在《约伯记:十字架的智慧》(*Job: The Wisdom of the Cross*, 2014)中的精彩阐述。

但是,不管此书的写作目的是什么,书卷从头到尾都有很多篇幅是记录约伯的祷告,而这绝非偶然。

虽然《约伯记》中的很多对话是约伯对自己或他的四位朋友说的,但在有些地方,约伯将叙述和祷告完美地融合起来,开始直接向神说出他的不满。例如第7章中,约伯先是与比勒达争辩,随后自然而然地开始向耶和华发出质疑:

> 求你想念,我的生命不过是一口气,我的眼睛必不再见福乐。观看我的人,他的眼必不再见我;你的眼目要看我,我却不在了。云彩消散而过;照样,人下阴间也不再上来。他不再回自己的家,故土也不再认识他。"我不禁止我口;我灵愁苦,要发出言语;我心苦恼,要吐露哀情。我对神说,我岂是洋海,岂是大鱼,你竟防守我呢?若说,我的床必安慰我,我的榻必解释我的苦情;你就用梦惊骇我,用异象恐吓我。甚至我宁肯噎死,宁肯死亡,胜似留我这一身的骨头。我厌弃性命,不愿永活!你任凭我吧!因我的日子都是虚空。人算什么,你竟看他为大,将他放在心上,每早鉴察他,时刻试验他。你到何时才转眼不看我,才任凭我咽下唾沫呢?鉴察人的主啊,我若有罪,于你何妨?为何以我当你的箭靶子,使我厌弃自己的性命?为何不赦免我的过犯,除掉我的罪孽?我现今要躺卧在尘土中,你要殷勤地寻找我,我却不在了。"(伯 7:7-21)

这是肝肠寸断的情绪宣泄[8]，但我们不能忽略约伯向耶和华表达这些情绪的神学基础。约伯坚信（如《诗篇》第 8 篇所言）人被造是为了与神建立关系而蒙神赐福。可事实是，神仆人现在的生活与经历几乎看不到这种"约"的祝福[9]，因此他才发出如此激烈的祷告。

从 10 章 2 节开始的祷告同样充满了焦虑。约伯虽然认识到耶和华的创造（10:3，8-9，11）与救赎（10:12）之工，但他的神学信念与他的实际经历之间却存在巨大的断层：[10]

> 不要定我有罪，要指示我，你为何与我争辩。你手所造的，你又欺压，又藐视，却光照恶人的计谋。这事你以为美吗？你的眼岂是肉眼？你查看岂像人查看吗？你的日子岂像人的日子？你的年岁岂像人的年岁？就追问我的罪孽，寻察我的罪过吗？其实，你知道我没有罪恶，并没有能救我脱离你手的。你的手创造我，造就我的四肢百体；你还要毁灭我。求你记念，制造我如抟泥一般；你还要使我归于尘土吗？你不是倒出我来好像奶，

---

[8] Balentine（2006，页 141）评论："在第二段讲演中，约伯继续在那看似无止境的受苦中越陷越深。"
[9] 虽然《约伯记》中没有明确出现"约"的字眼，但整卷书字里行间都充满了以色列人对约的虔诚。
[10] 有人探讨过这些抱怨的对象是谁。我赞成 Ash (2014: 148–149)的观点，而不同意 Balentine（2006，页 198）与 Clines（1989，页 288）的观点，我认为约伯此处的话主要是对神说的，而不是对他的朋友说的。

使我凝结如同奶饼吗?你以皮和肉为衣给我穿上,用骨与筋把我全体联络。你将生命和慈爱赐给我,你也眷顾保全我的心灵。然而你待我的这些事,早已藏在你心里,我知道你久有此意。我若犯罪,你就察看我,并不赦免我的罪孽。我若行恶,便有了祸;我若为义,也不敢抬头,正是满心羞愧,眼见我的苦情。我若昂首自得,你就追捕我如狮子,又在我身上显出奇能。你重立见证攻击我,向我加增恼怒,如军兵更换着攻击我。你为何使我出母胎呢?不如我当时气绝,无人得见我。这样,就如没有我一般,一出母胎就被送入坟墓。我的日子不是甚少吗?求你停手宽容我,叫我在往而不返之先,就是往黑暗和死荫之地以先,可以稍得畅快。那地甚是幽暗,是死荫混沌之地,那里的光好像幽暗。(伯 10:2-22)

这又是一大段发自肺腑的祷告。很明显,在圣经神学的层面上,约伯的祷告与之前我们研读的众多祷告十分相似。不管约伯与朋友的争论有多么微妙和复杂,他的祷告在本质上仍是**求告耶和华的名,求全能的神成就祂所应许的话**。约伯的期待看起来是完全合理的。耶和华不是应该赐福于他吗?他为何会经历黑暗、死亡与咒诅呢?所以他说:

> 我这求告神，蒙他应允的人，竟成了朋友所
> 讥笑的；公义完全人，竟受了人的讥笑！
> （伯 12:4）

《约伯记》的核心问题之一似乎是我们所熟悉的（尤其在先知书中见过）。如果耶和华停止垂听悖逆之人的祷告（神说祂已经对祂的子民这样做了），那是否意味着我们可以从某个人的遭遇推断那个人的"属灵状况"呢？或者，直截了当地说，耶和华不听约伯的祷告就等于约伯犯了罪吗？一方面，这种推断看起来是合理的（他的朋友们肯定就是这样想的）；但另一方面，这种简单的对等关系并不成立。即使在旧约的神权世界里，"国家层面"的事实也不能直接用来判断个人的属灵状况，尤其不能用它来解释祷告未蒙应允之谜。

在13章18节到14章22节这一大段中，约伯从回应琐法转变成直接对神说话，所说的仍然是耶和华如何刑罚并弃绝了他。耶和华的沉默显然让他抓狂，以下摘录的经文清楚地说明了这一点：

> 惟有两件不要向我施行，我就不躲开你的面：
> 就是把你的手缩回，远离我身，又不使你的
> 惊惶威吓我。这样，你呼叫，我就回答；或
> 是让我说话，你回答我。我的罪孽和罪过有
> 多少呢？求你叫我知道我的过犯与罪愆。
> 你为何掩面，拿我当仇敌呢？你要惊动被风
> 吹的叶子吗？要追赶枯干的碎秸吗？你按罪

状刑罚我,又使我担当幼年的罪孽。(伯
13:20-26)
这样的人你岂睁眼看他吗?又叫我来受审吗?
谁能使洁净之物出于污秽之中呢?无论谁也
不能!人的日子既然限定,他的月数在你那
里,你也派定他的界限,使他不能越过;便
求你转眼不看他,使他得歇息,直等他像雇
工人完毕他的日子。(伯14:3-6)
惟愿你把我藏在阴间,存于隐密处,等你的
忿怒过去;愿你为我定了日期记念我。人若
死了岂能再活呢?我只要在我一切争战的日
子,等我被释放的时候来到。你呼叫,我便
回答;你手所做的,你必羡慕。但如今你数
点我的脚步,岂不窥察我的罪过吗?我的过
犯被你封在囊中,也缝严了我的罪孽。(伯
14:13-17)

在他的朋友们(尤其是以利法)看来,约伯的倾诉让事情变得更糟而不是更好:

你是废弃敬畏的意,在神面前阻止敬虔的心。
(伯15:4)

面对耶和华的沉默,唯一合乎正统的处理方式是思考、悔改并等候神再次"打开祂的耳朵"垂听百姓的祷告。但约伯来不及采取这种方式:

> 因你使他们心不明理，所以你必不高举他们。
> （伯 17:4）[11]

约伯非常确信祷告是可行的，并且对他大有益处。这一确信在《约伯记》随后的部分反复出现。从他对恶人的描述中也看得出，他始终认为人若像他一样求告耶和华，就必有益处：

> （恶人）对神说：'离开我们吧！我们不愿晓得你的道。全能者是谁，我们何必侍奉祂呢？求告祂有什么益处呢？'（伯 21:14-15）[12]

以利法坚称只有悔改，才能"以全能者为喜乐，向神仰起脸来。你要祷告他，他就听你……"（22:26-27）。面对以利法的坚称，约伯仍然坚持自己的信念，即使痛苦的境遇沉重地压在他身上：

> 神使我丧胆，全能者使我惊惶。我的恐惧，
> 不是因为黑暗，也不是因为幽暗蒙蔽我的脸。
> （伯 23:16-17）

约伯所面对的问题可以用30章中他自己的话来概括：

---

[11] Longman（2012，页 241）对约伯情绪的把握十分到位："约伯认为，至少在此刻，那些嘲笑他的朋友的心已经被神蒙蔽，所以他们也将失败，从而为此事带来荣耀。"
[12] 又见《约伯记》27 章 9-10 节。

> 神把我扔在淤泥中，我就像尘土和炉灰一般。
> 主啊，我呼求你，你不应允我；我站起来，
> 你就定睛看我。你向我变心，待我残忍，又
> 用大能追逼我。把我提在风中，使我驾风而
> 行，又使我消灭在烈风中。我知道要使我临
> 到死地，到那为众生所定的阴宅。（伯 30:19-
> 23）

当愣头愣脑的以利户出场后，他当然只会为约伯的问题提出一个简单的解决方案（33:23-26）。但他刻薄而过分简单化的言词没有得到约伯的回应。

在这几章中，以利户所说的内容其实不错，只是他自己并不真的明白。最终，一位局外人将会作为中保，解决"神子民的悖逆"与"神定意赐福"之间的张力。这位中保不仅会为他们偿付赎价，还会自己成为赎价。祂将宣扬公义并带来公义，让我们的祷告得蒙垂听，纵使我们完全不配得到这些。但这个异象的实现需要等待。然而，就在此时，**耶和华开口说话了**。

耶和华亲口说话立刻化解了紧张。至高的神"从旋风中回答"（38:1），止息了所有的争辩。关于个人的受苦，以及神什么时候用什么方式回应个人的祷告这些问题，答案似乎是：唯独在于神的主权。约伯在一系列证据面前终于认识到，他（与他的朋友们）在看待这个问题时采用了完全错误的角度。约伯这才渐渐（40:3-5）降服下来：

> 约伯回答耶和华说："我知道你万事都能做，
> 你的旨意不能拦阻。谁用无知的言语使你的

> 旨意隐藏呢？我所说的是我不明白的；这些
> 事太奇妙是我不知道的。求你听我，我要说
> 话；我问你，求你指示我。我从前风闻有你，
> 现在亲眼看见你。因此我厌恶自己，在尘土
> 和炉灰中懊悔。"（伯42:1-6）

现在约伯对神的主权有了更深的认识，也更加顺服神的旨意，神便重新开启了求告之门，垂听他的呼求。42章8节中有趣的讽刺就强调了这一点。经文除了让我们看到约伯作为中保角色[13]的神学意义，还让我们看到：神以前显然可以不听、也不会听他的祷告，但现在他不仅为自己、而且为他人祷告都得蒙垂听。

> 现在你们要取七只公牛，七只公羊，到我仆
> 人约伯那里去，为自己献上燔祭，我的仆人
> 约伯就为你们祈祷。我因悦纳他，就不按你
> 们的愚妄办你们。你们议论我，不如我的仆
> 人约伯说的是。"（伯42:8）

《约伯记》中有关祷告的教导，比我们通常认为的要多得多。它所教导的不是对善恶本质的抽象思考，甚至不是对无辜遭难这类现实状况的抽象思考，它的关注点远比这更加具体。至少书中有一个次级主题是处理祷告的问题。耶和华是否听我们的祷告并采取行动？祂基于什么这样做？个人的敬虔在其中占有什么位置？在这方面，前先知书与后先知书

---

[13] 见 Ash 2014，页 431 关于约伯经历华丽转身，反过来为三位朋友代求的相关论述。

是对"国家灵性"的解说,智慧书则是对个人灵性的解说。不过,论及祷告,它们的神学框架显然都是一致的。对国家(如以色列国与犹大国)来说,情况很明显——"求告耶和华的名"是一种特权,唯靠恩典才能得到,并且耶和华可以在百姓悖逆时,正当地收回此特权。对个人来说呢?《箴言》让我们清楚地看到,个人层面的神学原则是相似的——敬虔与祷告不可分离。不过对身处这个破碎世界中的敬虔人来说,《约伯记》让我们看到凡事不能简单而论,但最终的避难所只在于我们向至高之神呼求,而祂终究会听我们的呼求。

## 被掳流放时期的祷告

在我记忆中,我所学的第一首圣经诗歌的歌词如下:"但以理,爱祷告,日日三次祷。狮子坑,不害怕,坚持要祷告。"问题是,《但以理书》却鲜有记载但以理(或其他人)的祷告。[14]

诚然,当但以理遇到为尼布甲尼撒王解梦的危机时,他催促他的三位朋友哈拿尼雅、米沙利、亚撒利雅(他们的巴比伦别名可能更为人所熟悉,分别是沙得拉、米煞、亚伯尼歌)向神"寻求怜悯":

> 但以理回到他的居所,将这事告诉他的同伴
> 哈拿尼雅、米沙利、亚撒利雅,要他们祈求

---

[14] 有人认为《但以理书》的成书时期较晚,但我并不这么认为。不过,即使有人对成书时间持不同观点,书中故事发生的时间显然就是被掳流放时期。

> 天上的神施怜悯，将这奥秘的事指明，免得
> 但以理和他的同伴与巴比伦其余的哲士一同
> 灭亡。（但 2:17-18）

毫无疑问，他们肯定很担心自己的命运，也担心神的百姓在被掳之地可能遭受的严重影响（即失去四位在政府有发言权的关键人物）。[15] 尽管经文没有直接提到他们的担忧，但却清楚地提到他们的祷告得蒙垂听，他们得救了。

接下来的几章没有再提祷告的事，这有点令人奇怪。在但以理的三位朋友毫发无损地走出火窑、尼布甲尼撒衰败又再度辉煌的故事中，经文都没有明确提到祷告本身。当可恶的伯沙撒王将退休的老臣但以理召到宴会上为他解谜时，经文也似乎有点草率地没有提但以理"求告耶和华的名"。[16] 唯有第6章中但以理的故事保住了他的名声。

已是一个年迈老人的但以理显然藐视大流士王的禁令，一如既往地坚持祷告：

> 但以理知道这禁令盖了玉玺，就到自己家里
> （他楼上的窗户开向耶路撒冷），一日三次

---

[15] Daniel Block 在一次访问昆士兰神学院时，提出了一个有趣又合理的想法，他认为犹太人能住在巴比伦城的黄金地段（靠近迦巴鲁运河，见《以西结书》第 1 章）很可能是因但以理的干预。
[16] 但是，公平地说，尼布甲尼撒的确将荣耀归给了至高者（但 4:1-2,34）。

> 双膝跪在他神面前，祷告感谢，与素常一样。
> （但6:10）[17]

但以理面朝耶路撒冷祷告，这个特征颇有意思，也与我们的研究相关。当然，这可能仅仅是表达但以理的宗教忠诚（与穆斯林一定要面朝麦加祷告的性质一样）。但总的来说，我认为还有更令人满意的解释，它能与《但以理书》随后的祷告完美契合。作者更想强调的是但以理对救赎历史的委身，而不是他对地理方位的看重。这个举动很可能暗示但以理祷告的内容与狮子或自己的寿命无关，而是与耶和华的圣约应许有关。"面朝耶路撒冷祷告"可以理解为在被掳流放中"求告耶和华的名"。

以下事实间接印证了这个观点：故事结尾用外邦之王口中发出的赞美，再次确认耶和华的至高主权（尼布甲尼撒的故事也是如此）。并且在外邦政权的更替中，神一直将"属祂的人"放在权利的核心位置上，直到被掳流放结束，这一无声的事实也是证据。《但以理书》1到6章的要点不在于但以理的敬虔，而在于耶和华的掌权。他们可以求告这位耶和华，祂能够保护流亡之民，并持守应许。后面第9章里的祷告检验了这个观点（以及《但以理书》可作如此解读）。这段经常被引用的"模范祷告"，对确定被掳时期以及被掳之后祷告的重要性与本质有重大意义。因此，我们需要详细看看这段祷告：我向耶和华我的神祈祷，认罪说："主啊，大而可畏的神，向爱主守主诫命的人守约施慈爱。"（但9:4）

---

[17] "一日三次"引发了很多评论。这仅仅是但以理素常所行，还是对《诗篇》第55篇17节的暗示？我们很难给出确定的答案。

我们首先注意到的是,这段引言竟把祷告与认罪联系在一起,这立刻就将祷告根植于救赎历史之中。因为它并不是个人认罪祷告,而是但以理代表整个流亡群体说话(就算不是代表全体神子民)。对耶和华的百姓来说,这可谓是祷告的新起点。[18] 我们甚至可以说,这是神百姓的转折点。紧接着,但以理继续祷告:

> 我们犯罪作孽,行恶叛逆,偏离你的诫命典章。没有听从你仆人众先知奉你名向我们君王、首领、列祖和国中一切百姓所说的话。主啊,你是公义的,我们是脸上蒙羞的;因我们犹大人和耶路撒冷的居民并以色列众人,或在近处,或在远处,被你赶到各国的人,都得罪了你,正如今日一样。(但 9:5-7)[19]

但以理祷告的范围令人吃惊,他所关心的不单是犹大人,而是神所有的子民,包括一百五十多年前被亚述灭国的以色列人。但以理对圣约的担忧广泛而深入,这形成了他的祷告恳求。他的神学思想显然来源于《申命记》:

> 主啊,我们和我们的君王、首领、列祖因得罪了你,就都脸上蒙羞。主,我们的神是怜

---

[18] 我这样说是以耶和华百姓的历史故事之发展过程为背景的。《诗篇》中的哀歌与《耶利米哀歌》显然都包含了认罪的元素,但在经文所记录的祷告中,无论是百姓领袖还是普通个人,都鲜有这类弥足珍贵的忏悔之词。

[19] 参见 Collins(1993,页 350–351)对这段祷告之圣经典故的精彩总结。

> 悯饶恕人的,我们却违背了祂,也没有听从耶和华我们神的话,没有遵行祂借仆人众先知向我们所陈明的律法。以色列众人都犯了你的律法,偏行,不听从你的话。因此,在你仆人摩西律法上所写的咒诅和誓言,都倾在我们身上,因我们得罪了神。祂使大灾祸临到我们,成就了警戒我们和审判我们官长的话;原来在普天之下未曾行过像在耶路撒冷所行的。这一切灾祸临到我们身上,是照摩西律法上所写的,我们却没有求耶和华我们神的恩典,使我们回头离开罪孽,明白你的真理。所以耶和华留意使这灾祸临到我们身上,因为耶和华我们的神在他所行的事上都是公义,我们并没有听从他的话。主,我们的神啊,你曾用大能的手领你的子民出埃及地,使自己得了名,正如今日一样。我们犯了罪,作了恶。(但9:8-15)

对于神百姓的困境与走出困境的唯一方法,但以理的理解完全根植于旧约早期传统。他大量引用《申命记》与先知的话,呼求耶和华的名,求祂在灾祸中赐下祝福。[20] 这也进一步印证了之前那个观点,即但以理刻意"面向耶路撒冷"祷告的行为应该从救赎历史的角度去理解,耶路撒冷象征的是神的历史性圣约目的之所在。9章16-19节的祷告结语也体现了这一点:

---

[20] 见 Longman(1999,页225)对这段经文的评论。

> 主啊，求你按你的大仁大义，使你的怒气和
> 忿怒转离你的城耶路撒冷，就是你的圣山。
> 耶路撒冷和你的子民，因我们的罪恶和我们
> 列祖的罪孽，被四围的人羞辱。我们的神啊，
> 现在求你垂听仆人的祈祷恳求，为自己使脸
> 光照你荒凉的圣所。我的神啊，求你侧耳而
> 听，睁眼而看，眷顾我们荒凉之地和称为你
> 名下的城。我们在你面前恳求，原不是因自
> 己的义，乃因你的大怜悯。求主垂听，求主
> 赦免，求主应允而行，为你自己不要迟延。
> 我的神啊，因这城和这民，都是称为你名下
> 的。"（但 9:16-19）

在旧约故事的发展过程中，这个祷告标志了一个新的开始。沉默真的结束了——神顽梗的百姓开始悔改，再次呼求耶和华持守祂的应许。《申命记》30章所预言的时刻终于来临，回归之路现已开启。国中不再停止祷告，取而代之的是百姓积极的认罪和真正敬虔的复兴。[21]

---

[21]《以斯帖记》中的以色列人显然缺乏这种敬虔，这说明这个"运动"（若可如此称之的话）仅限于流亡末期那些回归到犹大地的以色列人。

# 为新的约祈祷：
## 《以斯拉记》《尼希米记》《历代志》的祷告

一旦开始从被掳之地归回，祷告在寻求神旨意的过程中就显得越发重要（因为百姓现已"回归正道"）。可以说，《以斯拉记》与《尼希米记》的高潮都出现在像但以理那样的祷告场景中。

在《以斯拉记》第八章的结尾，以斯拉向神祷告，求祂帮助百姓重新定居应许之地：

> 那时，我在亚哈瓦河边宣告禁食，为要在我们神面前克苦己心，求祂使我们和妇人孩子并一切所有的，都得平坦的道路。我求王拨步兵马兵帮助我们抵挡路上的仇敌，本以为羞耻，因我曾对王说："我们神施恩的手，必帮助一切寻求祂的；但祂的能力和忿怒，必攻击一切离弃祂的。"所以我们禁食祈求我们的神，祂就应允了我们。（拉 8:21-23）

被掳归回之后，祷告继续被理解为求告耶和华，**尤其是当圣约的未来仍前途未卜时**。这种理解从第9章中以斯拉对异族通婚危机的激烈反应表现出来。

以斯拉祷告的第一部分在形式上与《但以理书》第9章的祷告十分相似：[22]

---

[22] 例如参见 Williamson 1985，页 128。

> 献晚祭的时候，我起来，心中愁苦，穿着撕裂的衣袍，双膝跪下向耶和华我的神举手，说："我的神啊，我抱愧蒙羞，不敢向我神仰面，因为我们的罪孽灭顶，我们的罪恶滔天。从我们列祖直到今日，我们的罪恶甚重，因我们的罪孽，我们和君王、祭司都交在外邦列王的手中，杀害、掳掠、抢夺、脸上蒙羞，正如今日的光景。现在耶和华我们的神暂且施恩与我们，给我们留些逃脱的人，使我们安稳如钉子，钉在他的圣所，我们的神好光照我们的眼目，使我们在受辖制之中稍微复兴。我们是奴仆，然而在受辖制之中，我们的神仍没有丢弃我们，在波斯王眼前向我们施恩，叫我们复兴，能重建我们神的殿，修其毁坏之处，使我们在犹大和耶路撒冷有墙垣。"（拉 9:5-9）

当以斯拉开始谈到具体问题时，很显然他的祷告所挂虑的是国家的命运仍前途未卜。在耶和华重新祝福百姓、按应许将他们（至少是余民）带回应许之地之后，这些百姓又开始重犯被掳之前的罪恶：

> 我们的神啊，既是如此，我们还有什么话可说呢？因为我们已经离弃你的命令，就是你藉你仆人众先知所吩咐的，说："你们要去得为业之地是污秽之地，因列国之民的污秽和可憎的事，叫全地从这边直到那边满了污秽。

> 所以不可将你们的女儿嫁他们的儿子；也不可为你们的儿子娶他们的女儿。永不可求他们的平安和他们的利益，这样你们就可以强盛，吃这地的美物，并遗留这地给你们的子孙永远为业。"神啊，我们因自己的恶行和大罪，遭遇了这一切的事，并且你刑罚我们轻于我们罪所当得的，又给我们留下这些人。我们岂可再违背你的命令，与这行可憎之事的民结亲呢？若这样行，你岂不向我们发怒，将我们灭绝，以致没有一个剩下逃脱的人吗？耶和华以色列的神啊！因你是公义的，我们这剩下的人才得逃脱，正如今日的光景。看哪！我们在你面前有罪恶，因此无人在你面前站立得住。（拉9:10-15）[23]

这段祷告之后，百姓普遍为"背约"悔改，圣约因此得以恢复。[24]

对被掳归回之后的主要领袖来说，祷告是圣约工作的核心部分。或喜迎机遇，或遭遇威胁，耶和华的百姓在关键时刻都会祷告。这一点在《尼希米记》中得到具体的表现。

---

[23] 这段话中的大部分用辞在旧约中被广泛使用，尤其是《申命记》7章1-3节，11章8节，23章6节；《列王纪下》21章16节；《以赛亚书》1章19节。

[24] 请参见 Baltzer 的经典之作《盟约套语》（*The Covenant Formulary*, 1971，页47–48)中的讨论。

书中的第一个祷告出现在故事开头的第一幕，那时尼希米仍在流放地，当他得知耶路撒冷的光景（可广义理解为神的圣约计划）后，便作了以下祷告：

> 我听见这话，就坐下哭泣，悲哀几日，在天上的神面前禁食祈祷说："耶和华天上的神，大而可畏的神啊，你向爱你、守你诫命的人守约，施慈爱。愿你睁眼看，侧耳听，你仆人昼夜在你面前为你众仆人以色列民的祈祷，承认我们以色列人向你所犯的罪。我与我父家都有罪了。我们向你所行的甚是邪恶，没有遵守你藉着仆人摩西所吩咐的诫命、律例、典章。求你记念所吩咐你仆人摩西的话说：'你们若犯罪，我就把你们分散在万民中；但你们若归向我，谨守遵行我的诫命，你们被赶散的人虽在天涯，我也必从那里将他们招聚回来，带到我所选择立为我名的居所。'"这都是你的仆人、你的百姓，就是你用大力和大能的手所救赎的。主啊，求你侧耳听你仆人的祈祷，和喜爱敬畏你名众仆人的祈祷，使你仆人现今亨通，在王面前蒙恩。
>
> （尼 1:4-11）

但以理与以斯拉的祷告有几个明显的共同点：都强烈表达对圣约之神耶和华的信靠；代表国家真诚地忏悔；都提说摩西律法（尤其是《申命记》）；都恳求耶和华帮助他们在某个切实影响神百姓命运的冒险行动中取得成功。我们清楚地看到，祷告与百姓命运的发展息息相关，这在2章3-4节中变得越发明显：

> 我对王说："愿王万岁！我列祖坟墓所在的那城荒凉，城门被火焚烧，我岂能面无愁容吗？"王问我说："你要求什么？"于是我默祷天上的神。

尼希米到达耶路撒冷后，他确信耶和华在耶路撒冷的工作若要有所进展，很大程度取决于百姓的祷告，亦即百姓要祈求耶和华成就祂的应许。这体现在4章9节的"祷告实用主义"（"然而我们祷告我们的神，又因他们的缘故，就派人看守，昼夜防备"）。这也成了尼希米此后所作的一系列"求你记念我"这种个人性祷告的背景。他如此祷告了五次：

> 我的神啊，求你记念我为这百姓所行的一切事，施恩与我。（尼 5:19）
> 我的神啊，求你因这事记念我，不要涂抹我为神的殿与其中的礼节所行的善。（尼 13:14）
> 我吩咐利未人洁净自己，来守城门，使安息日为圣。我的神啊，求你因这事记念我，照你的大慈爱怜恤我。（尼 13:22）
> 我的神啊，求你记念他们的罪，因为他们玷污了祭司的职任，违背你与祭司利未人所立的约。（尼 13:29）
> 我又派百姓按定期献柴和初熟的土产。我的神啊，求你记念我，施恩与我。（尼 13:31）

从表面看，尼希米的这些祷告似乎有点问题。它们好像略带"凭行为称义"的味道，这与我们所看到的《尼希米记》前面的祷告观以及旧约其它地方的祷告观分离了。那么，我们如何理解这些不合常规的祷告呢？毫无疑问，其关键在于重视这些祷告的上下文。这些并不是普通的祷告。

《尼希米记》前面部分的祷告，都与被掳归回后神进行的关键性重建工作息息相关。在此背景下，这些祷告不能被理解为一个失意官员的抱怨之言。从上下文我们可以清楚地看到，尼希米重返耶路撒冷的动机和重建城墙的异像完全是**圣约性**的。若脱离前面这个圣约背景来看后面这些"记念我"的祷告则错了。13章29节的祷告就证明了这一点，在这个祷告中，"记念"一词也被用来哀悼离弃圣约的祭司与利未人。

那么，尼希米求神"记念他"到底是为什么事呢？他是在求耶和华使用他看似毫无果效的努力，来促进神在地上的工作。虽然他的努力看似徒劳，但他仍呼求耶和华在此情形下成就祂所应许的。13章中发生的各种事件让尼希米深感挫败、几度爆发，致使这位神的仆人发现自己已经无能为力。尽管他有管理与号召的恩赐，局势还是开始迅速恶化。他能做什么呢？唯一能做的就是"求告耶和华的名"。他于是这样做了。他用一句简单的话表明他在事实的失败中仍存守的信心："我的神啊，求你记念我，施恩与我。"（尼 13:31）

在充满悖逆的第13章中，尼希米四次求神记念他个人，这虽然可以理解，却可能是一个令人担忧的迹象，表明尼希米正陷入一种自义的危险态度。或者，从神学角度来讲，尼希米所言也可能是表明他已经意识到：只有祈求神实施《申命记》30章中所暗示、以及《耶利米书》和《以西结书》中所明确应许的新约，除此之外，他再做不了什么。到底事实如何，我们难以确定。但对于后一种比较正面的观点，我们确实能在《尼希米记》第9章利未人所作的长篇祷告中找到支持。

这个祷告的第一部分总结如下：
9:6 神学开场白
9:7-8 回顾对亚伯拉罕的应许
9:9-12 回顾出埃及的故事
9:13-21 回顾西奈山与旷野的故事
9:22-25 回顾占领应许之地的实现
9:26-31 《约书亚记》至《列王纪下》时期的简史
这个祷告的最后一部分值得我们全部引出：

> "我们的神啊，你是至大、至能、至可畏、守约施慈爱的神。我们的君王、首领、祭司、先知、列祖和你的众民，从亚述列王的时候直到今日所遭遇的苦难，现在求你不要以为小。在一切临到我们的事上，你却是公义的；因你所行的是诚实，我们所作的是邪恶。我们的君王、首领、祭司、列祖都不遵守你的律法，不听从你的诫命和你警戒他们的话。他们在本国里沾你大恩的时候，在你所赐给他们这广大肥美之地上，不侍奉你，也不转离他们的恶行。我们现今作了奴仆；至于你所赐给我们列祖享受其上的土产，并美物之地，看哪，我们在这地上作了奴仆！这地许多出产归了列王，就是你因我们的罪所派辖

> 制我们的。他们任意辖制我们的身体和牲畜，
> 我们遭了大难。"因这一切的事，我们立确
> 实的约，写在册上。我们的首领、利未人和
> 祭司都签了名。（尼 9:32-38）

这个祷告令人感到压抑和奇怪。比如，36节似乎暗示神的百姓**仍在被掳流放**中，至少这些利未人和《尼希米记》的作者有这种想法。祷告的结尾有点蹩脚（尤其是对照祷告第一部分的历史总结来看），他们虽有另立盟约的举动，却不能保证国家有一个新的光明前景。这个祷告给人留下一个挥之不去的问题：难道只能这样了吗？难道没有别的办法了吗？在此意义上，这个祷告与13章末尾尼希米的主要诉求是一致的。诚然，挽救这种局面的唯一办法是神亲自介入，正如《申命记》30章中摩西在多年前所预言的那样。他们需要的是整个民族被更新，而唯有一个新的约才能带来这种更新。

若以上分析是正确的，则还可以在一定程度上解释《历代志》中祷告的重大意义：以色列的未来何在？神的百姓有何盼望？唯一要做的就是**求告耶和华的名**。

若说祷告在《历代志》中随处可见，这或许有点言过其实。但事实上，《历代志》记载君王祷告的次数是《列王纪》的十倍。这说明在被掳流放结束之后，以色列史学家的态度与关注点有了实质性的转变。[25]

即便是介绍冗长的家谱，《历代志》的作者也表明他的意图是号召神的百姓起来祷告。雅比斯出名的祷告和流便人、

---

[25] M. E. W. Thompson 1996，页151。关于祷告在《历代志》中的地位，Thompson 的探讨颇具见解。

迦得人与玛拿西人不太出名的祷告，都包含在《历代志上》1-9章的核心内容之中：

> 雅比斯求告以色列的神说："甚愿你赐福与我，扩张我的境界，常与我同在。保佑我不遭患难，不受艰苦。"神就应允他所求的。（代上 4:10）
> 他们得了神的帮助，夏甲人和跟随夏甲的人，都交在他们手中。因为他们在阵上呼求神，倚赖神，神就应允他们。（代上 5:20）

这些"陪衬性"的小祷告不是用来提供祷告的范本，而是用来提醒人们：耶和华是守约之神，祂仍然会按照祂对亚伯拉罕、以撒、雅各的承诺来祝福祂的子民。为了鼓励神的子民全心投靠祂，这些小祷告都被嵌入专门讲述以色列核心问题的大段章节中间。[26]

同样，在《历代志上》16章大卫的长篇赞美诗之后，也附上了一个简短的祷告，供所有神的子民宣告：

> 要说："拯救我们的神啊，求你救我们，聚集我们，使我们脱离外邦，我们好称赞你的圣名，以赞美你为夸胜。"耶和华以色列的

---

[26] Johnstone（1986）认为，罗列家谱是要暴露以色列民的不忠。然而这些祷告让耶和华的百姓再得确信：只要百姓呼求神，神就能够、并且愿意按祂的应许而行。

神，从亘古直到永远，是应当称颂的！（代上 16:35-36）

有人可能会说这个祷告是《历代志》随后所有祷告的模板，它把"祈求救恩"与"确认耶和华不变的本性"很好地融合在一起。然而实际情况是，直到《历代志》开始记叙以色列与犹大诸王时，经文对祷告的强调才变得明显起来。

《历代志上》记载了大卫王的两段长篇祷告，其中一段也出现在《撒母耳记》中，另一段则没有。[27] 第一个祷告是大卫回应神为他坚立家族王朝的应许（代上17:16-27），第二个祷告是大卫在以色列会众面前所作的较一般性的祷告（代上29:10-19）。

这段祷告确认了神的属性，提到了出埃及的传统和摩西所说的话，这些都是我们现在所熟悉的。除此之外，这段祷告中还有一些特别突出的要素，见以下引文中用黑体字标出的部分：

> 于是大卫王进去，坐在耶和华面前，说："耶和华神啊，我是谁？我的家算什么，你竟使我到这地步呢？神啊，这在你眼中还看为小，又应许你仆人的家**至于久远**（译者注：现代译本还有一句"**恩待我的子孙**"）。耶和华神啊，你看顾我好像看顾高贵的人。
> 
> "你加于仆人的尊荣，我还有何言可说呢？

---

[27] 见《撒母耳记下》7 章 18-29 节。Williamson（1977）用较大篇幅讨论了这两个略有不同的版本。

因为你知道你的仆人。耶和华啊,**你行了这大事,并且显明出来**,是因你仆人的缘故,也是照你的心意。耶和华啊,照我们耳中听见,没有可比你的,除你以外再无神!世上有何民能比你的民以色列呢?你神从埃及救赎他们作自己的子民,又在你赎出来的民面前行大而可畏的事,驱逐列邦人,显出你的大名。你使以色列人作你的子民,直到永远;你耶和华也作他们的神。"耶和华啊,你所应许仆人和**仆人家**的话,**求你坚定,直到永远**,照你所说的而行。**愿你的名永远坚立,被尊为大**说:'万军之耶和华是以色列的神,是治理以色列的神!'这样,你仆人大卫的**家必在你面前坚立**。"我的神啊,因你启示仆人说:'我必为你建立家室。'所以仆人大胆在你面前祈祷。耶和华啊,惟有你是神,你也**应许将这福气赐给仆人**。现在你喜悦赐福与仆人的家,**可以永存在你面前**。耶和华啊,你已经赐福,还要赐福到永远。"(代上 17:16-27)[28]

在《历代志》中,作者刻意重燃大卫家族的盼望,极力强调大卫王朝的永恒性。[29]

---

[28]《历代志》的作者在《历代志上》17 章 16 节强调了大卫之家的永恒性。

[29] Williamson 1977,页 142.

大卫的另一个长篇祷告大同小异,只是这一次强调的不是大卫之约的永恒性,而是神对列祖的应许能透过大卫之子和王位继承人所罗门得以实现。然而,很明显,这次祷告的答案(即应许的实现)有赖于神赐恩使祈求者全心全意地跟随祂:

> 所以,大卫在会众面前称颂耶和华说:"耶和华我们的父,以色列的神,是应当称颂,直到永永远远的!耶和华啊,尊大、能力、荣耀、强胜、威严都是你的;凡天上地下的都是你的;国度也是你的;并且你为至高,为万有之首。**丰富尊荣都从你而来。你也治理万物。在你手里有大能大力,使人尊大强盛都出于你**。我们的神啊,现在我们称谢你,赞美你荣耀之名!"我算什么,我的民算什么,**竟能如此乐意奉献?因为万物都从你而来,我们把从你而得的献给你!**我们在你面前是客旅、是寄居的,与我们列祖一样。我们在世的日子如影儿,不能长存(或作"没有长存的指望")。耶和华我们的神啊,我们预备这许多材料,要为你的圣名建造殿宇,**都是从你而来,都是属你的**。我的神啊,我知道你察验人心,喜悦正直。我以正直的心乐意献上这一切物。现在我喜欢见你的民在这里都乐意奉献与你。耶和华我们列祖亚伯拉罕、以撒、以色列的神啊,**求你使你的民,常存这样的心思意念,坚定他们的心归向你**。

**又求你赐我儿子所罗门诚实的心,遵守你的命令、法度、律例,成就这一切的事,用我所预备的建造殿宇。"**(代上 29:10-19)

因《历代志》作者有意为流亡结束之后的子民寻求祷告的榜样,这个祷告就显得格外有力。长期以来的事实表明,没有一代以色列人有能力持守圣约。摩西自己也预言,守约的意愿与能力唯独来自耶和华。这个祷告绝佳地抓住了这一点,并且由此作出了一个强有力的见证,那就是流亡结束后的一代只有全心全意地依靠神,并呼求祂的名,恳请祂凭怜悯成就应许,才有盼望。

《历代志》中剩下的最后一个大卫的祷告出现在《历代志上》21章,这个祷告强调了神的百姓在履行神所赐的职责时,必离不开神的恩典。祷告的背景是大卫进行了不合神心意的人口普查,给国家带来了厄运:

> 大卫举目,看见耶和华的使者站在天地间,手里有拔出来的刀,伸在耶路撒冷以上。大卫和长老都身穿麻衣,面伏于地。大卫祷告神说:"吩咐数点百姓的不是我吗?我犯了罪、行了恶,但这群羊做了什么呢?愿耶和华我神的手攻击我和我的父家,不要攻击你的民、降瘟疫与他们。"(代上 21:16-17)[30]

与前面的祷告不同,这个祷告不是一个榜样,而是一个警戒。正如摩西因违背了神而不得进入应许之地,大卫也被

---

[30] 对比《撒母耳记下》24章10节中这个祷告的短版本。

视为一个有缺陷的弥赛亚。但在全民失望的时刻,君王的行为和随后耶和华的回应都表明:这并非完全沦丧之日,大卫家与呼求神怜悯的耶和华子民仍有盼望。

大卫去世之后,《历代志》的故事常常提醒一件事:当耶和华的百姓(在《历代志下》中通常是君王)求告祂的名时,耶和华就乐意垂听,并持守祂向大卫和亚伯拉罕所作的应许。这类祷告的模式是由《历代志下》第1章中所罗门的祷告设立的:

> 所罗门对神说:"你曾向我父大卫大施慈爱,使我接续他作王。耶和华神啊!现在求你成就向我父大卫所应许的话。因你立我作这民的王,他们如同地上尘沙那样多,求你赐我智慧聪明,我好在这民前出入;不然,谁能判断这众多的民呢?"(代下 1:8-10)

这段祷告的措辞用一种典型的历代志方式,将大卫之约与亚伯拉罕之约的元素联合起来。[31] 当许多旧约圣经神学的线索聚拢到一起时,耶和华必会完全履行承诺、带祂的子民回家这件事,就变得越来越清晰了。

我们再次看到,《历代志》作者也毫无疑问地认为,祷告从根本上讲就是求耶和华成就祂所应许的事。祷告的"福音性"也再次明显地表现出来。这个重点贯穿始终,直到整个《历代志》的末尾。

---

[31] 这种想法出现在《列王纪上》3章8节,但在《历代志》里被刻意强调出来。

《历代志下》中的大多数祷告是这卷书独有的,但也有一些祷告曾以另一种形式出现在《列王纪》中,例如《历代志下》6章中所罗门的献殿祷告。无论与《列王纪上》8章的献殿祷告有何异同,《历代志下》的这个版本都证实我们诠释的方向是正确的。这个祷告的重点根本不是圣殿,而是耶和华愿意垂听祂子民的祷告:

> 虽然所罗门的这个献殿祷告几乎是从其平行经文(王上8)逐字摘录过来的,《历代志》作者却赋予了它在早期历史中所没有的中心地位和重要性。这个祷告的重要性可以从以下几个方面来看:(1)此处,祷告和神对它的回应位于一大段交叉叙事的中心,这一段叙事涵盖了整个所罗门执政时期;(2)此处,记载献殿祷告比记载建殿本身(代下3)还要长,这与《列王纪上》6章的平行经文不同;(3)对《历代志》作者来说,"立时报偿"的神学源自所罗门自己的祷告。作者在这个祷告中奠定了此后所述历史的主调,赋予了它在《列王纪》里没有的中心地位。[32]

看看这个祷告本身有多少次直接提到祷告这件事,就足以令人吃惊:

---

[32] Dillard 1987,页52。

惟求耶和华我的神，垂顾仆人的祷告祈求，俯听仆人在你面前的祈祷呼吁。愿你昼夜看顾这殿，就是你应许立为你名的居所，求你垂听仆人向此处祷告的话。你仆人和你民以色列向此处祈祷的时候，求你从天上你的居所垂听，垂听而赦免。

人若得罪邻舍，有人叫他起誓，他来到这殿，在你的坛前起誓，**求你从天上垂听，判断你的仆人**……

你的民以色列若得罪你，败在仇敌面前，又**回心转意承认你的名，在这殿里向你祈求祷告，求你从天上垂听，赦免你民以色列的罪**，使他们归回你赐给他们和他们列祖之地。

你的民因得罪你，你惩罚他们，使天闭塞不下雨，**他们若向此处祷告，承认你的名，离开他们的罪，求你在天上垂听，赦免你仆人和你民以色列的罪**，将当行的善道指教他们，且降雨在你的地，就是你赐给你民为业之地。

国中若有饥荒、瘟疫、旱风、霉烂、蝗虫、蚂蚱，或有仇敌犯境，围困城邑，无论遭遇什么灾祸疾病，**你的民以色列，或是众人或是一人，自觉灾祸甚苦，向这殿举手，无论祈求甚么祷告甚么，求你从天上你的居所垂听赦免。你是知道人心的，要照各人所行的待他们**（惟有你知道世人的心），使他们在你赐给我们列祖之地上一生一世敬畏你,遵行你的道。

论到不属你民以色列的外邦人,为你的大名和大能的手并伸出来的膀臂,从远方而来,向这殿祷告,求你从天上你的居所垂听,照着外邦人所祈求的而行,使天下万民都认识你的名,敬畏你,像你的民以色列一样。又使他们知道我建造的这殿,是称为你名下的。

你的民若奉你的差遣,无论往何处去与仇敌争战,向你所选择的城与我为你名所建造的殿祷告,**求你从天上垂听他们的祷告祈求,使他们得胜。**

你的民若得罪你(世上没有不犯罪的人),你向他们发怒,将他们交给仇敌掳到或远或近之地;他们若在掳到之地想起罪来,回心转意,**恳求你说:'我们有罪了!我们悖逆了!我们作恶了!'**他们若在掳到之地尽心尽性归服你,又向自己的地,就是你赐给他们列祖之地和你所选择的城,并我为你名所建造的殿**祷告,求你从天上你的居所垂听你民的祷告祈求,为他们伸冤,赦免他们的过犯。我的神啊,现在求你睁眼看,侧耳听在此处所献的祷告。**(代下 6:19-40)

不管这个冗长而繁复的祷告还讲述了什么,它都显然给被掳归回后的百姓一个极大的鼓舞,那就是无论被掳流放时期曾经历过什么,现在耶和华已再次垂听并回应祂子民的祷告。《历代志》作者迫切希望百姓求告耶和华的名,所以祷告成为《历代志》后续故事中的重要内容。

例如《历代志下》13章和14章中,当耶和华的百姓受到攻击而被迫进行战斗时,他们求神帮助,耶和华就垂听,为亚比雅和亚撒击败敌人:

> 犹大人回头观看,见前后都有敌兵,就呼求耶和华,祭司也吹号。于是犹大人呐喊;犹大人呐喊的时候,神就使耶罗波安和以色列众人败在亚比雅与犹大人面前。(代下13:14-15)
> 
> 亚撒呼求耶和华他的神说:"耶和华啊,惟有你能帮助软弱的胜过强盛的。耶和华我们的神啊,求你帮助我们!因为我们仰赖你,奉你的名来攻击这大军。耶和华啊,你是我们的神,不要容人胜过你。"于是,耶和华使古实人败在亚撒和犹大人面前;古实人就逃跑了。(代下14:11-12)

《历代志下》对有一位君王的描述明显比《列王纪下》的相应部分多得多,这位君王就是约沙法。《列王纪》讲述的重点是他与亚哈和耶洗别有颇为可疑的关系,而《历代志》则强调他首先是一个祷告之人。在《列王纪下》3章的叙述中,神透过祂的话语工作,约沙法被描绘成一个敬虔却幼稚而愚蠢的人。但是在《历代志》作者的笔下,约沙法则是祷告者的典范:

> 先是亚兰王吩咐车兵长说："他们的兵将，无论大小，你们都不可与他们争战，只要与以色列王争战。"车兵长看见约沙法便说："这必是以色列王。"就转过去与他争战。约沙法一呼喊，耶和华就帮助他，神又感动他们离开他。（代下 18:30-31）

同样，在随后两章中，约沙法首先带领国民归正向神，然后在面对亚扪人和摩押人的威胁时，带领国民作了下面这个极好的祷告：

> 耶和华我们列祖的神啊，你不是天上的神吗？你不是万邦万国的主宰吗？在你手中有大能大力，无人能抵挡你。我们的神啊，你不是曾在你民以色列人面前驱逐这地的居民，将这地赐给你朋友亚伯拉罕的后裔永远为业吗？他们住在这地，又为你的名建造圣所说：**'倘有祸患临到我们，或刀兵灾殃，或瘟疫饥荒，我们在急难的时候，站在这殿前向你呼求，你必垂听而拯救，因为你的名在这殿里。'** 从前以色列人出埃及地的时候，你不容以色列人侵犯亚扪人、摩押人和西珥山人。以色列人就离开他们，不灭绝他们。看哪！他们怎样报复我们，要来驱逐我们出离你的地，就是你赐给我们为业之地。我们的神啊，你不惩罚他们吗？因为我们无力抵挡这来攻

> 击我们的大军，我们也不知道怎样行，我们的眼目单仰望你。（代下 20:6-12）

这段祷告在《列王纪》中没有平行经文，它是最清楚的标志之一，表明《历代志》旨在邀请已回归应许之地的神子民向神祷告。祷告是他们需要做、也必须做的事，它是神的圣约（现在也可以称之为新的约）向未来推进的关键。

同样，希西家做犹大王之后，从一开始就被描述为一个祷告的人。当一个疏失之举威胁到国家改革的成功时，希西家的第一反应就是祷告：

> 以法莲、玛拿西、以萨迦、西布伦有许多人尚未自洁，他们却也吃逾越节的羊羔，不合所记录的定例。希西家为他们祷告说："凡专心寻求神，就是耶和华他列祖之神的，虽不照着圣所洁净之礼自洁，求至善的耶和华也饶恕他。"耶和华垂听希西家的祷告，就饶恕（原文作"医治"）百姓。（代下 30:18-20）

神仁慈地回应了他的祈求。当百姓受到亚述人的威胁时，神也没有遗弃他们：

> 希西家王和亚摩斯的儿子先知以赛亚因此祷告，向天呼求。耶和华就差遣一个使者进入亚述王营中，把所有大能的勇士和官长、将帅尽都灭了。亚述王满面含羞地回到本国，

> 进了他神的庙中，有他亲生的儿子在那里用刀杀了他。（代下 32:20-21）

当希西家病危之时，他也祷告，并且神就因此保守祂的受膏者，延其寿命：

> 那时，希西家病得要死，就祷告耶和华，耶和华应允他，赐他一个兆头。希西家却没有照他所蒙的恩，报答耶和华，因他心里骄傲，所以忿怒要临到他和犹大并耶路撒冷。（代下 32:24-25）

关于希西家的改革与他最后的年岁，有很多内容可说。不过，《历代志》作者显然最想要我们把希西家看成一个常常祷告、并且祷告蒙神应允的人。

当然，祷告蒙垂听不单是君王的特权。在《历代志下》30章27节中，作者巧妙地插入这样一个提醒："那时，祭司、利未人起来，为民祝福。他们的声音，蒙神垂听；他们的祷告，达到天上的圣所。"事实上，神垂听并回应人祷告的恩典是如此之大，甚至连玛拿西的祷告都蒙垂听，**尽管玛拿西可能是犹大和以色列历史上最糟糕的君王**。

关于玛拿西祷告的记载很值得一看：

> 耶和华警戒玛拿西和他的百姓，他们却是不听。所以耶和华使亚述王的将帅来攻击他们，用铙钩钩住玛拿西，用铜链锁住他，带到巴比伦去。他在急难的时候就恳求耶和华他的神，且在他列祖的神面前极其自卑。他祈祷

> 耶和华，耶和华就允准他的祈求，垂听他的祷告，使他归回耶路撒冷，仍坐国位。玛拿西这才知道惟独耶和华是神。（代下 33:10-13）玛拿西其余的事和祷告他神的话，并先见奉耶和华以色列神的名警戒他的言语，都写在以色列诸王记上。他的祷告，与神怎样应允他，他未自卑以前的罪愆过犯，并在何处建筑邱坛，设立亚舍拉和雕刻的偶像，都写在何赛的书上。（代下 33:18-19）

玛拿西向耶和华祈求，耶和华就施恩应允了他。经文除了记载这个实情，没有再多说什么。现在我们的确有理由心怀盼望了——如果耶和华连玛拿西的祷告都愿意垂听，那么回归之民就必有盼望。

## 总结

本章的前面部分曾指出，无论是智慧书还是被掳时期和被掳归回之后的故事（包括《但以理书》），都一致强调重新开启和调整神子民的祷告。事实证明这个观点令人信服。智慧书、《但以理书》、《以斯拉记》、《尼希米记》和《历代志》基本上都讲到了同一件事——神子民最大的需要就是求告主名。

# 第五章 《诗篇》、弥赛亚与教会

试图用一篇短文来探讨"祷告与诗篇"这个话题,感觉就像给黑洞拍特写。这是一个很诱人的挑战,但却可能有被吸入漩涡再也出不来的危险。

近几年,教会内部与学术界都非常关注《诗篇》研究。有的渴望借《诗篇》之力促进个人或群体的灵修;有的主要为了探求以色列人宗教仪式的操作与发展;有的意图将《诗篇》融入圣经神学的体系;有的被困在"文体类别之争"中;有的仍在尝试解开《诗篇》中的标题与音乐符号的秘密。显然,本书的视野无法涵盖这么多内容,我们的焦点肯定、也必须小得多。

在这一章中,我将尝试解答四个问题,以此探讨诗篇的复杂之处,同时又不至忽略我们的主要目标:

1. 《诗篇》是"祷告"吗?
2. 这些是谁的祷告?
3. 《诗篇》中有预言吗?
4. 《诗篇》对圣经祷告神学有何贡献?

## 诗篇是"祷告"吗?

正如旧约研究中常有的情况,这个相当简单的问题却有极其复杂的答案。从表面上看,很多诗篇文本符合祷告的特征,它们给出的答案是一个明确的肯定:诗篇是祷告。

许多诗篇都是个人直接对神说话。[1] 有很大一部分诗篇是大卫写的,至少一开始是与神的受膏者所受试炼有关。不过,正如我们接下来会看到的,关于这些诗篇的形式与背景,人们的意见并不总是一致的。它们是个人性的祷告吗?还是用个人祷告形式写成的会众诗歌或哀歌?或是个人性的祷告被转变为会众诗歌?若要理解《诗篇》整体和它在祷告方面的特别教导,这些都是至关重要且颇有挑战的问题。我们该如何回答这些难题?《诗篇》这卷书最终的编排形式为我们提供了一个潜在的起点,能帮助我们把焦点稍微缩小一些。

《诗篇》中有五首诗的标题清晰地标示为"祈祷"或"祷告"(*těpillâ*)。[2] 例如,第17篇的标题为"大卫的祈祷",类似的还有第86篇("大卫的祈祷")、第90篇("神人摩西的祈祷")、第102篇("困苦人……的祷告")与第142篇(尽管标题先说它是大卫的训诲诗[3],但接着就指出"乃是祈祷"[4])。我们并不完全清楚这几首诗为何被特别

---
[1] 见《诗篇》第 3、4、5、6、7、9、10、12、13、15、16、17、21、22、25、26、28、30、31、35、38、42、43、51、54、55、56、57、59、61、63、64、69、70、71、84、86、90、102、109、120、130、139、140、141、142、143篇。即使简单地列出这些序号,就已经显出数量之多。
[2] *HALOT*,卷2,页 1776–1777。
[3] *Maskil* 通常被理解为音乐术语,但该词的翻译并不确定。
[4] 旧约另一处出现这个标记的地方是《哈巴谷书》3章1节。

称为"祈祷/祷告",而其它一些拥有相似特征的诗篇却没有被如此称呼。我们甚至也不完全清楚这个术语是否与特殊的结构特征、诗歌体裁相关,或仅仅是一个普通术语。[5]

除了被正式"归类"出来的这一小部分诗篇,显然还有许多其它诗篇也满足我们一直使用的祷告定义——它们都"求告耶和华的名"。例如,虽然第1篇与第2篇不是直接对神说的话,但第3篇到第8篇却都是直接对神说的话,这种模式在《诗篇》中从头到尾可见。同样值得注意的是,即使在宣告性(例如第19篇)或祝福性(例如第20篇)的诗歌中,"祷告"也常常出现(例如第19篇12-14节和20篇9节)。

就算对《诗篇》这卷书作最简短的介绍,也会引发关于体裁的诸多问题,这又转而引发个人性诗篇与整体诗篇合集的起源问题。[6]

自从十九世纪末、二十世纪初,赫尔曼·衮克尔(Hermann Gunkel)开创了所谓的形式批判法以来,《诗篇》的研究便开始致力于寻求每首诗歌所对应的类型(*Gattung*)与生活场景(*Sitz im Leben*)。衮克尔认为标题无关紧要,他试图透过一首诗表面的陈述,来发现其背后的真实生活背景。他确定出诗篇的七大类型:赞美诗、集体哀歌、个人诗歌、感恩诗歌、个人哀歌、宗教礼仪诗歌与王室诗歌。[7] 有意思的

---

[5] 这方面的文献资料甚少(但可参考 Hossfeld 与 Zenger 2005,页 370;G. H. Wilson 2002,页 318,n. 4;Kraus 1993a,页 26)。这很可能是因为在解释诗篇时,人们对标题的作用和诗篇分类的标准都尚不确定。有意思的是,在 Futato 对《诗篇》的精彩介绍(2007,页 145–182)中,他并没有将"祷告"归为诗篇的一个类别。

[6] Kyu Nam Jung(1990)对《诗篇》里的祷告作了很不错的综述,尽管他的分类比较宽泛。

[7] Gunkel 1967,页 10–25;1998.

是，这些类型中没有一种能够描述他所说的"祷告"。衮克尔之所以对"诗篇是祷告"的观点不感兴趣，是因为他认为诗篇在宗教仪式中的功能才是解读诗篇的首要角度。也就是说，就算某一首诗是以个人祈祷开始的，但这个祷告被纳入到了圣殿礼仪之中才是重点。

挪威人西格蒙德·莫温克（Sigmund Mowinckel）进一步发展了衮克尔的观点，提出诗篇是为敬拜仪式而被**创作出来的**（因此没有一篇是"私人的祷告"）。[8] 他试图将每首诗都与某个特定的宗教场合联系起来。但是，克劳斯·韦斯特曼（Claus Westermann）[9]这位二十世纪最严谨、最具影响力的《诗篇》学者，在其 1981 年的著作《<诗篇>中的赞美与哀歌》（*Praise and Lament in the Psalms*）中首先指出，这种把焦点放在宗教节庆礼仪的做法极不可靠。他认为从"敬拜神"的角度解读《诗篇》更为可靠。

后来，艾哈德·戈斯腾博格（Erhard Gerstenberger）提出了一个几乎是两全其美的观点。他认为诗篇最初的写作和用途不是来自宗教礼仪或公共敬拜仪式，而是来自家庭生活场景，但最终这些"家庭诗歌"被祭司与利未人选来用于公共生活中。[10]

在所有关于诗篇起源的争论中，无论这争论是针对个人使用的诗歌，还是针对集体使用的合集，我们都必须承认：**《诗篇》作为一个整体，为我们提供了最详细和最持久的示范，它告诉我们神的子民可以、应该和必须怎样呼求神。**若

---

[8] Mowinckel 1962。
[9] Westermann 1980，1981。
[10] Gerstenberger 1988。

可以将祷告理解为"求告耶和华的名",当然就可以用诗篇来塑造(即使不是"决定")我们的圣经祷告观。我认为《诗篇》这卷书在本质上就是一卷祷告集,对圣经祷告神学的发展至关重要。[11]

虽然关于诗篇的分析很复杂,[12]但上述论点的证据数量甚多,不容忽视。即便我们只粗略浏览,也不难发现,《诗篇》的主要内容都是直接对神说的话,或是鼓励人直接寻求神。换言之,祷告在《诗篇》中占据了主导位置。然而,这便引发了衮克尔曾提出的一个问题:这些是谁的祷告?这个问题后来也被许多人追问。我认为形式批判法对这个问题的解答不是最好的(或者说不是最有说服力的)。不过,解答问题的帮助就在手边,尽管它的来源有点出人意料。

## 谁的祷告?

迪特里希·朋霍费尔(Dietrich Bonhoeffer,德国认信教会牧师,曾参与希特勒刺杀计划,1945年因计划失败而被绞死)在其神学著作《诗篇:圣经的祷告书》(*Psalms: The Prayerbook of the Bible*)[13]中指出:阅读诗篇需要明白这些诗

---

[11] 这并非全新的观点,请参考亚他那修(Athanasius)的权威著作《致马塞里努斯书》(*Letter to Marcellinus*)。这本书大概是关于如何阅读《诗篇》和用它祷告的最佳教导。感谢我的同工 Tony Pyles 提醒我按这部优秀著作所指出的方向来思考。参考 Gregg 1980,页 101–129。

[12] 当代学者对分析《诗篇》中直接对神说话的部分甚感兴趣,而这绝不是一件简单的事。有关此领域的介绍请参考 Jacobson 2004(尤其是他参考书目中的第 17 页)。

[13] 朋霍费尔,1974。

起初并不是**我们的**诗，它们首先是大卫的诗，其次是耶稣的诗。[14] 在朋霍费尔为数不多的著作中，解经类（和神学类）作品最少。尽管如此，他的观点却提供了一个有效的圣经神学方法，解决了"如何阅读诗篇"这个最基本的问题，这个问题已困扰了《诗篇》研究至少两百年。

《诗篇》的前四十一首中有三十七首是"大卫的诗"[15]。由此可见，不管大卫与《诗篇》之间的关联究竟是什么[16]，他对这部诗集的深远影响是显而易见的。

《诗篇》第1篇树立了义人与恶人的典范（这也顺带提出了关于大卫王统治与遗产的问题）[17]。第2篇介绍了耶和华的君王、儿子并弥赛亚在战胜世上邪恶势力这件事情上所具有的角色[18]。之后，第3篇是《诗篇》中出现的第一个明显的祷

---

[14] 我还要感谢比利时圣经学院（Institut biblique belge）的院长 James Hely Hutchinson，以及悉尼摩尔神学院（Moore Theological College, Sydney）前院长 John Woodhouse，他们多年前第一个向我指出，《诗篇》在实质上是弥赛亚的祷告。

[15] 见后文中"诗集中有预言吗"那一部分，其中较完整地讨论了大卫诗歌编排的重要性。

[16] 关于诗篇标题中"lamed"（希伯来拼音的第十二个字母）的重要性，长期以来备受争议。我一直反对将该字母解读为描述作者身份的观点。然而，此处我要讨论的并不是某一诗篇的作者身份。

[17] Jacobson 2004；另见 deClaisse-Walford 等 2014，页 64，其中强调了这首诗后半部分与大卫家族的关联，但却没有继续研究大卫遗产的负面影响。

[18] 关于《诗篇》第 2 篇所谈论的对象，许多人都做过讨论。这首诗所谈的是大卫吗？是大卫后裔中的一位吗？还是泛指大卫所有的后代？这个问题仍在热烈争论中。

告[19]。这首诗的主题和基调都引入了一个不和谐的音符,我们所看到的主人公,从前面两首诗中的"义人典范"和"得胜君王",变成了一个在敌对者的攻击面前挣扎求救、太像凡人的大卫。

第3篇开头的两节(尤其配以"大卫逃避他儿子押沙龙的时候作的诗"这个标题来看)提出了一个重要的释经学要点:

> 耶和华啊,我的敌人何其加增!有许多人起来攻击我;有许多人议论我说:"他得不着神的帮助。"(诗 3:1-2)

这第一首"大卫诗歌"是从"受膏者"大卫面临众多敌人的攻击开始的。如此开头,绝非出于偶然。这些敌人并不仅是政治意义上的,更是神学意义上的。在某种程度上,他们反对的不单是代表他个人的那个大卫,而是"神拣选的那一位"。这引出了一个重要的释经要点——斗胆说句实话,我们并非神的受膏者,我们的敌人也不一定就是神的敌人。[20] 由此我们强烈感觉到,大卫的祷告**不可能**是我们的祷告。固然有些人容易自高自大,但我不相信他们会声称自己是神的计划在世上展开的关键人物。我们没有一个人曾经直接从神得到应许说:"你的后裔中将有一位会永远作王。"我们也没有一个人能轻易地说:"我的敌人就是神的敌人。"[21]

---

[19] 正如我先前所述,不管第 3 篇"在形式上"是"祷告"还是别的什么,都不重要。重要的是这首诗(不管是用来祈祷、诵读或吟唱)包含了对祷告的清晰理解。

[20] 感谢 Christopher Ash 为我指明这一点。

[21] 当然,不是说这个等式在任何情况下都不成立。在我写书期间,每周都会有伊斯兰国的武装势力搜查并屠杀基督徒。他们是否可以

这个简单的事实提醒我们，不要假设这些诗篇的写作目的（或《诗篇》反映的祷告神学）是完全不证自明的。第一首大卫诗歌所隐含的设想和标题所指明的特殊情况，都表明诗中可能包含另外的意思。

比如，事情会不会是这样的：鉴于第2篇中预计有冲突发生，所以第3篇以及随后的诗歌可以大致理解为"**受膏者大卫的遭遇**"。他虽然是受膏者，却被召受苦；他在重压下不断求告耶和华，**求耶和华实现祂的应许**（这里是指《撒母耳记》中神对大卫与大卫王朝的应许）。若果真如此，那就有力地证明了我们之前的观点。

不过，在继续探讨之前，须对此观点的含义做一点说明：若这些诗歌不再被视为"我们的"诗歌，那是否意味着这些诗歌完全不能为神的百姓所用？答案是肯定的，也是否定的。更准确地说，这些诗歌（大部分）**最初**是大卫这位受膏者（弥赛亚）的祷告。后来，它们大概被"弥赛亚的百姓"（以色列民）所采纳，用来进行祷告或吟唱。当我们在圣经神学的语境下，将这些"受苦的受膏者的祷告"解读为"弥赛亚耶稣的祷告"时，就读出了其中全部的意义。那么，我们可否以基督徒的身份用它们来祷告呢？当然可以。就像耶稣让我们分享他对天父的祷告一样，[22]他的死与复活使跟随他脚踪的人也可以效仿他作这些"弥赛亚式"的祷告。我们虽

---

被称为"神的敌人"？答案是肯定的。但是，除了这种明显是"为福音受害"的情况，我们遇到的环境和冲突通常远远不能作如此截然分明的定论。

[22] 见第六章的讨论。

没有**经历**他的受苦,却**在基督的受苦中有份**,这使我们完全可以应和他的祷告。正如朋霍费尔所言:

> 大卫自己可能曾在他的歌中用这首诗来祷告。若是这样,那么他是以神所膏之君的身份在祷告,因为耶稣基督将会从他的后裔而出,他因此受人逼迫。简言之,他作此祷告,是因基督由他而生。而基督自己也用过这段祷告,并且第一次赋予了这个祷告完整的意义。我们只有与耶稣基督联合,才能用这首诗祷告,就像那些曾经与基督一同受苦的人一样。[23]

然而,还需强调的是,这并不是说我们可以简单地把自己的经历带进《诗篇》中,为自己遇到的难处寻找对号入座的经文,然后把它们当成自己的祷告。[24] 恰恰相反,从圣经神学的角度来看,这些祷告**不是我们的祷告**(至少最初不是)。它们首先是弥赛亚的祷告,但在神的慈爱中,弥赛亚吸引人与祂联合,它们才成为弥赛亚百姓的祷告。因此,我们用诗篇祷告需非常谨慎。

但这个论点确实回避了一个非常明显的问题:还有很多诗不是大卫写的,那么怎能说诗篇是**弥赛亚的祷告**呢?

---

[23] 朋霍费尔,1974,页 36–37。这与新约中我们分享基督苦难的概念相呼应。
[24] 人们常藉着把《诗篇》描述为"圣经祷告手册"来表达出这种观点。这不仅发生在大众层面,也发生在较学术性的层面,例如见 Schaefer 2001,尤其是"祷告学校"('A School of Prayer', xxv–xxxi)这一部分。

这个问题所涉及的研究范围极广，此处无法详尽解答。不过，前面指出的那几首明确标示为"祈祷/祷告"（těpillîm）的诗，也许可为我们提供一个有用的出发点。[25]

> 大卫的祈祷。
> 耶和华啊，求你听闻公义，侧耳听我的呼吁！求你留心听我这不出于诡诈嘴唇的祈祷。愿我的判语从你面前发出；愿你的眼睛观看公正。你已经试验我的心，你在夜间鉴察我，你熬炼我，却找不着什么。我立志叫我口中没有过失。论到人的行为，我藉着你嘴唇的言语自己谨守，不行强暴人的道路。我的脚踏定了你的路径；我的两脚未曾滑跌。神啊，我曾求告你，因为你必应允我；求你向我侧耳，听我的言语！求你显出你奇妙的慈爱来，你是那用右手拯救投靠你的，脱离起来攻击他们的人。求你保护我，如同保护眼中的瞳人，[26]将我隐藏在你翅膀的荫下；使我脱离那欺压我的恶人，就是围困我要害我命的仇敌。他们的心被脂油包裹；他们用口说骄傲的话。他们围困了我们的脚步；他们瞪着眼，要把我们推倒在地。[27]他像狮子急要抓食，又像少

---

[25] 对《诗篇》作形式批判研究的专家很可能会高声反对："你不能这么做！"我只请求他们暂且容忍我，看看我是否**能够**这样做。
[26] 原文的字面翻译是"你眼中的小人儿"，就是指瞳孔。
[27] 参考 G. H. Wilson 2002, 页 324, 其中很好地探讨了这节经文的翻译问题。

> 壮狮子蹲伏在暗处。耶和华啊,求你起来,前去迎敌,将他打倒,用你的刀救护我命脱离恶人。耶和华啊,求你用手救我脱离世人,脱离那只在今生有福分的世人!你把你的财宝充满他们的肚腹;他们因有儿女就心满意足,将其余的财物留给他们的婴孩。至于我,我必在义中见你的面;我醒了的时候,得见你的形像("见"或作"着"),就心满意足了。(第17篇)

在这首诗中,大卫的经历显然与我们的略有不同。二十一世纪的基督徒读这首诗,可能不会立刻得到安慰,反而会觉得不大自在。比如,大卫称自己的嘴唇不诡诈(17:1);他甚至宣称,即使神鉴察他,也找不出什么可责备的过失(17:3);他视自己为"神眼中的瞳人"(17:8);他描述了敌人的强大之后,认为神一定会为他打倒敌人(尽管他们眼前很昌盛,17:13-14)。诗的最后表达了大卫深信耶和华的恩典与赐福,并盼望看见"神的形像"。

大卫的许多诗歌都公然宣称自己"无罪"(至少是"无可指摘"),这尤其令人觉得不敢苟同。[28] 但是,事实未必如我们质疑的那样。若我们首先将这些诗歌视为弥赛亚的诗歌,那么所有问题就都消失了。大卫所说的无罪、清洁和行为毫无瑕疵,都是就一个特定范围而言的。他不是宣称自己

---

[28] 如 G. H. Wilson(同上,页320)从 *mišpāṭ*(宣判)的律法特质来分析"义":"诗人期待自己能够通过神的审查,因为神找不出他有什么邪恶。"

已经达到了无罪的完美境地，而是坚持认为他已经无可指摘地**履行了作为神的受膏者（弥赛亚）的职责**。因此，他求神帮他对付敌人绝非出于个人恩怨，而是因为这些人反对神的受膏者（弥赛亚），也就是反对神的旨意。

我们可以大胆地说："祈祷诗"的第一首就是在恳求神成就祂的圣约应许，这首诗中的应许集中在为弥赛亚辩护。

此外，这个祷告的最终目的是大卫能见到耶和华的面（或形像），就像《民数记》12章8节所描述的摩西那样。"得见神之面"与弥赛亚作为本诗第一祷告者的身份非常符合，并且很好地暗示了弥赛亚作为中保，有能力将那些远离耶和华的百姓带回。因此，以弥赛亚的终极事工为背景来理解这五首"祈祷诗"中的第一首，是再自然不过了。

同样的视角出现在第二首"祈祷诗"中，即第86篇：

> 大卫的祈祷。
> 耶和华啊，求你侧耳应允我，因我是困苦穷乏的。求你保存我的性命，因我是虔诚人。我的神啊，求你拯救这倚靠你的仆人。主啊，求你怜悯我，因我终日求告你。主啊，求你使仆人心里欢喜，因为我的心仰望你。主啊，你本为良善，乐意饶恕人，有丰盛的慈爱，赐给凡求告你的人。耶和华啊，求你留心听我的祷告，垂听我恳求的声音！我在患难之日要求告你，因为你必应允我。主啊，诸神之中没有可比你的，你的作为也无可比。主啊，你所造的万民都要来敬拜你，他们也要荣耀你的名。因你为大，且行奇妙的事，惟

独你是神。耶和华啊,求你将你的道指教我,我要照你的真理行;求你使我专心敬畏你的名。主我的神啊,我要一心称赞你,我要荣耀你的名,直到永远!因为你向我发的慈爱是大的,你救了我的灵魂,免入极深的阴间。神啊,骄傲的人起来攻击我,又有一党强横的人寻索我的命,他们没有将你放在眼中。主啊,你是有怜悯、有恩典的神,不轻易发怒,并有丰盛的慈爱和诚实。求你向我转脸,怜恤我,将你的力量赐给仆人,救你婢女的儿子。求你向我显出恩待我的凭据,叫恨我的人看见便羞愧,因为你耶和华帮助我,安慰我。

虽然这首诗有很多地方与第17篇非常相似[29],但它与普通人的经验有更高程度的共鸣。大卫称自己是"困苦穷乏"的,从表面上看,这比他自称在神面前无可指摘更容易被我们认同。不过,我们很快就发现,这个祷告也远不止在讲大卫个人的内心属灵之旅。第2节中,大卫自称为神的"仆人",并明确宣告"你是我的神"(和合本译为"我的神啊"),我们最好将这些语言理解为君王大卫对神发出的效忠宣言,而非表现他个人敬虔的谦辞[30]。继续读下去,我们发现在某种程度上,诗人的命运是与神的圣约旨意紧密相连的。9-10节让

---

[29] Zenger(与 Hossfeld 合著,2005,页 369)认为,第 86 篇是对此前所有大卫诗歌的创新性总结,并与第 102 篇有重大联系,这更加说明这些"祈祷诗"之间是紧密关联的。

[30] 当然,也不能排除这种可能。

我们看到，诗人所祈求的远超过"耶和华有能力帮助困苦穷乏的仆人"这件事，还有一件比个人解脱困境更加至关重要的事，那就是圣约的最终结局（telos）。[31]

在此基础上，我们就能理解11-13节中的祈求了。这几节祷词不应简单地理解为祈求神学知识或宗教热情的增长，而应该理解为：这是一位君王的祷告，作为君王的大卫正在面临敌对圣约者施加的重大逼迫，就是14-17节所描述的那些逼迫，因此他向神祈求智慧。一旦认识了这一点，我们便自然而然地理解了大卫的祈求：他是在呼求耶和华凭祂圣约的信实采取行动，成就祂对弥赛亚君王与百姓的应许。[32]

接着我们来看《诗篇》第90篇——神人摩西的祷告。这首诗被列在"祈祷诗"中，有点令人费解。

> 神人摩西的祈祷。
> 主啊，你世世代代作我们的居所。诸山未曾生出，地与世界你未曾造成，从亘古到永远，你是神！你使人归于尘土，说："你们世人要归回。"在你看来，千年如已过的昨日，又如夜间的一更。你叫他们如水冲去，他们

---

[31] 请参考 Hossfeld 与 Zenger（2005，页 366）的评论。此外，P. D. Miller（1994，页 125）在讨论《诗篇》时指出："约的纽带和他们与神互动的历史，使他们完全有理由认为：他们与神的关系是他们存在的全部原因，也是神对他们所怀的特殊目的……在这些祈祷中，他们用各种方式提醒神，为的是获得神当下的保护和帮助。"

[32] Kraus（1993b，页 182）完全不认同将这首诗视为弥赛亚的诗歌，然而他指出，诗人"在普世与终末之光中看到了耶和华的救赎大能"，这也就承认了这首诗所祈求的视野范围涉及到弥赛亚救赎。

如睡一觉。早晨，他们如生长的草，早晨发芽生长，晚上割下枯干。我们因你的怒气而消灭，因你的忿怒而惊惶。你将我们的罪孽摆在你面前，将我们的隐恶摆在你面光之中。我们经过的日子都在你震怒之下；我们度尽的年岁好像一声叹息。我们一生的年日是七十岁，若是强壮可到八十岁；但其中所矜夸的不过是劳苦愁烦，转眼成空，我们便如飞而去。谁晓得你怒气的权势？谁按着你该受的敬畏晓得你的忿怒呢？求你指教我们怎样数算自己的日子，好叫我们得着智慧的心。耶和华啊，我们要等到几时呢？求你转回，为你的仆人后悔。求你使我们早早饱得你的慈爱，好叫我们一生一世欢呼喜乐。求你照着你使我们受苦的日子和我们遭难的年岁，叫我们喜乐。愿你的作为向你仆人显现；愿你的荣耀向他们子孙显明。愿主我们神的荣美归于我们身上。愿你坚立我们手所做的工；我们手所做的工，愿你坚立。

这个古老的祷告从神的先存性讲起，并谈及摩西五经的好几个关键主题[33]，它清楚地指出人类的绝望处境，以及整个民族最大的需要乃是神的介入（见90:11）。不过，对我们的研究课题来说，诗歌的最后一部分显得最重要。求神指教我

---

[33] 留意 1-10 节中提到了创造、堕落与审判（洪水）。还可参考 Tanner（与 deClaisse-Walford 等合著，2014，页 690–691）关于《诗篇》中的"摩西特色"的评论。

们"数算自己的日子"与从圣约的角度看待历史有关,"第12节并不是恳求神教导人智慧,而是恳求人准确计算神忿怒的日子,好叫神的怒气止息。"[34]

呼求神"转回",就是求神持守圣约应许,除此之外,别无它解。呼求神能够让我们"早早饱得慈爱",其本质也是圣约性的。在15-17节的祷告中,诗人不断哀求神"愿你的作为向你仆人显现",同时求神透过祂的恩宠"坚立我们手所做的工",这些都进一步说明摩西祷告的核心就是渴望神会按祂的应许而行。

因此,第90篇的总体作用,就是让祈求神动工的呼声跳出"仅与大卫相关"的语境,强调神的工作大大超过大卫。虽然大卫失败、大卫家族的盼望破灭,但神会预备比"伟大的大卫"更伟大的"大卫之子",使失败的盼望能被重新点燃。

我们似乎可以说:这些"祈祷诗"是被精心安插在诗集中的,它表明《诗篇》中的祷告观与我们所看到的旧约其它部分的祷告观完全一致。但最后两首"祈祷诗"是否也能证实这一点呢?我们先看第102篇:

> (困苦人发昏的时候,在耶和华面前吐露苦情的祷告。)
> 耶和华啊,求你听我的祷告,容我的呼求达到你面前。我在急难的日子,求你向我侧耳,不要向我掩面;我呼求的日子,求你快快应

---

[34] 同上,页 694。Tanner 还指出此处与《出埃及记》32-34 章有平行内容。

## 第五章 《诗篇》、弥赛亚与教会    177

允我。因为我的年日如烟云消灭；我的骨头如火把烧着。我的心被伤，如草枯干，甚至我忘记吃饭。因我唉哼的声音，我的肉紧贴骨头。我如同旷野的鹈鹕，我好像荒场的鸮鸟。我警醒不睡，我像房顶上孤单的麻雀。我的仇敌终日辱骂我，向我猖狂的人指着我赌咒。我吃过炉灰，如同吃饭；我所喝的与眼泪搀杂。这都因你的恼恨和忿怒；你把我拾起来，又把我摔下去。我的年日如日影偏斜；我也如草枯干。惟你耶和华必存到永远，你可记念的名也存到万代。你必起来怜恤锡安，因现在是可怜他的时候，日期已经到了。你的仆人原来喜悦他的石头，可怜他的尘土。列国要敬畏耶和华的名；世上诸王都敬畏你的荣耀。因为耶和华建造了锡安，在他荣耀里显现。他垂听穷人的祷告，并不藐视他们的祈求。这必为后代的人记下，将来受造的民要赞美耶和华，因为他从至高的圣所垂看。耶和华从天向地观察，要垂听被囚之人的叹息，要释放将要死的人，使人在锡安传扬耶和华的名，在耶路撒冷传扬赞美他的话，就是在万民和列国聚会事奉耶和华的时候。他使我的力量中道衰弱，使我的年日短少。我说："我的神啊，不要使我中年去世；你的年数世世无穷。你起初立了地的根基，天也是你手所造的。天地都要灭没，你却要长存；天地都要如外衣渐渐旧了，你要将天地如里

> 衣更换，天地就都改变了。惟有你永不改变，
> 你的年数没有穷尽！你仆人的子孙要长存，
> 他们的后裔要坚立在你面前。"

从诸多方面来看，这首诗对我们的论点（即《诗篇》的祷告观与先前的旧约书卷一致）是一个巨大的考验。这首诗虽与前文谈到的第86篇有明显的联系，但它与许多诗歌一样，没有明确提到大卫或任何其他君王[35]。

诗的标题似乎暗示这首诗的作者只是个普通人，在救赎历史中不是什么关键时刻的关键人物。尽管他的痛苦极深（4-6节），他的重要性也只在于他有神子民的身份。（14和17节）。与大卫的"祈祷诗"不同，这首诗没有将自己的敌人直接等同于神的敌人。[36] 这是另外一种祷告，当我们把诗人为自己求的事与他笼统地求耶和华做的事区分开来时，就能明显看出它的不同。

诗人为自己求时，他首先恳请耶和华垂听他的呼声（1-2节），随后在24节中提出了他唯一的一个具体要求：

> 我说："我的神啊，不要使我中年去世；你
> 的年数世世无穷。"

---

[35] 但这本身并不排除此诗出自君王之口的可能性。请参考 Goldingay 2008，页 149。
[36] 令人惊奇的是，他的敌人明明是无故攻击他，但他在呼求神直接起来对付敌人时，却显得言语寡少，他只是求神起来做祂所应许的事。

我们吃惊地看到，在这首神学内容非常丰富的诗中，诗人提出的唯一要求只是件很普通的事——求耶和华不要让他在壮年时死去。为何要求这件事？这一要求又是如何被诗中其它内容渲染烘托的？我们再一次看到，理解这首诗的关键是要把诗人的呼声放在一个基础框架内，即祷告就是呼求耶和华成就祂的圣约应许。[37]

诗人为自己所求的很有限，而对神在世上的工作却陈述甚多，这两者的对比极具戏剧性。诗人在满怀悲痛地描述了自己的处境之后，突然在12-13节转换了方向：

> 惟你耶和华必存到永远，你可记念的名也存
> 到万代。你必起来怜恤锡安，因现在是可怜
> 他的时候，日期已经到了。

自二十世纪二十年代以来，以"耶和华作王"或"锡安神学"为特征的诗篇备受关注。然而，在这首诗中，我们只需明白：比起诗人自己的个人处境，他更关心我们所说的"圣约事务"。正是耶和华在世上的工作进程赋予他看待自己遭遇的正确视角，也赋予他个人受苦的终极意义。这一点随着诗的推进而变得越发清晰。

诗人在15节作出末世宣告（亦出现在第86篇第9节），之后他清楚地指出，他的个人祈求若蒙垂听，那是因为耶和华要在地上荣耀祂自己：

---

[37] 诗人使用"我的神"这一称呼，显然说明这首诗应该从约的角度来看待（Hossfeld 与 Zenger 2011，页 26；又见 deClaisse-Walford 等，2014，页 756）。

> 因为耶和华建造了锡安,在祂荣耀里显现。
> 祂垂听穷人的祷告,并不藐视他们的祈求。
> (诗 102:16-17)

甚至连神垂听祷告这件事,也必须放在"神对世界的计划"这个更大的背景下去理解(另见18-22节)。

所有这些使诗人在24节中提出的个人祈求变得不那么绝对了。他想继续活下去吗?当然想。但诗人慎重地将求生的欲望降服于一件更大的事情之下,甚至将它归入一个更大的祷告,即耶和华的旨意终将在世上实现。诗的高潮带出的信息使人既相信神的子民最终会获得平安,也让人激赏于神子民的祷告不是以自身的命运为中心,而是以神之圣约计划的进展为中心。

于是,我们有点吃惊地发现,即使是未受膏的无名诗人的祷告也证明:《诗篇》中的祷告本质上就是求告神在世上成全祂的旨意,成就祂向弥赛亚或弥赛亚之民所应许的事[38]。然后,我们来看《诗篇》中的最后一首"祈祷诗"——第142篇:

> (大卫在洞里作的训诲诗,乃是祈祷)
> 我发声哀告耶和华,发声恳求耶和华。我在
> 他面前吐露我的苦情,陈说我的患难。我的

---

[38] 另见 Hossfeld(与 Zenger 合著,2011,页 28)在 Erbele-Kuster 的研究基础上所发展的观点。他认为既然诗篇第 102 篇被安插在大卫诗歌(第 101 和 103 篇)之间,就可以从大卫诗歌的角度去研究 102 篇。

> 灵在我里面发昏的时候，你知道我的道路。在我行的路上，敌人为我暗设网罗。求你向我右边观看，因为没有人认识我。我无处避难，也没有人眷顾我。耶和华啊，我曾向你哀求，我说："你是我的避难所，在活人之地，你是我的福分。"求你侧耳听我的呼求，因我落到极卑之地；求你救我脱离逼迫我的人，因为他们比我强盛。求你领我出离被囚之地，我好称赞你的名。义人必环绕我，因为你是用厚恩待我。

这最后一首"祈祷诗"相对比较直白，它被刻意放在后面出现，因《诗篇》的结尾部分越来越强调与大卫相关的内容。[39] 诗的标题把我们直接带回到大卫与扫罗争战的日子，那些日子的紧张局面涉及到"谁才是耶和华真正的受膏者？"这个问题。到这首诗"发表"时，答案已经显而易见。但是，对大卫来说，现在他要活下去，就需要神按照膏立他之时的承诺来拯救他。这个祷告在本质上也是大卫呼求耶和华按应许而行。请看霍斯菲尔德（Hossfeld）的精彩评论：

> 整个标题将聚光灯集中在大卫身上，这是大卫诗歌中用来祷告的第五首。历史化的角度使我们有兴趣了解"历史上"的大卫——主要是《撒母耳记》中对大卫的描述。标题中关于本诗体裁的术语，表明大卫的历史原型

---

[39] 请看下文中对《诗篇》结构的讨论。

> 具有智慧的教导者形象，也具有困境中卑微
> 的祈求者形象……[40]

对于"诗篇是谁的祷告"这个问题，显然没有一个简单的答案。很多诗篇被归在大卫名下，但不管如何解释这种情况，一个有说服力的事实是：这些祷告中有很多应被视为"弥赛亚的祈祷"，因诗人是在求告耶和华实现祂的应许。这就在某种程度上确认了我们的论点，即《诗篇》反映了与圣经其它地方相同的祷告观——祷告乃是求告耶和华的名——但对此我们还有更多要说的。

这五首"祈祷诗"呈现出：对于已故的前人（如第90篇中的摩西）、弥赛亚（大卫）和在大卫之后仍切切等候那位弥赛亚的忠实的以色列民来说，他们的祷告在本质上是一脉相承的。每一个祷告的重点都聚焦于耶和华圣约计划的进程，祷告就是单纯地求神做祂已经承诺的事。我们稍后还会就此再做些讨论。

现在我们值得花点时间，来看看这一明确的结论如何影响其余诗篇的解读（尤其是如何解读那些不符合"求告耶和华之名"这个定义的诗篇）。[41]

韦斯特曼等人认为，大多数诗篇可归入"感恩"、"颂赞"与"哀悼"这几大类，这种分类应该是合理的。[42] 有人

---

[40] Hossfeld 和 Zenger，2011，页 565。
[41] 当然，对本书这样一般性的研究来说，即使稍微涉足《诗篇》文体类别研究这摊"浑水"，也是很冒险的。不过，尽管本书不能用大量篇幅来引述这个领域中的诸多著作，但若仅仅回避谈论这个话题，则也是不恰当的。
[42] 见 David M. Howard（2005，页 23-40）对此争论的精彩总结。

还增加了一些其它的类别，如智慧诗与王室诗。[43] 摆在我们面前的问题是：这些类别（及其相关的次级类别）与"祷告"（即求神实现应许）这个特殊类别有何关系？

我们常常着力探究个别诗篇的原始写作背景（或文学体裁），却忽略了这样一个相当简单的事实，即以上所列的每一个类别都与祷告——向耶和华说话并求圣约之神采取行动——有一种内在关联。

感恩诗几乎无一例外地都是感谢神成就了祂所应许的事，感谢祂拯救或保护了弥赛亚君王，或是感谢祂让百姓能属乎这样一位君王。例如，《诗篇》第95篇开头首先一般性地劝勉人感恩，然后必然基于以色列蒙神拣选之恩带出6-7节中的呼召：

> 来啊，我们要屈身敬拜，在造我们的耶和华面前跪下。因为祂是我们的神，我们是祂草场的羊，是他手下的民。惟愿你们今天听祂的话。

对于颂赞诗，例如第18篇，我们即使用最快的速度浏览一遍，也不难发现："祈求耶和华按应许施行拯救"与"颂赞神做成了人祈求祂做的事"这两者之间有内在联系。（关于前者，我们看到第18篇是祈求神拯救祂的受膏者。关于后者，我们有时候看到神甚至在人祈求之前就采取行动了。）感恩与颂赞并不总是容易区分的，诗篇中常常同时包含两者。

---

[43] 请参见论文集《诠释诗篇》（*Interpreting the Psalms*, Johnston 与 Firth, 2005），其中对各类诗篇作了很好的总结。

但有一点是清楚的，那就是感恩和颂赞都与祷告呼求神采取行动相关联。

同样，哀悼诗也无一例外地都是哀叹一件事，即以色列民（有时是个别人或弥赛亚）的现状似乎不符合耶和华应许赐福的圣约承诺。在这一点上，我们可以说，哀悼诗是与我们所说的祷告相对照的"镜像"——人们因为神没有施行拯救而发出抱怨，而不是求祂施救。[44] 第44篇通常被认为是《诗篇》中的第一首集体哀悼诗，它是这样开头的：

> 神啊，你在古时，我们列祖的日子所行的事，我们亲耳听见了；我们的列祖也给我们述说过。你曾用手赶出外邦人，却栽培了我们列祖；你苦待列邦，却叫我们列祖发达。因为他们不是靠自己的刀剑得地土，也不是靠自己的膀臂得胜，乃是靠你的右手、你的膀臂和你脸上的亮光，因为你喜悦他们。（诗44:1-3）

有趣的是，在第44篇的结尾处，这首哀悼诗恰恰变成了我们所说的那种祷告：

> 主啊，求你睡醒，为何尽睡呢？求你兴起，不要永远丢弃我们。你为何掩面，不顾我们所遭的苦难和所受的欺压？我们的性命伏于

---

[44] Westermann 1987 仍是哀悼诗（哀歌）研究的经典著作。

尘土；我们的肚腹紧贴地面。求你起来帮助
我们，凭你的慈爱救赎我们！（诗44:23-26）

智慧诗也体现了类似的特征。《诗篇》第37篇是大卫的智慧诗，我们阅读此诗时会发现，"应许"与"救赎"这两个主题变得越来越明显（例如不断提及"承受地土"，最后的高潮强调得救）：

> 但义人得救，是由于耶和华。祂在患难时作
> 他们的营寨。耶和华帮助他们，解救他们；
> 祂解救他们脱离恶人，把他们救出来，因为
> 他们投靠祂。（诗37:39-40）

在这个例子中，祷告之前首先有真理的陈述，因为对真理的正确认识将会引导有忠心的以色列人求告耶和华，这是合乎逻辑的。

所以，证据表明，《诗篇》对祷告的定义比人们想象的更为明确。当然，本章的考察非常简短，它很容易让人以为，祷告只能是"求耶和华成就祂的应许"，除此之外，别无其它可说。若这样想就犯了"简化主义"的错误。但无论如何，纵观《诗篇》中的祷告（尤其是那些发自肺腑的个人祈祷），"求神向祂的子民（集体和个人）成就应许"的确是这些诗歌一直强调的一个主题。

这一点可以透过《诗篇》中某些最著名、也最受人喜爱的祷告展现出来。

## 例一：《诗篇》第51篇

《诗篇》第51篇是大卫在与拔示巴犯奸淫之后写的，它"无疑是最了不起的悔罪诗"。[45] 这首诗极其敏锐地洞察了罪恶的本质，千百年来为那些希望忏悔自己罪恶的人提供了一个有力的模板。像这样的诗篇如何体现出"祷告的本质就是求告耶和华实现祂的应许"呢？

首先我们要注意，约的祝福之一就是以色列的神承诺提供一条赦罪之法，例如《利未记》对此有详细的解说。51篇的开头就反映了这一点：

> 神啊，求你按你的慈爱怜恤我，按你丰盛的
> 慈悲涂抹我的过犯！求你将我的罪孽洗除净
> 尽，并洁除我的罪！（诗 51:1-2）

大卫既呼求神的圣约之爱，也抓住神承诺要怜悯祂子民的应许。当然，若以为祷告**仅限于求神实现应许**，那就会导致极大的误解。这个祷告的后半部分还包含了丰富的内容，清楚地表明大卫还有其它事情能够、并且必须对耶和华说，只不过他全部的祷告都是基于一个期待：神是立约并且守约的神，我们可以期待祂如约提供赦免。

大卫反思自己的罪行（3-4）和本性（5-6），继而求神赦免其罪（7-9），这些都发生在对赦罪怀有期待的背景之下，如此才有诗中最令人难忘的10-12节：

> 神啊，求你为我造清洁的心，使我里面重新
> 有正直（"正直"或作"坚定"）的灵。不

---

[45] Kidner 1973，页 189。

> 要丢弃我,使我离开你的面;不要从我收回你的圣灵。求你使我仍得救恩之乐,赐我乐意的灵扶持我。(诗51:10-12)

从圣经神学(或正典)层面来看,我们肯定读得出新约在这几句诗中的预表,尽管我们不晓得大卫本人是否希望他的诗句被如此解读。大卫这位神所膏立的君王祈求圣灵不要离开他,不要让他像扫罗一样。而新约里的那一位大卫子孙则毫不担心圣灵会离开他,他为凡有血气的人把自己倾倒了出来。虽然第12节能让所有在低谷中挣扎的信徒共鸣,但它首先是大卫这位君王的祷词。第13节把"赦免"与"恢复教导他人之责"联系起来,就凸显了这一点。

在最后的哀求和重申了神的赦罪条件(13-17节)之后,这首诗的结尾再次超越了大卫(或与大卫共鸣的读者)对个人的关注。

> 求你随你的美意善待锡安,建造耶路撒冷的城墙。那时,你必喜爱公义的祭和燔祭并全牲的燔祭;那时,人必将公牛献在你坛上。(诗51:18-19)

最终,这首诗的关键不是人的罪,而是神的计划得以进展。

以这种方式解读《诗篇》,并没有使事情变得过于复杂,也没有扭曲那些被人世世代代使用的宝贵祷告。它的确揭示了一个事实,即祷告的核心就是祈求神动工,做成祂自己已经承诺的事。

### 例二：《诗篇》第73篇

《诗篇》第73篇是亚萨的诗，所以显然不属于大卫诗歌、王室诗歌或弥赛亚诗歌之列。那么，这首诗会与我们所提出的祷告观相符吗？事实上，它居然也是相符的。

> 我们再次看到，诗歌的开头强调了与圣约有关的背景：**神实在恩待以色列那些清心的人。**（诗 73:1）

这首诗描述了诗人从"怀疑神对百姓的应许"到"回归信仰"的旅程。不同寻常的是，诗中的大部分内容是关于亚萨过去的挣扎（2-16节），尤其是他对傲慢者的错误态度。然而，等他进了"圣所"，一切都变了：

> 我思索怎能明白这事，眼看实系为难。等我进了神的圣所，思想他们的结局。（诗 73:16-17）

当诗人开始直接对神说话时，我们清楚地看到，他的祷告是从他对神确实信守承诺的认识中涌流出来的——在这首诗中，他认识到恶者终将受到审判：

> 你实在把他们安在滑地，使他们掉在沉沦之中。他们转眼之间成了何等的荒凉！他们被惊恐灭尽了。人睡醒了，怎样看梦，主啊，你醒了，也必照样轻看他们的影像。因而我心里发酸，肺腑被刺。我这样愚昧无知，在你面前如畜类一般。然而我常与你同在，你

> 搀着我的右手。你要以你的训言引导我,以
> 后必接我到荣耀里。除你以外,在天上我有
> 谁呢?除你以外,在地上我也没有所爱慕的!
> 我的肉体和我的心肠衰残,但神是我心里的
> 力量,又是我的福分,直到永远。远离你的,
> 必要死亡;凡离弃你行邪淫的,你都灭绝了。
> 但我亲近神是与我有益,我以主耶和华为我
> 的避难所,好叫我述说你一切的作为。(诗
> 73:18-28)

这明显是一个祷告,在这个祷告中,严格地说,亚萨并未"求告主名"。诗人虽没有求神施行拯救,却表达了他对神的坚定信心。这因此给我们一个很好的警示,提醒我们对祷告的定义不能过于狭窄。但同时我们也清楚地发现,诗中隐含的祷告概念与我们之前所看到的非常相似。

### 例三:《诗篇》第 123 篇

考察一首较短的诗歌也是对我们有帮助的。例如《诗篇》第123篇是一首上行之诗,它显然是用于集体吟唱或祈祷:

> 坐在天上的主啊,我向你举目。看哪,仆人
> 的眼睛怎样望主人的手,使女的眼睛怎样望
> 主母的手,我们的眼睛也照样望耶和华我们
> 的神,直到祂怜悯我们。耶和华啊,求你怜
> 悯我们,怜悯我们!因为我们被藐视,已到
> 极处。我们被那些安逸人的讥诮和骄傲人的
> 藐视,已到极处。

诗歌的核心祈求（从第2节最后一个分句开始）十分简单——神的百姓仰望神实现祂的应许。当然，诗人的祷告是用极富情感与创意的语言表达的，但其中的神学前提仍与我们反复观察到的事实完全一致——祷告就是求告那赐应许的神。对这首诗来说，诗人祷告的神学前提是：神应许要怜悯祂的百姓（与第51篇相同），并应许要审判恶人（与第73篇相同）。有意思的是，这种祷告观足够宽广，耶和华有关怜悯与审判的应许都能容纳进去。

### 例四：《诗篇》第139篇

与第51篇一样，第139篇也是一首大卫诗歌，在过去几个世纪里，诗中表达的内容与情感深刻地塑造了基督徒的虔诚之心。问题是：我们对祷告的理解是否也适用于这首诗歌呢？

诗歌的主要内容是宣告耶和华是全能的，特别是祂对诗人的一切了如指掌。例如：

> 耶和华啊，你已经鉴察我、认识我。我坐下，我起来，你都晓得，你从远处知道我的意念；我行路，我躺卧，你都细察，你也深知我一切所行的。耶和华啊，我舌头上的话，你没有一句不知道的。我在暗中受造，在地的深处被联络，那时，我的形体并不向你隐藏。我未成形的体质，你的眼早已看见了。你所定的日子，我尚未度一日（或作"我被造的肢体尚未有其一"），你都写在你的册上了。
>
> （诗 139:1-4，15-16）

然而，诗人的这些话并不是为了默想耶和华在他个人身上的工作，而是哀求神按照应许审判恶人（如同第73篇）：

> 神啊，你的意念向我何等宝贵，其数何等众多！我若数点，比海沙更多。我睡醒的时候，仍和你同在。神啊，你必要杀戮恶人，所以你们好流人血的，离开我去吧！因为他们说恶言顶撞你，你的仇敌也妄称你的名。耶和华啊，恨恶你的，我岂不恨恶他们吗？攻击你的，我岂不憎嫌他们吗？我切切地恨恶他们，以他们为仇敌。（诗139：17-22）

大卫立刻强调，他的敌人实际上也是耶和华的敌人（甚至可能**首先**是耶和华的敌人）。他所关心的不只是自己能生活得更容易，而且是他能得着洞察的智慧，用一种合神心意的方式来履行他的职责：

> 神啊，求你鉴察我，知道我的心思；试炼我，知道我的意念，看在我里面有什么恶行没有，引导我走永生的道路。（诗139:23-24）

事实证明，就连第139篇也首先是君王的祷告，是君王大卫求神持守应许、按祂所宣布的计划工作。的确，这首诗不只是呼求神工作，它也触及人类存在的深层问题。但是，它与我们看过的其它例子一样，仍是一个以神的应许为框架的祷告，这个应许就是神承诺在祂的百姓中为自己的荣耀而工作。

通过以上四个简要的例证，我们再次看到，祷告的意义主要在于（虽然不仅仅在于）祈求耶和华持守祂对君王和百姓的应许。《诗篇》中的祷告常常比此意义更多，但绝不会比此意义更少。

一方面，上述这些例证是对《诗篇》中各类体裁做出的极粗略的处理，另一方面，它们也极有力地证明《诗篇》中的祷告观**支持了我们从摩西五经和前、后先知书中所得出的观点**。有关《诗篇》结构的近期研究也证明了这一点，接下来我们要对此作简略探讨。

## 《诗篇》中有预言吗？

自从杰拉尔德·威尔逊（Gerald H. Wilson）的开创性著作《希伯来诗篇的编纂》（*The Editing of the Hebrew Psalter*）[46]出版以来，《诗篇》的阅读方式发生了巨大转变。自教父时期开始，从未有人如此强调《诗篇》要**作为一个整体**来阅读。威尔逊在其导师布里瓦德·柴尔兹（Brevard Childs）的研究基础上强调了诗歌合集的"经典结构"（canonical shape）。他指出明确的证据，表明这部诗歌合辑并非简单地累积所收录的诗歌，而是对它们作过刻意的、有目的性的编排。他的理论虽然未得到普世认可，但却在本质上改变了对《诗篇》结构的讨论。

---

[46] G. H. Wilson 1985。

在威尔逊之后,虽然诠释者们对《诗篇》的理解在某些方面有很大分歧,但大家都普遍认为这部诗歌合集呈现了一下几个重要的结构特征:

一.《诗篇》分为五卷:

卷一:第2-41篇

卷二:第42-72篇

卷三:第73-89篇

卷四:第90-106篇

卷五:第107-150篇

二.这五卷书以相似的颂歌作为划分记号:

1. 第41篇13节:耶和华以色列的神是应当称颂的,从亘古直到永远。阿们!阿们!

2. 第72篇19节:祂荣耀的名也当称颂,直到永远。愿祂的荣耀充满全地。阿们!阿们!

3. 第89篇52节:耶和华是应当称颂的,直到永远。阿们!阿们!

4. 第106篇48节:耶和华以色列的神是应当称颂的,从亘古直到永远。愿众民都说:"阿们!"

5. 第146-156篇均以"你们要赞美耶和华"开头。

三. 王室诗主要出现在五卷书之间的衔接处。

在这一点上学者们出现了分歧。威尔逊认为,王室诗在1-3卷之间的衔接处做了记号,而在4-5卷之间,这一记号则由智慧诗取代。这是因为人们对大卫家族的王朝失去盼望,不再强调,以致转而寻求智慧,用智慧取代当下对弥赛亚的盼望。但是,大卫·米切尔(David Mitchell)从非常不同的方向对此问题进行了有力的阐述。[47] 他认为，《诗篇》并没有轻看大卫家族的盼望，反而发展了日益增加的终末盼望，这盼望集中在第4卷和第5卷中大卫预表的弥赛亚身上。[48]

在某种程度上，这个有趣的讨论非常吸引人做进一步探索。然而，无论是威尔逊比较悲观的看法正确，还是米切尔充满盼望的弥赛亚末世论正确，对于本书的研究课题来说，观察到以下这一点就足够了：他们两人的观点都显示《诗篇》中含有一个预言性的信息，并且这个信息是关乎最高层级的神学问题，而不只是简单地讲述被掳时期和被掳归回之后犹大人的日常敬虔之道。正是这一认识为我们奠定了基础，使我们能用一种全新的方式讲述《诗篇》对圣经祷告神学的贡献。

## 《诗篇》如何为圣经祷告神学作出贡献？

《诗篇》常被人说成是"圣经祷告手册"，它证明向神作各种各样的祷告都是可以的（我们能将自己最深处的情感带到神面前，祂都能处理）。当然，这样说有一定的道理，但我们不可匆忙下此定论，却不忠实地考查文本。

首先，《诗篇》诗集是由弥赛亚诗歌主导的，其中包括祈祷诗、感恩诗、哀悼诗，甚至还包括神所膏之君的智慧诗

---

[47] Mitchell 1997。
[48] 在《诗篇》研究中，这一领域的内容极其丰富精彩，请参考 Grant 2004 与 Hossfeld 和 Zenger 2005 的著作；也可参考我的同事 Doug Green 论诗篇之预言的文章，如 https://www.academia.edu/5130978/The_Lord_is_Christs_Shepherd._Psalm_23_as_Messianic_Prophecy，2015 年 5 月 31 日存取。

（大部分出自大卫，但不是全部）。大卫诗歌中的祈祷诗首先是他自己的祷告。仔细观察，大卫的经历和他的反应都不是表现人类在世上的生活常态，而是表现神的受膏者（弥赛亚）面对的非常处境——神的受膏者（弥赛亚）立于神在世计划的中心，也因此成为神的敌人集中攻击的对象。若不认识这一点就用《诗篇》为自己的祷告，那实在太自以为是了！此外，虽然"弥赛亚的祷告"是《诗篇》的主要焦点，但"弥赛亚百姓的祷告"也从不间断。他们呼求神持守祂曾向列祖并所膏之君立下的约，从这个意义上讲，弥赛亚的祷告也就成了弥赛亚百姓的祷告。这仿佛预示了新约中信徒分享耶稣这位弥赛亚在神面前的"儿子身份"这个概念——凡属耶稣的人都能凭着耶稣的生命与工作，呼求神为"阿爸，父"。[49] 这种预先埋下的伏笔也支持了米切尔的观点，即《诗篇》本身展现了从大卫后裔而出之弥赛亚的终末盼望。

《诗篇》对祷告的"教导"比我们通常想象的更复杂，但它与旧约其它书卷在祷告观上的契合度也比我们想象的更高。君王或弥赛亚的祷告方式体现了《诗篇》对祷告的本质理解，即求告耶和华成就祂的应许。这种祷告观也渗透在弥赛亚百姓的祷告中，他们不断呼求神赐下那位终极的君王，来建立祂的国度，引领万民归向祂。

《诗篇》中的其它内容也表达了感恩、赞美、哀悼甚至智慧的丰富内涵，它们都是从一个基本理念延伸出来的，即我们最迫切的需要就是祈求神兑现祂的承诺。所以，在《诗篇》里，祷告依然是求告耶和华的名，它充实了我们从旧约其它书卷中已经得出的结论。

---

[49] 参考第六章的讨论。

# 第六章 耶稣与祷告：福音书中的祷告

在关于祷告的诸多极有价值的研究中，不管是直接探讨圣经里的祷告材料，还是侧重探讨祷告的神学和操练，都会有一个部分是谈论耶稣对祷告的教导与实践。[1] 不过，这些研究很少将耶稣的教导放在圣经祷告神学的整体发展过程中考察，而本章则打算这样做。这将成为本章内容的独特贡献，并且后面的章节也将对新约中的其它内容做同样的处理。

这一章的目标是有所限定的，我既不会根据第一世纪犹太教的常规敬虔模式[2]来探讨耶稣的祷告，也不会详细解释耶稣关于祷告的所有教导。我要做的是指出耶稣关于祷告的教导如何清晰地发展了旧约的祷告观，以期对这一领域的探讨做出微薄的贡献。耶稣认为祷告是回应耶和华的话语（和行

---

[1] 其中最受人关注的是主祷文，这不足为奇。《路加福音》中的祷告也常有人探讨，参考 O'Brien 1973 等著作。
[2] 关于第一世纪犹太人生活中的祷告，请参考 Finkel 2001，页 43-65 与 David Crump（2013，页 684-692）精彩的文章。Crump 不仅精简地介绍了背景情况，而且概括了福音书中所有关于祷告的材料。

动），也是求神建立新约（并最终带来新创造），这两方面都是耶稣对旧约祷告观的发展。换言之，我将阐明福音书如何呈现耶稣循着悠久的旧约传统求告耶和华的名，同时又将其更新转化，邀请我们加入祂作为永恒之子的祷告。[3]

我认为，把福音书中的材料分成几个大主题来处理是最简便的方法。[4] 我们将首先考察祷告在《马太福音》和《路加福音》中耶稣婴孩时期的角色，然后探讨耶稣对祷告的明确教导，接着再分析耶稣有关祷告的比喻，最后评论耶稣本人的祷告实践。

## 祷告与耶稣的降生

祷告在《路加福音》中的重要性已经被人多次指明出来。[5] 从一开始，路加就描写神忠心的百姓仰望神成就祂的应许。早在《路加福音》1章10-11节我们已明显地看到，当时神的百姓正祷告时，天使向撒迦利亚显现——"烧香的时候，众百姓在外面祷告。有主的使者站在香坛的右边向他显现。"

---

[3] 我以前在阿伯丁的老师 Max Turner 曾写过一篇文章（Turner,1990）谈论福音书中的祷告（文中也谈及《使徒行传》），这篇文章至今仍是这方面的优秀之作。我对这些材料的理解很多是受他的影响。
[4] 人们通常把《约翰福音》作为"另一种"福音书来处理，我的这种处理方法可能打破了这一惯例。但就本书的课题而言，材料本身的性质使我能够采取这种方法。关于四福音对祷告的教导的详细讨论，请参考 Turner 1990，页 75 - 83。
[5] 同上，页 58；O'Brien 1973，页 112 - 121。

尽管马利亚与撒迦利亚的"颂歌"严格来说并非祷告[6]，但他们所表现的思想却明显贯穿了所有福音书。马利亚为神在她身上的作为发出赞美和感谢之后，她接下来说的话让人马上想起《撒母耳记上》第2章中哈拿的祷告，颂歌的焦点从神对她的特殊眷顾转为圣约的成就：

> 祂怜悯敬畏祂的人，直到世世代代。祂用膀臂施展大能；那狂傲的人正心里妄想就被祂赶散了。祂叫有权柄的失位，叫卑贱的升高；叫饥饿的得饱美食，叫富足的空手回去。祂扶助了祂的仆人以色列，为要记念亚伯拉罕和他的后裔，施怜悯直到永远，正如从前对我们列祖所说的话。（路1:50-55）

当神使撒迦利亚重新开口说话时，撒迦利亚的"预言"同样也是以圣约为基本框架的：

> 主以色列的神是应当称颂的。因祂眷顾祂的百姓，为他们施行救赎。在祂仆人大卫家中，为我们兴起了拯救的角，（正如主借着从创世以来圣先知的口所说的话。）拯救我们脱离仇敌和一切恨我们之人的手，向我们列祖施怜悯，记念祂的圣约，就是祂对我们祖宗亚伯拉罕所起的誓，叫我们既从仇敌手中被

---

[6] 正如我们已经看到的，我们理当从圣经本身的用法出发去理解"何为祷告"。与此同时，我们也要明白不可能总是对祷告作硬性和快捷的分类。

救出来，就可以终身在祂面前，坦然无惧地
用圣洁、公义事奉祂。（路 1:68-75）

有了这概念性的框架，我们再看西面遇见婴孩耶稣时所做的祷告，就不觉得奇怪了：

主啊！如今可以照你的话，释放仆人安然去
世。因为我的眼睛已经看见你的救恩，就是
你在万民面前所预备的，是照亮外邦人的光，
又是你民以色列的荣耀。（路 2:29-32）

耶稣的真实身份被西面认出来，这个人是忠诚的以色列民的缩影，他一直在等候神的国（"素常盼望以色列的安慰者来到"，2章25节），在路加看来，这显然需要"祈求耶和华拯救祂的百姓"。与西面的故事相应，年迈的女先知亚拿的故事证实了这一点，路加对亚拿的叙述中首次提到"祈求"：

又有女先知，名叫亚拿，是亚设支派法内力
的女儿，年纪已经老迈，从作童女出嫁的时
候，同丈夫住了七年就寡居了，现在已经八
十四岁（或作"就寡居了八十四年"），并
不离开圣殿，禁食祈求，昼夜事奉神。正当
那时，她进前来称谢神，将孩子的事对一切
盼望耶路撒冷得救赎的人讲说。（路 2:36-38）

同样，从更广的上下文看，2章37节最自然的解读是：亚拿像西面一样，也在等候**和祈求**神为祂的百姓降临，并记念祂向亚伯拉罕、以撒与雅各所立的约。

于是，就在《路加福音》的开头，与耶稣的降生连在一起的是忠心的以色列人祈求耶和华持守应许，这应许现在显然因耶稣的降生而成就在他们眼前。然而，有意思的是，《马太福音》中关于耶稣降生的叙述却丝毫没有提及祷告。

《马太福音》没有这方面的内容的确有点令人奇怪。这本福音书用了很多篇幅记述耶稣对祷告的教导，却在耶稣降生的故事中完全不提祷告，这可能是出于什么原因呢？[7] 原因很难定论，它可能是因为马太只想在开头几章中强调耶稣的身份是神所立的拯救之君。这样一来，马太陈述的重点就显然比路加的窄很多，因为路加的目的可能是想表明，耶稣的降临在多个层面上都成就了旧约应许（包括对列祖的应许和有关圣灵的应许）。

## 耶稣的教导与祷告

耶稣有关祷告的教导并不如人们想的那么广泛。除了《马太福音》中的"登山宝训"（和《路加福音》中的"平原宝训"），其它有关祷告的明确教导只见于几处耶稣"随口说出的"言论，以及《路加福音》中的一连串比喻[8]。

---

[7] 经文注释有一个缺点，就是常常只回答文本中已有的内容所引发的问题，而不追问为何文本**没有提到**某些内容。此处就是一例。

[8] 我们在下一节中会看到，这些比喻乍看好像与祷告相关，但其实情况比较微妙，它们与祷告没有那么强的相关性。

在《马太福音》中,有关祷告最关键的两段经文是6章5-15节与7章7-11节。我必须再次声明,我无法在此完整地呈现人们对这两段经文作了哪些内涵丰富的学术研究,也不能给这两段经文作详细注释,我要探究的仅仅是:这两段经文是否(或如何)符合"祷告就是求告耶和华之名"这个普遍存在于旧约中的祷告观。

登山宝训中耶稣关于祷告的教导(即主祷文)最为著名,它前面有一段引言,警告我们不要做浮夸、虚假的公开祷告:

> 你们祷告的时候,不可像那假冒为善的人,爱站在会堂里和十字路口上祷告,故意叫人看见。我实在告诉你们,他们已经得了他们的赏赐。你祷告的时候,要进你的内屋,关上门,祷告你在暗中的父,你父在暗中察看,必然报答你。你们祷告,不可像外邦人,用许多重复话,他们以为话多了必蒙垂听。你们不可效法他们,因为你们没有祈求以先,你们所需用的,你们的父早已知道了。(太6:5-8)

反思当时犹太人的祷告方式,耶稣或许受《传道书》5章2节[9]的启发而教导门徒:简洁私密的祷告对他们来说才是最重要的[10],因为神是无所不知的。但是,若仅仅停留于此,就

---

[9] Bruner 2004,页289。
[10] 显然,探讨这段经文的文献汗牛充栋。欲简要了解这段经文中一些问题的解释和耶稣如此教导的原因,请参考卡森 1995,页 162 – 169 与 France 2007,页 231 – 241。

没有抓住耶稣教导的关键要素——祂刻意将"祷告"与"赏赐"(*misthos*)联系起来。耶稣到底在想什么?在登山宝训的语境中,"赏赐"可以只意味一件事(见《马太福音》5章12和46节,6章1–2节、4–6节、16和18节),即享受神所应许的圣约祝福,或用马太的习惯说法,就是能同享天国。

当我们恰当地认识到这一点后,就会发现耶稣的教导与旧约许多地方的模式极其相似。耶稣和以前的先知都认为,一个人可以作非常正统的祷告,但仍可能因这人生命中有"其它杂音",而使他祷告的声音不蒙垂听(因此也就不得享受圣约之福)。

《马太福音》6章9-13节提供的正面结论,立刻证实了耶稣的教导与旧约的连续性:

> 所以,你们祷告要这样说:"我们在天上的父,愿人都尊你的名为圣。愿你的国降临。愿你的旨意行在地上,如同行在天上。我们日用的饮食,今日赐给我们。免我们的债,如同我们免了人的债。不叫我们遇见试探。救我们脱离凶恶。"

赖特(N. T. Wright)总结这段经文时,把主祷文描述为"新约宪章的核心"。[11] 不管他对祷告的解释是否在各方面都准确,这个描述无疑让我们看到耶稣关心的重点。使用"父"这一称呼不仅独特,而且表明一种新的亲密关系,这种关系只有在像《耶利米书》31章31-34节所预示的那种新

---

[11] Wright 2001,页 147。有关这段祷告的精彩概览,请参考 Crump 2006,页 95 - 157。

约中才能得到[12]。要强调这个重点，就要像以西结那样关心耶和华之名的荣耀（也就是尊祂的名为圣[13]）。

耶稣接着教导门徒祷告：

> 愿你的国降临。愿你的旨意行在地上，如同行在天上。

祷告预期神之终末统治的来临[14]，这可以理解为神之应许与创造目的的终极实现。换言之，祈求"神的国降临"是"求告耶和华之名"的终极延伸。

> 这三个祈求其实是求一件事，即求神断然施行审判与拯救，以彰显祂的荣耀，从而让众人都认识祂的确是圣洁、全能的君王。因此，这是一个为末日的结局、为神国的最终成就、为终末必然来临的新天新地而求的祷告。[15]

有人也认为其余的祈求——赐我们日用的饮食、免我们的债、使我们在试探中站立得稳以及（最终）战胜邪恶——同样是终末性的。"日用的饮食"（*ton epiousion dos hēmin*

---

[12] 见卡森 1995，页 169-170 简洁而精彩的讨论。当然，这样说不是简单地基于耶稣的用词，而是基于耶稣教导中关于"儿子身份"这一更广阔的内容（见 Crump 2013）。Marshall（2001，页 129）指出，这个国中的君王就是父。

[13] 《以西结书》36 章 21-23 节和 39 章 7 节。Wright（2001，页 140-141）认为这段经文的背景是《出埃及记》3 章 13-16 节，但这个观点不具说服力。

[14] 见 O'Donnell 2013，页 168。另见 Wright 1997，页 24-25。

[15] Turner 1990，页 65。

*sēmeron*)这个短语可能有多重含义,它可以被理解为"在那日我们将要领受的饼"(也就是参与弥赛亚终末的盛宴)。同样,"免我们的债"可理解为末日的赦免。有关"试探"的那一句,它要么是求神赐力量,使我们能持守忠心直到那日,要么如赖特[16]所言,是指保守我们不要有"试探神"的行为。(对赖特而言,这些想法反应了《出埃及记》式的新规范,这个规范塑造了整个祷告。)这种解读可以进一步印证本书的论点,但解经家对此意见不一,总体上,人们更倾向于从字面解读这个祷告。[17]

随后在《马太福音》7章7-11节中,耶稣又回到"祈求"的话题。[18] 虽然经文没有明确指出耶稣是在谈论祷告,但除此之外也没有更好的解释了:

> 你们祈求,就给你们;寻找,就寻见;叩门,就给你们开门。因为凡祈求的,就得着;寻找的,就寻见;叩门的,就给他开门。你们中间谁有儿子求饼,反给他石头呢?求鱼,反给他蛇呢?你们虽然不好,尚且知道拿好东西给儿女,何况你们在天上的父,岂不更把好东西给求祂的人吗?

这一段中最棘手的解经问题是:耶稣的门徒应当祈求什么?这与第 6 章中应许的"奖赏"一样令人难解。但上下文又一次帮助我们找到了答案。

---

[16] Wright 2001,页 145。
[17] 参见 France(2007,241–254)睿智的评论。
[18] 《路加福音》11 章中的平行经文也明确显出与祷告的关联。

7章6节提到践踏真理的"猪"与"狗"乃是基于7章7-11节的教导，这个教导是登山宝训中最重要的教导，即耶稣的门徒应当选择主所走的路，而非"假冒伪善者"的路。（此教导在后面继续展开，直到本章末尾，其中谈到两种"门"、两种"果子"、两种"根基"，我们应当选择正确的那一个。）因此，用这一段教导提供的视野来看"祈求"，最自然的理解就是：求神将祂所应许的**透过耶稣**倾倒下来。我们可以将其总结为：祈求神接纳我们进入神的国、有份于新约的祝福。至此，耶稣关于祷告的教导与我们之前所看到的祷告观已经显出很强的连续性。

虽然登山宝训之后的经文没有一直谈论祷告，但在《马太福音》结束之前还有几处简短（而重要）的经文，其中耶稣谈到了祷告这个话题。第一处是耶稣应许与聚集祷告者同在，这两节经文常被人引用：

> 我又告诉你们：若是你们中间有两个人在地上同心合意的求什么事，我在天上的父必为他们成全。因为无论在哪里，有两三个人奉我的名聚会，那里就有我在他们中间。（太18:19-20）

有人认为这两节经文与它前面的经文衔接不上[19]，但我们若以15-18节中指出的行动为背景，这两节关于祷告的经文就

---

[19] Leon Morris（1992，页469）十分肯定地认为，这是一个全新的段落，与前文毫无联系。但总的来看，最好将耶稣此处所说的话视为对之前那些所谓"教会纪律"的延伸；另见 O'Donnell 2013，页509‐519；France 1985，页274‐276。

容易理解了。也就是说,这两节经文不是笼统地谈耶稣参与小组祷告,而是向那些需承担"管教"职责的人保证,他们祈求智慧的祷告必会蒙耶和华垂听和回应。为什么这样说呢?因为这类祷告可以放胆祈求,其根基在于"无论在哪里,有两三个人奉我的名聚会,那里就有我在他们中间"。耶稣强调的是,他会出席教会里的聚会,并参与教会里正当的管教行动。

这意味着:耶稣不是在谈祷告会的价值,也不是在安慰那些勇于担负管教职责的少数人,叫他们不必为结果担忧,而是在告诉我们:那些在关键时刻为教会的益处而发出的祷告必会蒙神垂听,因为神已承诺要保全祂的百姓,使他们不断成长。

这就引出了第二处耶稣论及祷告的经文,这段经文重复了相同的观点:

> 早晨回城的时候,祂饿了,看见路旁有一棵无花果树,就走到跟前,在树上找不着什么,不过有叶子,就对树说:"从今以后,你永不结果子!"那无花果树就立刻枯干了。门徒看见了,便希奇说:"无花果树怎么立刻枯干了呢?"耶稣回答说:"我实在告诉你们:你们若有信心,不疑惑,不但能行无花果树上所行的事,就是对这座山说:'你挪开此地,投在海里!'也必成就。你们祷告,无论求什么,只要信,就必得着。"(太21:18-22)

这是《马太福音》最受争议的经文之一。人们甚至无法确定第 21 节只是在形象地描绘"移山"这个世人皆用的词，还是在直接引用旧约文本中的内容（通常认为是《撒迦利亚书》14 章 4 节）。[20] 但这个问题不会转移我们的注意力，因为第 21 节的重点与随后第 22 节的意思都相当清楚。关于这个象征性的举动，耶稣可能借鉴了《弥迦书》第 7 章的内容，指出神的选民以色列选择了咒诅之路，而非祝福之道。然而，现在既然天国已经降临，门徒与耶稣这位天国之王的联合就意味着：当神在世上实现其应许的祝福和咒诅时，这些门徒都将参与其中，成为内在的组成部分。所以，此处耶稣关于祷告的教导虽然不是这段经文的重点，却仍反映出相同的关切。《马太福音》中的祷告与"神继续完成祂对选民和世界的计划"是关联在一起的。[21]

安德烈·林肯（Andrew Lincoln）很好地总结了耶稣关于祷告的教导重点：

---

[20] 见 Crump（2006，页 31－33）的讨论。
[21]《马太福音》中另一处提到祷告的地方是 24 章预言圣殿被毁的那段话，24 章 15-20 节说："你们看见先知但以理所说的'那行毁坏可憎的'站在圣地（读这经的人须要会意），那时，在犹太的，应当逃到山上；在房上的，不要下来拿家里的东西；在田里的，也不要回去取衣裳。当那些日子，怀孕的和奶孩子的有祸了。**你们应当祈求，叫你们逃走的时候，不遇见冬天或是安息日。**"这里谈的是在灾难中求平安的祷告，因此有点不同寻常。但即使如此，这里涉及的背景仍是救赎历史的某个关键时刻，这就给经文所谈的绝望处境中的祷告注入了某种神学意义。我与大多数解经家看法一致，认为《马太福音》17 章 14-21 节的原始版本并没有提到祷告。

> 祷告是参与神在地上计划的主要方式之一。你的祈求若与耶稣的祷告一致,就必蒙神应允,因为神要让世界透过耶稣认识祂的圣名,这样的祈求合乎这个目的。[22]

耶稣的祷告虽然不是毫无新的内容,但它仍然是建立在旧约为祷告设立的基本框架之内。

其它福音书是否也反映出这样的关联?答案是肯定的。《马可福音》中有关祷告的教导十分有限,唯一的一处经文恰与我们的理解相符。经文的背景是:耶稣的门徒无法为一个男孩赶出身体里的污鬼,男孩的父亲发出了一句令人难忘的宣告:"我信,但我信不足,求主帮助!"(可9:24)故事的高潮出现在《马可福音》9章28-29节:耶稣进了屋子,门徒就暗暗地问祂说:"我们为什么不能赶出他去呢?"耶稣说:**"非用祷告,这一类的鬼总不能出来。"**[23]

有关这句话的解释,人们提出了无数种可能性。[24] 有人认为这件事非常简单,就是耶稣指责门徒赶鬼方法不当,若将来再遇到这难对付的鬼,只需祷告便可。也就是说,不管是什么样的赶鬼工作,只要使用这个新发现的特殊能力就可以了。但是,在《马可福音》或圣经中任何其它地方,都不曾暗示有些工作可以靠门徒"独自"完成,而另一些事工则需从耶和华而来的帮助。理解这段经文的关键在于"这一类"(*touto to genos*)这个词。(尽管有人不同意,但事情看

---

[22] Lincoln 2001,页 177。

[23] 关于这节经文的几种可能的解释,可参考 Gundry 1993,页 492-493。

[24] 见 Crump 2006,页 40-53。

上去的确如此。)"这一类"鬼的特殊之处在于它使男孩又聋又哑。因此,根据《以赛亚书》35章1-6节等处的经文,我们可以推断,有可能耶稣认为这类特殊的鬼是在对弥赛亚使命发起直接攻击。[25] 若是这样,此处提到祷告就完全可以理解了(甚至是应当期待的),因为从一开始,实现神在世上的计划就离不开祂的百姓开口祷告、向祂呼求。

《路加福音》中耶稣的这句话也反映了类似的关联:"只是我告诉你们这听道的人,你们的仇敌,要爱他!恨你们的,要待他好!咒诅你们的,要为他祝福!凌辱你们的,要为他祷告!"(路6:27-28)"祝福"与"咒诅"这两个词和祷告的概念息息相关(此处是为仇敌祷告),这是在勉励跟随耶稣的人用祷告来"赢得"仇敌,希望他们最好能进入神国、经历祝福,而不是被关在门外、经历咒诅。所以,为凌辱我们的人祷告,也可以理解为呼求主名的一个范例。

《路加福音》中的主祷文比《马太福音》中的版本稍短一点,但强调的重点并没有明显的差异。[26] 不过,有关耶稣对祷告原则的阐述,《路加福音》11章比《马太福音》7章7-11节的记载长得多,结尾给人的确据也完全不同:

> 耶稣又说:"你们中间谁有一个朋友半夜到他那里去说:'朋友,请借给我三个饼;因为我有一个朋友行路,来到我这里,我没有什么给他摆上。'那人在里面回答说:'不要搅扰我,门已经关闭,孩子们也同我在床

---

[25] 必须承认,这一观点在文献中几乎找不到支持。
[26] 见 Crump 2013,页 687 - 689。

> 上了,我不能起来给你。'我告诉你们:虽不因他是朋友起来给他,但因他情词迫切的直求,就必起来照他所需用的给他。我又告诉你们:你们祈求,就给你们;寻找,就寻见;叩门,就给你们开门。因为,凡祈求的,就得着;寻找的,就寻见;叩门的,就给他开门。你们中间作父亲的,谁有儿子求饼,反给他石头呢?求鱼,反拿蛇当鱼给他呢?求鸡蛋,反给他蝎子呢?你们虽然不好,尚且知道拿好东西给儿女,何况天父,岂不更将圣灵给求祂的人吗?(路11:5-13)

这个不情愿的朋友是实指还是比喻?[27] 这个问题多年来引发了许多争议,也出现了不少离奇的解释[28],但尽管如此,故事的内容却是很直白易懂的。第一世纪的社会习俗要求邻舍在朋友有需要的时候,迅速起床提供帮助。而有意思的是,故事中的这个人不愿意起床。耶稣想用这个故事说明什么?**如果一个如此糟糕的朋友最终都愿意回应邻舍的需求,那么当我们向神祈求时,岂不更可以期待祂会应允我们!**[29] 当然,这会引出一个问题:我们向神求什么?耶稣在《路加福音》中给出的答案十分简单,就是向天父求**圣灵**。这显然是一种

---

[27] 这个故事究竟是不是比喻,人们对此有一些讨论。Lenski(1946,页625)称之为"例证",但并未详加说明;Marshall(1978,页465)则提到了两个"谚语"。由于这个故事缺少《路加福音》中的比喻所具有的许多形式特征,因此最好将它只当做一个描绘生动的叙述性例证。

[28] 参见 Metzger 2010,页33–57。

[29] Crump(2006,页64-76)对此内容做了平衡而不偏颇的探讨。

新约式的祷告,证实耶稣在《路加福音》中谈及祷告时,其本质仍是求告耶和华的名。耶稣对祷告的其它许多比喻也证实了这一点,我们稍后会加以探讨。

在继续探讨之前,我们还须考察一下使徒约翰如何看待耶稣关于祷告的教导。

有人可能会料到,在约翰记述的材料里,耶稣教导祷告的重点与其它地方稍有不同,这些内容包含在耶稣离世前的"告别训诲"中。我们要考察的第一段经文是《约翰福音》14章8-14节:

> 腓力对祂说:"求主将父显给我们看,我们就知足了。"耶稣对他说:"腓力,我与你们同在这样长久,你还不认识我吗?人看见了我,就是看见了父,你怎么说'将父显给我们看'呢?我在父里面,父在我里面,你不信吗?我对你们所说的话,不是凭着自己说的,乃是住在我里面的父做祂自己的事。你们当信我,我在父里面,父在我里面;即或不信,也当因我所做的事信我。我实实在在地告诉你们:我所做的事,信我的人也要做;并且要做比这更大的事,因为我往父那里去。**你们奉我的名无论求什么,我必成就,叫父因儿子得荣耀。你们若奉我的名求什么,我必成就。**"

经文两次保证，**无论奉耶稣的名求什么**，都必成就。这颇不寻常。[30] 关于这个保证的内容，上下文已经作了明确的界定。耶稣与腓力讨论的是"耶稣即父神的显现"（根据《耶利米书》31章34节，这是新约祝福的一个关键部分）。腓力被耶稣温和地责备，因为他没能领会耶稣来到世上的目的，至今也不明白耶稣传道的目标。尽管如此，耶稣仍直接发出宣告：凡信祂的人也要做祂所做的事，并且要做更大的事；正是为了这个目的，人们需要祂的名祈求。

那么这些事到底是什么呢？[31] 从《约翰福音》的头几章，耶稣就已清楚表明：**"我的食物就是遵行差我来者的旨意，做成祂的工。"**（约 4:34）这工无非就是要完成旧约中神已经承诺要做的事，也就是实现《创世记》3 章 15 节中的应许。徒弟做的事比师父做的更大，这又如何理解呢？或许，这是指这些门徒将要站在一个回望的位置，向世人指出耶稣已经在祂的死和复活中成就了什么。[32]

这就引出了一个极妙的观点：新约中"奉耶稣的名祷告"就等同于旧约中的"求告主名"。两者都被解释为求神成就祂所应许的事——在旧约里是求神差下弥赛亚，建立神的国度；在新约里是不断建立主耶稣的教会，直到祂再来。[33]

这个观点在《约翰福音》接下来的一章中得到了证实：

---

[30] 尽管这与《马太福音》中论祷告的许多内容有明显的相似之处。

[31] 见《约翰福音》4 章 34 节，5 章 17 节，10 章 25 和 37 节，14 章 10 节，15 章 24 节。

[32] Barrett 1978，页 460；卡森 1991，页 496；Köstenberger 2004，页 433。Bruce（1983，页 300）和 Morris（1995，页 574）认为"更大之事"是指耶稣的门徒在人数与地域上有更大的影响。

[33] 评论家一般很少关注此观点的旧约背景。与之相反，Crump（2006，页 164-169）的精彩讨论值得参考。

> 不是你们拣选了我，是我拣选了你们；并且分派你们去结果子，叫你们的果子常存，使你们奉我的名，无论向父求什么，祂就赐给你们。（约 15:16）

根据上下文，这里预期的"果子"是指将会加入神的圣约大家庭的人。耶稣的门徒要"奉耶稣之名"祈求父神按着祂所应许的来做。他们是要求告主的名，不过现今他们知道主的名就是"耶稣基督"，这是新约带来的一个显著的发展。

同样，我们在16章中看到，祷告就是求神在堕落的世界里持守祂的应许，这是耶稣谈论祷告的角度：

> 到那日，你们什么也就不问我了。我实实在在地告诉你们：你们若向父求什么，祂必因我的名赐给你们。向来你们没有奉我的名求什么，如今你们求就必得着，叫你们的喜乐可以满足。这些事，我是用比喻对你们说的；时候将到，我不再用比喻对你们说，乃要将父明明地告诉你们。到那日，你们要奉我的名祈求；我并不对你们说，我要为你们求父。父自己爱你们，因为你们已经爱我，又信我是从父出来的。（约 16:23-27）

对耶稣来说，奉祂（耶稣）的名祷告就是请求父神成就祂（耶稣）所应许的（16章24节里的应许就是耶稣自己在15章11节所说的话）。

这一思想脉络和神学内涵贯穿了福音书中最重要的一段祷告——耶稣在《约翰福音》17章里的长篇祷告。尽管这段祷告与福音书中的其它祷告颇为不同，但支撑它的神学基础却仍是相同的。[34]

这段祷告也被称为"大祭司的祷告"，在它的第一部分，耶稣将祷告的重点牢牢锁定在祂传道使命的目的与最终完成。这个使命不仅是由父神计划和发动的，而且它也必以父神得荣耀结束。

> 耶稣说了这话，就举目望天说："父啊，时候到了，愿你荣耀你的儿子，使儿子也荣耀你；正如你曾赐给祂权柄，管理凡有血气的，叫祂将永生赐给你所赐给祂的人。认识你独一的真神，并且认识你所差来的耶稣基督，这就是永生。我在地上已经荣耀你，你所托付我的事，我已成全了。父啊，现在求你使我同你享荣耀，就是未有世界以先，我同你所有的荣耀。"（约 17:1-5）

虽然此处描述耶稣事工的用辞不同于其它任何地方，但从神学层面来看，耶稣仍是在做同一件事——祂在呼求父神将祂已经开工的事完工。此时这工就是耶稣从神的角度看到的救赎之工。"呼求神完成救赎之工"是许多前人做过的，

---

[34] 由于这个祷告就是耶稣自己作的祷告，而不是教别人如何祷告（如主祷文），它可以放在后面"耶稣的生活与祷告"这一节来讨论。但鉴于这个祷告的特殊性，以及它在《约翰福音》中的教导作用，我们也可以将它放在"耶稣的教导与祷告"这一节来探讨。

耶稣在他们的基础上继续做，正如我们在福音书中多次看到的那样。

祷告的下一部分继续强调了圣子的工作就是成就父神的应许与旨意：

> 你从世上赐给我的人，我已将你的名显明与他们。他们本是你的，你将他们赐给我，他们也遵守了你的道。如今他们知道，凡你所赐给我的，都是从你那里来的；因为你所赐给我的道，我已经赐给他们。他们也领受了，又确实知道，我是从你出来的，并且信你差了我来。（约17:6-8）

然而，当耶稣开始特别为"属于祂的人"祷告时，我们就无可否认地看到：祂为这些人祈求的核心是神在他们中间成就祂的旨意，这旨意也是为他们而成就的。

> 我为他们祈求，不为世人祈求，却为你所赐给我的人祈求，因他们本是你的……圣父啊，求你因你所赐给我的名保守他们，叫他们合而为一，像我们一样。我与他们同在的时候，因你所赐给我的名保守了他们，我也护卫了他们；其中除了那灭亡之子，没有一个灭亡的，好叫经上的话得应验。现在我往你那里去，我还在世上说这话，是叫他们心里充满我的喜乐……求你用真理使他们成圣，你的

> 道就是真理。你怎样差我到世上，我也照样
> 差他们到世上。（约 17:9，11-13，17-18）[35]

若要解开这段祷告的全部含义，显然还需作更多的研究。[36] 不过，就本书的课题而言，只需强调一个事实就够了，那就是耶稣此处的祷告与其它福音书并旧约所呈现的祷告关注完全吻合。耶稣这段篇幅最长、内涵最丰富的祷告是以"福音的工作"为焦点的，这非常合理，也与我们已经看到的一致。它完全是以救恩历史为动机的呼求，是透过耶稣之口呼求父神继续实现祂的圣约目标。

若还需证据来确认这一点的话，那么请看祷告的结尾部分。在《约翰福音》17章20-23节，耶稣为将来会归信的人祷告，祈求神保守这伟大圣约之工的延续。

> 我不但为这些人祈求，也为那些因他们的话
> 信我的人祈求，使他们都合而为一。正如你
> 父在我里面，我在你里面，使他们也在我们
> 里面，叫世人可以信你差了我来。你所赐给
> 我的荣耀，我已赐给他们，使他们合而为一，
> 像我们合而为一。我在他们里面，你在我里
> 面，使他们完完全全地合而为一，叫世人知

---

[35] 有关这几节经文完整而精细的解析，请参考 Köstenberger 2008，页 166-179。
[36] 即使按非专业水平的标准，也需要好几本书才能把这一章经文讲清楚（见钟马田 2000；Boice 1975）。

道你差了我来,也知道你爱他们如同爱我一样。(约 17:20-23)

此处耶稣关心的并非"合一"本身,而是那些将来得听使徒见证的人会被吸引进入神的伟大工作,因为这项工作的最终完成,并不在于地上达成有形的合一,而在于神与被赎之人在将来的新天新地里完美合一。[37]

祷告的最后三节再次强调了这一点:

> 父啊,我在哪里,愿你所赐给我的人也同我在那里,叫他们看见你所赐给我的荣耀。因为创立世界以前,你已经爱我了。公义的父啊,世人未曾认识你,我却认识你,这些人也知道你差了我来。我已将你的名指示他们,还要指示他们,使你所爱我的爱在他们里面,我也在他们里面。(约 17:24-26)

《约翰福音》常常强调神的"名",此处也不例外。前文已提过,这与旧约呼求主名的传统有着紧密联系。耶稣以此强调结尾,意味着祂实际上既在示范"求告耶和华之名"的榜样,也在重新设定祷告的规范,即子和父一同垂听众圣徒的祷告,使神的百姓能够藉着耶稣的死与复活,以一种前所未有的方式认识这位圣约之神。

纵观福音书中耶稣对祷告的明确教导,我们不可能无视圣经见证的一致性。对耶稣来说,无论是在祂自己的长篇祷

---

[37] 见 Köstenberger 2004,页 497–498;Barrett 1978,页 512;卡森 1991,页 568。

告中,还是在祂与门徒的交谈中,祷告都与神在地上的工作密不可分。祷告的根本核心就是求告神成就祂的应许。

然而,这并不是说耶稣仅仅沿袭古时的祷告模式而毫无改变。祂鼓励门徒祷告时称神为"阿爸",像祂一样以儿女的身份对神说话,这就示范了一种 "新约"的祷告模式,这种模式比以往能预想的任何祷告都更加亲密。耶稣还大胆地邀请祂的门徒"奉祂的名"祈求,而不只是"求告耶和华的名"。这是一个不可思议的发展,它帮助第一批门徒迈出重要的一步,从此开始认识到耶稣基督就是道成肉身的神。

## 耶稣的比喻与祷告

至此,我们来简要查考一下在《路加福音》的比喻故事里,耶稣做了哪些关于祷告(或涉及祷告)的教导。

人们常说路加对祷告特别感兴趣,他记录的那些比喻就说明了这一点。[38] 但仔细观察,我们发现明显以祷告为主题的比喻其实非常少。有人可能会认为,《路加福音》15章中两个儿子的比喻对祷告(尤其是悔改祷告)的方式有很强的暗示。但**在这个比喻故事里面并没有人祷告**。同样,财主和拉撒路的比喻也几乎没有谈及祷告的本质和方法,倒是其中假想的"死后谈话"经常引发各种神学问题。《路加福音》中只有两个比喻是例外,它们毗连出现在第18章中。

---

[38] Turner(1990,页 58)指出,《马太福音》中还有三处有关祷告的比喻是《路加福音》中没有的。另见 O'Brien 1973,页 118–119。

在"不义的官与切求的寡妇"这个比喻中,路加特别添加了一句明确的评论:"耶稣设一个比喻,是要人常常祷告,不可灰心"(路 18:1)。路加的措辞十分有趣——耶稣明显是要用这个比喻来促使人们用某种方式长期坚持祷告。但他们要如何祷告呢?比喻是这样说的:

> (耶稣)说:"某城里有一个官,不惧怕神,也不尊重世人。那城里有个寡妇,常到他那里,说:'我有一个对头,求你给我伸冤。'他多日不准。后来心里说:'我虽不惧怕神,也不尊重世人,只因这寡妇烦扰我,我就给她伸冤吧,免得她常来缠磨我!'"主说:"你们听这不义之官所说的话。神的选民昼夜呼吁他,他纵然为他们忍了多时,岂不终久给他们伸冤吗?我告诉你们:要快快地给他们伸冤了。然而,人子来的时候,遇得见世上有信德吗?"(路 18:2-8)

耶稣在"不义的官"与"独一的神"之间作了个简单的对比,不义的官为寡妇伸冤仅仅是因为他厌烦了寡妇的哀求;独一的神却乐意在适当的时候为祂的百姓快快地伸冤。这个比喻要说明什么呢?它是要说明:**应当不断向神呼求,求祂切实按祂的应许而行**。这个比喻的实质是对旧约祷告观的阐述。

18章中的第二个比喻虽不是以祷告为焦点,却也提供了一些洞见,帮助我们深入了解耶稣如何看待真正的祷告。在这个比喻中,耶稣阐述了"求告主名"的含义:

> 耶稣向那些仗着自己是义人，藐视别人的，设一个比喻，说："有两个人上殿里去祷告：一个是法利赛人，一个是税吏。法利赛人站着，自言自语地祷告说：'神啊，我感谢你，我不像别人勒索、不义、奸淫，也不像这个税吏。我一个礼拜禁食两次，凡我所得的都捐上十分之一。'那税吏远远地站着，连举目望天也不敢，只捶着胸说：'神啊，开恩可怜我这个罪人！'我告诉你们：这人回家去比那人倒算为义了。因为凡自高的，必降为卑；自卑的，必升为高。"（路18:9-14）

耶稣的观点并不复杂：祷告就是接受我们无法自救的事实，明白我们没有理由自夸，除了求告那位应许施怜悯的神之外，别无希望。只有这种祷告才会得蒙垂听。

《路加福音》18章表明，耶稣在其教导中体现的祷告观是完全以旧约为基础的。耶稣特别用法利赛人来比喻以色列民，他们的祷告不蒙垂听是因为他们骄傲和自以为是。祂还鼓励当时的人们要不断祷告，并要相信神会持守应许，为祂的子民伸冤。这是耶稣对祷告的理解，它与旧约的理解是一致的。

## 耶稣的生活与祷告

谈到福音书中的祷告观，它的最后一块"拼图"就是耶稣自己的祷告生活。我们很快会发现，对耶稣本人和福音书作者来说，祷告不仅仅是耶稣作为一个敬虔的犹太人所遵行的生活操练，它更是耶稣完成使命的重要部分，**因为耶稣自己也需要"求告耶和华的名"**。

经文提示我们，耶稣常常抽出时间来祷告，而且通常是独自祷告。[39] 有时，祷告似乎是他在重大事件之后"恢复"属灵力量的机会。例如，在刚刚开始传道使命（可1:35，路4:42）、喂饱五千人（太14:23，可6:46，路9:18）与首次差遣"七十人"（路10:1）之后，耶稣都会退出去祷告。《路加福音》5章15-16节对此进行了总结："但耶稣的名声越发传扬出去。有极多的人聚集来听道，也指望医治他们的病。耶稣却退到旷野去祷告。"

福音书还清楚地强调了一个事实，那就是耶稣**在祂传道使命的关键时刻**都会祷告。不过这一点没有被人常常提起。

在耶稣受洗时，圣父确认了耶稣的事工，路加于此写到，耶稣正祷告的时候有声音从天上来：

> 众百姓都受了洗，耶稣也受了洗。正祷告的时候，天就开了，圣灵降临在祂身上，形状仿佛鸽子；又有声音从天上来，说："你是我的爱子，我喜悦你。"（路3:21-22）

在拣选门徒的前一个晚上，耶稣整夜祷告：

---

[39] 见 Turner 1990，页 60 - 64。

> 那时，耶稣出去，上山祷告，整夜祷告神。到了天亮，叫祂的门徒来，就从他们中间挑选十二个人，称他们为使徒。（路 6:12-23）

同样，在登山变像的故事中，耶稣也是在祷告时显出自己的真像：

> 说了这话以后约有八天，耶稣带着彼得、约翰、雅各上山去祷告。正祷告的时候，祂的面貌就改变了，衣服洁白放光。（路 9:28-29）[40]

有意思的是，在耶稣的"告别训诲"之前，约翰只记载了一次耶稣的祷告：

> 耶稣举目望天说："父啊，我感谢你，因为你已经听我；我也知道你常听我。但我说这话，是为周围站着的众人，叫他们信是你差了我来。"说了这话，就大声呼叫说："拉撒路出来！"那死人就出来了，手脚裹着布，脸上包着手巾。耶稣对他们说："解开，叫他走！"（约 11:41-44）

耶稣的死与复活是耶稣完成使命的终极记号，祂在预备我们面对这个终极记号之前，行了上面这个最大的神迹。耶稣行此神迹时，约翰特意将这一行动与先前耶稣求神战胜死亡的祷告联系起来。

---

[40]《马太福音》与《马可福音》都没有说耶稣此时正在祷告。

对耶稣来说,使命的完成与祷告之间似乎有一种内在的联系。在每一次事工的转折点,祂都会花时间祷告,求父作工。这不单单是让我们看到一个敬虔的榜样,而是让我们看到福音的工作是从"求告主名"开始的。

事实上,所有被记录下来的耶稣的祷告(不包括简单提及祂作了祷告)都发生在祂的事工开展过程中的重要时刻,这绝非偶然。当门徒开始加入耶稣的事工、宣讲天国的好消息时,耶稣也要求他们加入到祷告这项工作中来:

> 祂看见许多的人,就怜悯他们,因为他们困苦流离,如同羊没有牧人一般。于是对门徒说:"要收的庄稼多,做工的人少。所以,你们当求庄稼的主,打发工人出去收祂的庄稼。"(太 9:36-38)

当人们领悟天国的信息时,祂也为此祷告感恩:

> 那时,耶稣说:"父啊,天地的主,我感谢你!因为你将这些事向聪明通达人就藏起来,向婴孩就显出来。父啊,是的,因为你的美意本是如此。"(太 11:25-26,另见路 10:21)

不过,谈到耶稣的事工与祷告之间的联系,最不能错过的一次是在耶稣即将受难的前夕。

四本福音书都强调了在整个受难事件的最开始,耶稣迫切地祷告:

耶稣同门徒来到一个地方,名叫客西马尼,就对他们说:"你们坐在这里,等我到那边去祷告。"于是带着彼得和西庇太的两个儿子同去,就忧愁起来,极其难过,便对他们说:"我心里甚是忧伤,几乎要死;你们在这里等候,和我一同警醒。"祂就稍往前走,俯伏在地祷告说:"我父啊,倘若可行,求你叫这杯离开我;然而,不要照我的意思,只要照你的意思。"来到门徒那里,见他们睡着了,就对彼得说:"怎么样,你们不能同我警醒片时吗?总要警醒祷告,免得入了迷惑。你们心灵固然愿意,肉体却软弱了。"第二次又去祷告说:"我父啊,这杯若不能离开我,必要我喝,就愿你的意旨成全。"又来见他们睡着了,因为他们的眼睛困倦。耶稣又离开他们去了。第三次祷告,说的话还是与先前一样。于是来到门徒那里,对他们说:"现在你们仍然睡觉安歇吧("吧"或作"吗")?时候到了,人子被卖在罪人手里了。来,我们走吧!看哪,卖我的人近了!"

(太 26:36-46;另见可 14:32-42)

耶稣出来,照常往橄榄山去,门徒也跟随祂。到了那地方,就对他们说:"你们要祷告,免得入了迷惑。"于是离开他们约有扔一块石头那么远,跪下祷告,说:"父啊!你若愿意,就把这杯撤去;然而,不要成就我的意思，只要成就你的意思。"有一位天使从天上显现，加添祂的力量。耶稣极其伤痛，祷告更加恳切，汗珠如大血点滴在地上。祷告完了，就起来，到门徒那里，见他们因为忧愁都睡着了，就对他们说："你们为什么睡觉呢？起来祷告，免得入了迷惑！"

（路 22:39-46）

虽然马太和马可的记述与路加的版本略有些细节上的不同，但耶稣的祷告只是在措辞上有微小差别而已。耶稣祷告的焦点完全集中在完成父神赋予祂的使命，就是旧约里已预告过的使命（顺便提一下，这个祷告大大加强了我对主祷文的解读——主祷文是求神建立新约）。耶稣知道现在祂要透过自己的代赎之死，喝尽父神的愤怒之杯。祂在祷告中向神祈求，求父使祂有能力完成眼前这项无法形容的艰巨任务，**以致神的应许可以被成就**。[41]

耶稣在《约翰福音》12章27-28节中的祷告也反映了完全相同的观点：

> 我现在心里忧愁，我说什么才好呢？父啊，救我脱离这时候，但我原是为这时候来的。父啊，愿你荣耀你的名。"当时就有声音从

---

[41] 这种观点也塑造了耶稣在《路加福音》22 章 31-32 节为西门彼得祷告的方式："西门！西门！撒但想要得着你们，好筛你们像筛麦子一样；但我已经为你祈求，叫你不至于失了信心。你回头以后，要坚固你的弟兄。"

> 天上来说："我已经荣耀了我的名，还要再荣耀。"

这个祷告发生得更早一些，它使用不同的词汇，描述了同样的事实。耶稣求父神通过实施祂的计划来荣耀祂自己的名，而耶稣求告耶和华的名也就是荣耀神的名。这是耶稣预备受死前的祷告所专注的重点。并且，即使当祂已经被钉在十字架上，祂的祷告仍然专注于这个重点。

三卷对观福音书都记载了耶稣在十字架上的祷告：

> 约在申初，耶稣大声喊着说："以利！以利！拉马撒巴各大尼？"就是说："我的神！我的神！为什么离弃我？"……耶稣又大声喊叫，气就断了。（太 27:46,50；另见可 15:34,37）
>
> 到了一个地方，名叫髑髅地，就在那里把耶稣钉在十字架上，又钉了两个犯人：一个在左边，一个在右边。当下耶稣说："父啊，赦免他们！因为他们所做的，他们不晓得。"……耶稣大声喊着说："父啊！我将我的灵魂交在你手里。"说了这话，气就断了。（路 23:33-34,46）

耶稣的祷告——无论是引用《诗篇》第22篇的呼喊，还是呼求慈悲的神赦免人的罪，亦或那句大无畏的"我将我的灵魂交在你手里"，甚至《马太福音》27章50节那个没有说出什么来的大声喊叫——都有一个共同点：它们都专注于祂的使命。耶稣的祷告不是为祂自己而求。直到生命的最后一刻，祂仍在求告神的名，却不是要神救自己，而是要神透过自己来成就祂的计划。耶稣的祷告提供了生动而感人的例子，印证了我们一直在追索探求的圣经祷告神学。

# 第七章 祷告的教会:《使徒行传》中的祷告

我们前面已经看到:在福音书中,耶稣肯定了旧约的祷告观,即求告耶和华成就祂的圣约应许;在新约的开始,耶稣还更新了祷告,即旧约圣徒的祈祷因着圣子的降临而得到了部分回应,耶稣邀请我们**奉祂的名**,同祂一起呼求"阿爸父"。因此,福音书敦促我们奉耶稣的名向神祷告,祈求神来建立祂的国。但是,整个新约对祷告的理解都是如此吗?它体现在初代教会的生活中吗?我们先来看看《使徒行传》。[1]

## 耶路撒冷的祷告

在耶稣受死并复活后不久,祷告便成为耶稣门徒集体生活中一项主要的活动。路加在《使徒行传》第1章如此描述耶稣升天后的场景:

---

[1] Peter O'Brien(1973)对此话题做了一个极好的简要概述。

> 有一座山,名叫橄榄山,离耶路撒冷不远,约有安息日可走的路程。当下,门徒从那里回耶路撒冷去,进了城,就上了所住的一间楼房。在那里有彼得、约翰、雅各、安得烈、腓力、多马、巴多罗买、马太、亚勒腓的儿子雅各、奋锐党的西门和雅各的儿子(或作"兄弟")犹大。这些人同着几个妇人和耶稣的母亲马利亚,并耶稣的弟兄,都同心合意地恒切祷告。(徒1:12-14)

我们很容易忽略这一段话,以为它只是对一个新兴宗教群体的敬虔生活作常规性的描述,但其实它包含了更多的意义。正如我们先前看到的,在《路加福音》中,祷告所表达的不单单是对神的依赖。祷告是求神实施祂的计划、兑现祂的应许。这正是上述这段经文所包含的意义,门徒的行为和路加使用的语言都证明了这一点。

这些第一世纪的犹太人因着耶稣的死与复活而确信弥赛亚已经到来,他们也曾听见祂宣告神的国已经降临。对他们来说,神显然正在祂的剩余子民中建立"新以色列"。[2] 这就

---

[2] 这样的说法立即引发一些重大的神学问题。比如,第一批基督徒是否将自己看作替代以色列民族的"新以色列"? 新以色列是针对所有人而言的,还是单单针对犹太人而言的? 我非常怀疑在经文所叙述的这个时期,这些门徒自己都还没弄清楚这个问题,所以我们没有必要在此处花许多精力来试图解决它。

是为什么他们一定要为犹大空出的使徒位子寻找替补的人——因为只有十二个人到齐了,才能象征新以色列。[3]

他们从见证过耶稣受死与复活的人中选出了两位合适的候选人,此后路加写道:

> 众人就祷告说:"主啊,你知道万人的心,
> 求你从这两个人中,指明你所拣选的是谁,
> 叫他得这使徒的位分。这位分犹大已经丢弃,
> 往自己的地方去了。"于是众人为他们摇签,
> 摇出马提亚来;他就和十一个使徒同列。
> (徒 1:24-26)

从一开始,只要耶路撒冷的初代教会遇到任何重大事情,使徒就会像耶稣一样,迫切祷告求神帮助。

《使徒行传》2 章 42 节总结五旬节之后的教会情况时,就反映出这一点:"(门徒)都恒心遵守使徒的教训,彼此交接,掰饼,**祈祷**。"[4] 此处说的"祈祷"可能是指固定的圣殿祷告[5],也可能是指日常普通的祷告[6]。若是后者,那么就可能与第 1 章提到的情况相似,路加所说的祈祷是与神的国在

---

[3] 这在一定程度上解释了为什么马提亚只出场了一次就再也没被提及,以及为什么用"摇签"的方式来决定人选——他们"随机"选择是因为:(1)两个候选人没有差别,任选一人都可以;(2)选一人替补的主要目的是为了完成数字上的**象征意义**,而不是为了重视某个人。不管选谁,关键是要把"十二"这个数字尽快填满。

[4] 原文用词是 *kai tais proseuchais*。

[5] 这在 3 章 1 节可以找到一点证据(但不是决定性的)。见 Peterson 2009,页 162。

[6] Keener 2012,页 1011;Schnabel 2012,页 180。

耶稣基督里降临有关。耶路撒冷教会生活中第一次被记载下来的祷告在某种程度上证明了这一点。

彼得与约翰在圣殿门口医治瘸腿的人,被公会抓去审问,他们被释放之后,路加记录了一段教会同心合意的祷告:

> 主啊,你是造天、地、海和其中万物的,你曾藉着圣灵托你仆人——我们祖宗大卫的口说:"外邦为什么争闹?万民为什么谋算虚妄的事?世上的君王一齐起来,臣宰也聚集,要敌挡主,并主的受膏者(或作"基督")。"希律和本丢彼拉多、外邦人和以色列民果然在这城里聚集,要攻打你所膏的圣仆耶稣("仆"或作"子"),成就你手和你意旨所预定必有的事。(徒4:24-28)

我们从这段话中看到,耶路撒冷教会最初的祷告专注于**神亲自成就祂的计划**。[7] 初代教会是透过《诗篇》第2篇来看待这次与犹太当局的对峙。因此,他们的祷告是以一个坚定的信念为基础的,他们坚信这些围绕耶稣的死与复活发生的事件都是神亲自命定的。这也就意味着他们祷告所求的其它任何事情,都要以神持续成就祂的旨意为前提。这一点在《使徒行传》4章29-30节就变得很清楚了:

> 他们恐吓我们,现在求主鉴察。一面叫你仆人大放胆量,讲你的道;一面伸出你的手来

---

[7] 如 Crump 2006,页 183。

医治疾病，并且使神迹奇事因着你圣仆耶稣
的名行出来。

在这个祷告中，初代教会继续"求告主名"，求神行使大能，让使徒的见证将耶稣彰显出来。有意思的是，他们没有直接为自己的安全或保障祈求——他们最关心的是福音的传播。神显然回应了他们的祷告，4章31节说："祷告完了，聚会的地方震动，他们就都被圣灵充满，放胆讲论神的道。"

耶路撒冷教会对祷告的理解与旧约有重要的连续性。乔尔·格林（Joel Green）甚至说：

> 《使徒行传》称耶稣的使徒为"求告主名的人"（9:14, 21）。《使徒行传》2章21节引用了《约珥书》2章32节，从解经上看，这节经文用描述性的语句标识出了那些相信耶稣之名的人……路加如此称呼耶稣门徒，表明祷告对基督徒具有多么根本性的意义，它标志着一个人开始成为弥赛亚群体的一员，也标志着一个人忠诚于这个群体。[8]

我们祷告的重心应该是神应许的实现。在整本《圣经》中，应许的实现是与神透过祂的话语工作联系在一起的。这话语现在已经被刻在新约信徒的心版上。

在《使徒行传》第6章的开头，我们看到"祷告"与"传讲神的话"再次被相提并论：

---

[8] Green 2001，页 194 - 195。

> 那时，门徒增多，有说希利尼话的犹太人向希伯来人发怨言，因为在天天的供给上忽略了他们的寡妇。十二使徒叫众门徒来，对他们说："我们撇下神的道去管理饭食，原是不合宜的。所以，弟兄们，当从你们中间选出七个有好名声、被圣灵充满、智慧充足的人，我们就派他们管理这事。但我们要专心以祈祷传道为事。"（徒 6:1-4）

我们必须晓得，这里的"祈祷"和"传道"并不是完全分开的两件事。经文不是说使徒空闲出来之后，就可以将时间分别用来做这两件同等重要、但互不关联的事情。

当使徒在这里特别指出"祈祷"这件事时，心里是在想着哪些事呢？这个问题对深入理解经文非常重要，正如我们前面好几次也问过类似的问题。我们很容易把这节经文理解成：使徒是说教会领袖必须为他们牧养的会众、为世界宣教与世界大事而祷告。但我认为使徒心里想的另有所指。到目前为止，我们在《使徒行传》中看到的唯一一种祷告，是祈求神透过复活并掌权的耶稣，推进祂国度的事工。因此，这节经文里的"祈祷"**只可能是祈求神通过传扬祂的道来建立新约来实现祂的应许**。正如大卫·彼得森（David Peterson）所言：

> [对"传道"来说，]祷告是必不可少的和声伴奏，因为它表达了对主的依靠，能给人传道

的胆量，能佑护传道者，并能为所传之道被人聆听和信服提供机会。[9]

所以，这些使徒不仅要专心传道，而且要为传道的果效而祈祷，这祈祷是为了传讲神话语而作的祷告。祷告（即求神成就祂的圣约应许）与福音（此处指神的话语）之间的联系是牢不可破的。

《使徒行传》最前面的一部分全是讲述耶路撒冷城中的事件，这一部分中的最后一个祷告出现在第7章末尾，即司提反被石头打死的时候。司提反临死前的祷告很像主耶稣曾经说过的话（无论他这样说是有意识的，还是无意识的）：

> 他们正用石头打的时候，司提反呼吁主说："求主耶稣接收我的灵魂！"又跪下大声喊着说："主啊，不要将这罪归于他们！"说了这话，就睡了。扫罗也喜悦他被害。（徒7:59-60）

我们再次看见，即使在死的那一刻，司提反的祷告仍然关注的是罪、饶恕，以及神对他的接纳这些主题。

## 犹太与撒马利亚之地的祷告

正如《使徒行传》1章8节所预言的那样，福音从耶路撒冷向外传了出去。在这一过程中，我们发现祷告仍是神的工

---

[9] Peterson 2009，页234。

作继续推进的关键要素。福音传到撒马利亚时,出现了撒马利亚人"是否已经领受圣灵"的问题,从耶路撒冷来的使徒"为他们祷告",他们就领受了圣灵。

> 使徒在耶路撒冷听见撒马利亚人领受了神的道,就打发彼得、约翰往他们那里去。两个人到了,就为他们祷告,要叫他们受圣灵。因为圣灵还没有降在他们一个人身上,他们只奉主耶稣的名受了洗。于是使徒按手在他们头上,他们就受了圣灵。(徒 8:14-17)

对我们的研究课题来说,此故事的精彩之处在于"奉主耶稣的名受洗"似乎还不够。只有当彼得与约翰到他们那里"为他们祷告",他们才领受了圣灵。也就是说,只有当使徒奉主耶稣的名求父将圣灵浇灌下来时,"新约福音运动"的统一性才跨越种族界线而得到保持。

接下来的故事让我们看见一个有趣的对比,即"耶稣事工中以福音为中心的祷告"与"异教世界中通常的祷告观"之间的对比。当时有一位出名的术士或巫师,他看见使徒所做的事,便知道这是真正的能力,于是向使徒提出做一个交易,并认为他们是不会拒绝的:

> 西门看见使徒按手,便有圣灵赐下,就拿钱给使徒,说:"把这权柄也给我,叫我手按着谁,谁就可以受圣灵。"彼得说:"你的银子和你一同灭亡吧!因你想神的恩赐是可以用钱买的。你在这道上无分无关,因为在

> 神面前，你的心不正。你当懊悔你这罪恶，
> 祈求主，或者你心里的意念可得赦免。我看
> 出你正在苦胆之中，被罪恶捆绑。"西门说：
> "愿你们为我求主，叫你们所说的，没有一
> 样临到我身上。"（徒 8:18-24）

与旧约里的某些祷告一样（例如《约珥书》2章32节），此处提到的祷告是在明显的罪疚面前特别"求告主名"，向神祈求怜悯。

类似的情况也出现在《使徒行传》第 9 章扫罗归信的故事中。当神叫亚拿尼亚去找这位新归信者时，祂告诉亚拿尼亚，这位归信者的标志就是"他正祷告"："主对他说：'起来！往直街去，在犹大的家里，访问一个大数人，名叫扫罗，他正祷告'。"（徒 9:11）这里不是指扫罗正在进行日常宗教祈祷活动（当然，他作为一个遵守诫命的犹太人，祈祷一直是他生活的一部分），而是指他一定正在"求告主的名"，为他不久前逼迫教会的行为和他一直以来的骄傲向神祈求宽恕。

与此同时，犹太地发生的事件也表明神正在继续展开祂的计划。在耶路撒冷城外的约帕地，神透过彼得的祷告使一个小女孩从死里复活，就像神曾经透过以利亚和以利沙的祷告使死人复活一样，也像祂在《约翰福音》11章里透过耶稣的祷告使死人复活一样。[10]

---

[10]《使徒行传》9 章 40 节："彼得叫她们都出去，就跪下祷告，转身对着死人说：'大比大，起来！'她就睁开眼睛，见了彼得，便坐起来。"

可见，《使徒行传》中的祷告模式与其它书卷的模式类似，祷告在本质上就是"求神按祂的应许行事"。耶稣降临之后，祷告可以更加明确具体地理解为"求神成就祂在福音中所应许的事"，它包括我们在耶稣里获得赦免，也包括我们借着圣灵与圣道的能力建立祂的国度。随着福音不断向外邦世界广传出去，这种祷告模式不断地再现。

哥尼流的故事让我们看到，敬畏神的外邦人开始加入新兴的基督教群体，彼得是首先担负迎接使命的人。在这个故事中，不管是哥尼流，还是住在硝皮匠西门家中的彼得，他们都是从祷告开始的：

> 在凯撒利亚有一个人，名叫哥尼流，是意大利营的百夫长。他是个虔诚人，他和全家都敬畏神，多多周济百姓，**常常祷告神**。有一天，约在申初，他在异象中明明看见神的一个使者进去，到他那里，说："哥尼流。"哥尼流定睛看他，惊怕说："主啊，什么事呢？"天使说：**"你的祷告和你的周济达到神面前，已蒙记念了。**现在你当打发人往约帕去，请那称呼彼得的西门来……第二天，他们行路将近那城，彼得约在午正上房顶去**祷告**。（徒10:1-5，9）

在救赎历史的又一个关键时刻，正是哥尼流和彼得都在"求告主名"，促成了一个外邦人（尽管是外邦中敬畏神的"圈内人"）领受福音与圣灵。祷告在这件事中起了"催化剂"的作用。

在第 12 章中，故事的焦点又回到耶路撒冷。在那里，新的希律王正试图镇压刚刚建立的教会。教会要怎么做才能确保福音事工在艰难的日子里继续按轨道前进呢？他们祷告："于是彼得被囚在监里；教会却为他切切地祷告神。"（徒 12:5）彼得走出监狱之后，就去找其余的信徒："想了一想，就往那称呼马可的约翰他母亲马利亚家去，在那里有好些人聚集祷告。"（徒 12:12）那里的人丝毫不晓得他们的祷告已经得蒙垂听——神会继续建立祂的教会。

从第13章开始，向外邦传道的事工加快了步伐，此时路加告诉我们：在差派新工人出去传福音的时候，教会也会祷告（并且禁食）：

> 在安提阿的教会中有几位先知和教师，就是巴拿巴和称呼尼结的西面，古利奈人路求，与分封之王希律同养的马念，并扫罗。他们事奉主，禁食的时候，圣灵说："要为我分派巴拿巴和扫罗，去做我召他们所做的工。"于是禁食祷告，按手在他们头上，就打发他们去了。（徒 13:1-3）

类似的经文还有："二人在各教会中选立了长老，又禁食祷告，就把他们交托所信的主"（徒 14:23）。

随着教会的发展，经文越发强调祷告在神施行福音工作与建立教会中的作用。发生在腓立比的事件就是个鲜活的例子：

> 约在半夜，保罗和西拉祷告唱诗赞美神，众
> 囚犯也侧耳而听。忽然地大震动，甚至监牢
> 的地基都摇动了，监门立刻全开，众囚犯的
> 锁链也都松开了。（徒16:25-26）

正如神在第12章中救了彼得，现在祂也救了保罗和西拉，使他们向外邦人传福音的事工可以继续。这带我们进入《使徒行传》的最后一部分。

## 地极之处的祷告

保罗按照他的宣教策略，决定前往罗马，这在当时的人看来，就是去完成《使徒行传》1章8节中所说的将福音传到"地极"的使命[11]。在此事发展的不同阶段，路加好几次提到教会的祷告（尤其是保罗离开以弗所时，见20-21章）：

> 保罗说完了这话，就跪下同众人祷告。众人
> 痛哭，抱着保罗的颈项和他亲嘴。叫他们最
> 伤心的，就是他说"以后不能再见我的面"
> 那句话，于是送他上船去了。（徒20:36-38）
> 过了这几天，我们就起身前行，他们众人同
> 妻子儿女送我们到城外。我们都跪在岸上祷
> 告，彼此辞别；我们上了船，他们就回家去
> 了。（徒21:5-6）

---

[11] Cf. Keener 2012，页703。

为了强调福音的重要意义，路加特别告诉我们，保罗向小亚细亚的信徒告别时，他们在一起祷告。此时福音正在向巴勒斯坦中心地带以外的地方传播，与以往一样，这些主要的福音运动总是伴随着祷告。

当保罗在马耳他岛短暂停留时，路加则提到了《使徒行传》中的最后一次祷告：当时，部百流的父亲患热病和痢疾躺着。保罗进去为他祷告，按手在他身上，治好了他。（徒28:8）。如同之前发生在彼得身上的事一样，神通过保罗的祷告来证明福音信息的真实性，也就是关于耶稣基督救赎之工的真实性。

我们在《使徒行传》的结尾看到，因神继续垂听百姓的呼求，并成就祂在福音里的应许，福音被传到了当时世界的中心[12]。

## 结语

祷告的理念与实践不是《使徒行传》的中心内容，但也不是可有可无的内容。祷告像一条虽不显眼、却从未消失的线，贯穿了整卷书。当我们仔细观察时，便会发现《使徒行传》提供了基督教初始时期教会祷告的精彩快照。那么，我们从《使徒行传》中教会的祷告方式看到什么呢？我们看到的就是：教会的祷告在某种程度上既与耶稣的生命和传道事工相合，也与耶稣之前数世纪以来旧约对祷告的教导相合。

---

[12] 译者注：保罗前往罗马是为了把福音传到"地极"，因罗马是当时罗马帝国的首都，故此作者用"世界的中心"指代罗马城。

《使徒行传》中的祷告是以福音为中心的,也是被福音塑造的。祷告所关注的重点是神所应许的福音进程。祷告就是求神透过祂的圣灵继续成就耶稣带来的福音。

# 第八章 植堂与祷告：保罗书信中的祷告

如果新约作者中有谁能称为"祷告神学家"的话，那一定是使徒保罗。与其他人相比，保罗更喜欢谈及自己的祷告，并鼓励信徒祷告，保罗书信里的祷告也是最多的。在横跨地中海的教会植堂运动中，保罗是开路先锋，因此他也比其他人更深地影响了教会的祷告神学与实践[1]。

对保罗而言，福音塑造教会的祷告。本章将着重分析保罗书信[2]如何体现这一点，包括保罗自己如何为新成立的教会祷告，他提出了哪些关于祷告的教导与命令。以下将对这些内容进行逐一考察。

---

[1] 关于本章所探讨的经文材料，多年来已有大量研究文献出炉。即使只讨论保罗的祷告观，也是一个极大的挑战。考虑到本书的限制，本章必须把焦点集中在追溯保罗材料与先前内容的连续性。若想从更一般性的起点出发来了解保罗书信，可参考其它著作对保罗书信的介绍，例如 Peterson 1990b。

[2] 我认为传统上被划归为"保罗书信"的所有信件，其作者都是保罗本人。

## 保罗为他人代祷

也许我们没有想到,保罗书信中与祷告有关的材料主要是他为别人的代祷,它们有些记录了具体内容,有些仅仅提及。这是圣经材料呈现的一个新发展——在此之前已经有大量的代祷出现,但那些是因为有人抵挡神的工作,故此为那些人祷告,但是为神的百姓献上的代祷却很少见,现在情况发生了改变。

在《罗马书》开头的自我介绍部分,保罗提到他常在祷告中关切罗马教会。虽然他为罗马教会的代祷是非典型的(因他那时还没有去过罗马),但其中却包含了保罗为他人代祷的一些关键要素:[3]

> 第一,我靠着耶稣基督,为你们众人感谢我的神,因你们的信德传遍了天下。我在祂儿子福音上,用心灵所事奉的神,可以见证我怎样不住地提到你们。在祷告之间常常恳求,或者照神的旨意,终能得平坦的道路往你们那里去。因为我切切地想见你们,要把些属灵的恩赐分给你们,使你们可以坚固。这样,我在你们中间,因你与我彼此的信心,就可以同得安慰。弟兄们,我不愿意你们不知道,我屡次定意往你们那里去,要在你们中间得些果子,如同在其余的外邦人中一样;只是

---

[3] 当然,对这些祷告还有许多更具体、更严谨的分析,最著名的是 O'Brien 1982,另见卡森 1993。

> 到如今仍有阻隔。无论是希利尼人、化外人、聪明人、愚拙人，我都欠他们的债。（罗 1:8-14）

保罗的祷告是从感谢开始的。虽然严格地说，表达感谢是相对独立的一部分，不一定属于祷告，但保罗是在祷告的语境下表达的感谢。无论如何，我们要留意保罗感谢的内容，这些内容总是与他的祷告相一致。在这个例子中，保罗为他们的"信德"（*pistis*）传遍天下而感谢神。这符合《罗马书》的背景，保罗对罗马教会的主要关切和祈求就是他们能**信靠**神，因为神已经在福音中将自己启示出来。

保罗渴望去罗马的愿望同样是为了福音的缘故——他盼望把"属灵的恩赐"分给罗马教会，以此激励他们更刚强。在这个语境中，保罗指的不是一种"圣灵灌注"的能力，而是指：当福音被阐明之后，教会就能在圣灵的帮助下从神的道得着力量。[4] 另外，保罗也想要在他们中间"得些果子"。对此最自然的解释就是：他想在罗马做一些传福音的工作，并看见一些人因他的传道事工而认识基督。这种"福音心肠"在他论到犹太人的命运时，也明显地表现出来。他饱含情感地说："弟兄们，我心里所愿的，向神所求的，是要以色列人得救。"（罗10:1）

可以说，当保罗写信给地中海地区的教会和为他们祷告的时候，他最关心的就是他们能信奉福音、活出福音并宣扬

---

[4] 见 Schreiner 1998，页 52 - 53 与 Moo 1996，页 59 - 60 的讨论。

福音。这是保罗为他人代祷的主要内容。通读保罗书信其余的内容，我们就会发现事实确实如此。[5]

关于保罗祷告的内容及其背后的动力，《以弗所书》提供的证据最多。不同寻常的是，在这封书信的引言与主体部分，保罗花了很长篇幅陈述自己如何为以弗所教会祷告，这是《圣经》中内涵最为丰富的祷告陈述之一。第一段陈述是《以弗所书》1章15-23节：

> 因此，我既听见你们信从主耶稣，亲爱众圣徒，就为你们不住地感谢神，祷告的时候，常提到你们，求我们主耶稣基督的神，荣耀的父，将那赐人智慧和启示的灵赏给你们，使你们真知道祂。并且照明你们心中的眼睛，使你们知道祂的恩召有何等指望；祂在圣徒中得的基业有何等丰盛的荣耀；并知道祂向我们这信的人所显的能力是何等浩大，就是照祂在基督身上所运行的大能大力，使祂从死里复活，叫祂在天上坐在自己的右边，远超过一切执政的、掌权的、有能的、主治的和一切有名的，不但是今世的，连来世的也

---

[5] 几个例外是《加拉太书》、《提摩太前书》和《提多书》（写给哥林多的书信也有小部分例外）。但是在这些书信中，保罗都有另一件更迫切需要处理的事，所以才跳过了报告祷告情况的部分。在《哥林多前书》中，保罗表达了感恩，但之后没有转入祷告。同样，在《哥林多后书》第1章里，保罗很快进入为自己的"辩护"，而没有报告为他们祷告的情况。

> 都超过了。又将万有服在祂的脚下,使祂为
> 教会作万有之首。教会是祂的身体,是那充
> 满万有者所充满的。

保罗首先为以弗所教会的**信心**而感谢神,这与《罗马书》的开头十分相似。不过,接下来的内容在《圣经》中就可谓无与伦比了。保罗发出祷告,他祈求的核心是求神"使你们知道祂的恩召有何等指望;祂在圣徒中得的基业有何等丰盛的荣耀;并知道祂向我们这信的人所显的能力是何等浩大"。保罗盼望以弗所信徒晓得福音带给人的指望,明白福音塑造神子民的惊人果效,了解福音的大能。这样的盼望、果效和大能是从耶稣的死与复活展现出来,也是从福音吸引人归向耶稣基督展现出来。[6] 换句话说,保罗的祷告是由福音塑造的。这祈求将如何实现呢?保罗知道,它唯有透过圣灵的工作才能实现,圣灵能使我们对神有更深的认识——这位神既是主耶稣的父,也是旧约所启示的那位荣耀之神。

有意思的是,保罗在祷告的末尾加了这样两句话:"又将万有服在祂的脚下,使祂为教会作万有之首。教会是祂的身体,是那充满万有者所充满的。"(弗 1:22-23)这里的教会是指神所有子民在天上的聚集,每一个地上的教会都是预期将来天上的相聚。但请注意,这里有两件事令人吃惊:

复活并掌管万有的基督被赐**给教会**。

复活并掌管万有的基督**充满教会**。

---

[6] 参见 Lincoln(1990,页 78-79)与 O'Brien(1999)颇有帮助的解释,其中谈到"指望"是这个祷告的中心思想。与此相反的是 Arnold(2010,页 98-99),他指出这个祷告的末尾提到的是"能力"。

这其中的含义十分深刻,但就本书的课题来说,最重要的是:耶稣基督所完成的工作已经让保罗所祈求的一切成为可能,保罗需要做的,只是祈求神成就福音的应许,即求告主名。《以弗所书》3章14-21节的祷告同样是以此为基础的,即神已经在基督里为我们成就了一切,也在福音里将这一切都显明给我们:

> 因此,我在父面前屈膝,(天上地上的各(或作"全")家,都是从祂得名。)求祂按着祂丰盛的荣耀,藉着祂的灵,叫你们心里的力量刚强起来。使基督因你们的信,住在你们心里,叫你们的爱心有根有基,能以和众圣徒一同明白基督的爱是何等长阔高深!并知道这爱是过于人所能测度的,便叫神一切所充满的,充满了你们。神能照着运行在我们心里的大力,充充足足地成就一切,超过我们所求所想的。但愿祂在教会中,并在基督耶稣里,得着荣耀,直到世世代代,永永远远。阿们。

此处的句子结构也比较复杂[7],有点像《以弗所书》第1章里的祷告,不过,我们仍能对保罗祷告的神学根基做出以下几点观察:

1) 保罗祷告的对象是创造万有的神,但藉着耶稣,我们却可以称祂为"父"。

---

[7] 参见 O'Brien(1999,页 252 - 253)对语法的讨论。

2) 保罗求神按着祂丰盛的荣耀来赐我们能力。也就是说，他如此祈求，是因为他明白神已经在福音中为我们做成了什么。

3) 祷告祈求的第一件事，是以弗所教会可以"藉着祂的灵，叫你们心里的力量刚强起来。使基督因你们的信，住在你们心里"。保罗求神透过圣灵帮助信徒明白福音，从而信靠神。

4) 然后保罗提出第二个祈求，就是以弗所教会能充分明白神在主耶稣基督里向人显明的爱。[8]

5) 祷告的最后，保罗再加上一个祈求："叫神一切所充满的，充满了你们"。[9] 保罗所求的其实是**基督徒生命的成熟**。他在前面1章23节里提到，作为基督的身体，**教会已经被那充满万有的基督所充满**。他求神使基督徒能活出敬虔的生命，能明白基督的爱，好叫我们"成为我们本来的样子"，也就是钟马田（Martyn Lloyd-Jones）曾经所言，好叫我们可以成为神要我们成为的样子，即活出**属灵成熟**的生命。

当然，关于《以弗所书》的这一章还有许多可谈的内容，但目前我们已足够指出：**保罗所求的每一件事，神都已经为我们完成了，也已经在福音里向我们显明了**。保罗在他内容极其丰富的祷告中，求的就是神已经为我们做成、并在福音

---

[8] 第18-19节在修辞上如击鼓一般——"我祈求你们能明白基督的爱是何等长阔高深！并知道**这爱是过于人所能测度的**。"

[9] O'Brien（1999，页253）指出：这"被视为第三点祈求，也是祈求的高潮部分，或者说是对实现前两点祈求所做的总结性祈求"。卡森（1993，页195）认为，这只是在解说第二点祈求。不过，这些语法问题对我的讨论没有实质性影响。

里向我们显明的事。这个立场从保罗书信中一次又一次反映出来。

《腓立比书》中有同样的情况：

> 我每逢想念你们，就感谢我的神；（每逢为你们众人祈求的时候，常是欢欢喜喜地祈求。）因为从头一天直到如今，你们是同心合意地兴旺福音。**我深信那在你们心里动了善工的，必成全这工，直到耶稣基督的日子**……我所祷告的，就是要你们的爱心，在知识和各样见识上多而又多，使你们能分别是非（或作"喜爱那美好的事"），作诚实无过的人，直到基督的日子；并靠着耶稣基督结满了仁义的果子，叫荣耀称赞归与神。
>
> （腓 1:3-6，9-11）

保罗深信神会透过福音完成祂在信徒身上的工作，这是保罗为腓立比信徒代祷的基础。他的祷告无非是求神做祂承诺要做的事。保罗在9-11节重申了这一点，这几节告诉我们，他所祈求的就是神让信徒的爱心增长、能用基督的眼光看待事物、能变得更像基督。在保罗书信的其它地方，他指出神已经承诺要在信徒的生命中成就这些事。[10]

这种祷告模式在《歌罗西书》中更为明显，即祷告就是求神透过主耶稣和圣灵来成就祂早已应许之事：

---

[10] 参见《以弗所书》1章22-23节。O'Brien（1991，页72-83）的讨论帮助甚大。

> 我们感谢神——我们主耶稣基督的父，常常为你们祷告，因听见你们在基督耶稣里的信心，并向众圣徒的爱心，是为那给你们存在天上的盼望……
>
> 因此，我们自从听见的日子，也就为你们不住地祷告祈求，愿你们在一切属灵的智慧悟性上，满心知道神的旨意，好叫你们行事为人对得起主，凡事蒙祂喜悦，在一切善事上结果子，渐渐地多知道神；照祂荣耀的权能，得以在各样的力上加力，好叫你们凡事欢欢喜喜地忍耐宽容；又感谢父，叫我们能与众圣徒在光明中同得基业。祂救了我们脱离黑暗的权势，把我们迁到祂爱子的国里；我们在爱子里得蒙救赎，罪过得以赦免。
>
> （西 1:3-5, 9-14）

在《歌罗西书》的开头，保罗按照惯例，首先为他们对基督的信心（和爱心）而感谢神。随后，保罗毫不含糊地指出，他如此祷告的基础乃是"那给你们存在天上的盼望"。他的祷告是从福音中神的应许而来，祷告末尾的 13-14 节更清楚地说明了这一点。他直陈他们现在的真实境况：因为基督所做的工，他们已经被释放和改变，已经获得救赎和赦免。所以，9-12 节的祷告可以简单地理解为福音的延伸——他们所相信的福音将继续深入他们的心思意念，以致他们晓得如何在凡事上顺服神，对神的认识和各样能力都得以增长。保罗再次祈求神赐下祂所应许的能力，好叫他们的生命可以安稳、喜乐，并对基督常存感恩。但这里也让我们再次看见，保罗只是在深入地祈求福音中的应许实现，除此之外，别无新的内容。[11]

保罗写给帖撒罗尼迦教会的信也没有偏离他的常规作法。在《帖撒罗尼迦前书》中，他首先为他们的信心而感谢神，此外也为他们因信靠耶稣而存的爱心与盼望（这显然是福音带来的结果）而感谢神：我们为你们众人常常感谢神，祷告的时候提到你们，在神我们的父面前，不住地记念你们因信心所做的工夫，因爱心所受的劳苦，因盼望我们主耶稣基督所存的忍耐。（帖前 1:2-3）随后他为帖撒罗尼迦教会的特别情况继续祷告，祷告的主题是神将会坚固他们在基督里的信心（有点像他为罗马教会的祷告）。这些祷告依然聚焦于福音在信徒生命中的影响。

《帖撒罗尼迦后书》也证实了这一点：

> 因此，我们常为你们祷告，愿我们的神看你们配得过所蒙的召，又用大能成就你们一切所美慕的良善和一切因信心所做的工夫；叫我们主耶稣的名在你们身上得荣耀，你们也在祂身上得荣耀，都照着我们的神并主耶稣基督的恩。（帖后 1:11-12）

保罗在为他所建立的教会（或他希望拜访的罗马教会）祷告时，他最关心的就是福音在信徒生命中的工作——即神成就福音的应许、显出耶稣的死与复活对信徒生命的深刻影

---

[11] 参见 Moo（2008，页 100 – 101）的评论，里面提到"保罗要表达的意思很清楚：父神已亲自预备了罪人所需的，使他们配得成为神的百姓"。

响。对保罗来说，祷告就是求神在他自己和众信徒的生命中动福音之工。这显然是对旧约祷告观的发展，但它是一种自然的发展，而非根基性的改变。

保罗写给个人的书信——尤其是《提摩太书》与《腓利门书》——进一步证实了这个发展。在这两封书信中，保罗都为神在两位收信人生命中的工作而感恩。他还特别为腓利门可以"作福音的工"并透过福音更多地认识基督而祷告：[12]

> 我祷告的时候提到你，常为你感谢我的神，因听说你的爱心并你向主耶稣和众圣徒的信心（或作"因听说你向主耶稣和众圣徒有爱心、有信心"）。愿你与人所同有的信心显出功效，使人知道你们各样善事都是为基督做的。（门 4-6）[13]

保罗书信也曾好几次提到保罗为自己祷告，现在我们来看其中一例。当谈到加在他身上令他非常痛苦的一根刺时，保罗虽未明说那根刺是什么，却实实在在地祈求神为他挪去那根刺。不过，他如此祈求是在一个大框架下进行的，这个框架清楚地显示，他最关心的是福音在他身上继续工作，以及福音事工透过他继续发展。

---

[12]《提摩太后书》1 章 3 节："我感谢神，就是我接续祖先用清洁的良心所事奉的神。祈祷的时候，不住地想念你。"
[13] 参见 O'Brien 1982，页 47-58 对这几节经文更加完整的讨论。

> 又恐怕我因所得的启示甚大，就过于自高，所以有一根刺加在我肉体上，就是撒但的差役，要攻击我，免得我过于自高。为这事，我三次求过主，叫这刺离开我。祂对我说："我的恩典够你用的，因为我的能力是在人的软弱上显得完全。"所以我更喜欢夸自己的软弱，好叫基督的能力覆庇我。我为基督的缘故，就以软弱、凌辱、急难、逼迫、困苦为可喜乐的，因我什么时候软弱，什么时候就刚强了！（林后 12:7-10）

总之，不管保罗为个人祷告，还是为教会祷告，甚至为他自己祷告，他都是求神透过圣灵和福音在信徒的生命中工作。他求神将耶稣的死与复活所带来的功效施用在信徒的生命中，继续成全他们，直到万物都归于基督的那日。他的祷告是以福音为动力、以福音为中心的。

## 保罗对祷告的教导

除了保罗为他人所做的祷告，我们还需看看保罗对祷告有哪些教导。有趣的是，除了前文看过的那几段祷告，书信中就很少见到关于祷告的内容了。《罗马书》是最不具"个人性"的书信，其中倒是谈到一点祷告。其它地方关涉祷告的内容，则主要是谈为他保罗和参与传道植堂的其他同工代祷有多么重要。

《罗马书》中有几处经文切中我们的话题：

> 你们所受的不是奴仆的心，仍旧害怕；所受
> 的乃是儿子的心，因此我们呼叫："阿爸，
> 父！"……况且，我们的软弱有圣灵帮助，
> 我们本不晓得当怎样祷告，只是圣灵亲自用
> 说不出来的叹息替我们祷告。（罗 8:15，26）[14]

保罗引用耶稣自己的教导，强调圣灵引我们进入耶稣基督与父的关系，使我们也能用"阿爸"这个称谓向耶稣基督的父祷告，如同向我们自己的父祷告一样。在保罗看来，我们之所以能祷告，全是出于福音的缘故。此处用"呼叫"一词，就是在呼应旧约中"求告耶和华之名"的命令，只是现在我们能够透过圣灵和主耶稣，用"父"这一称谓来求告神了。

不过，保罗在《罗马书》8 章 26 节所说的话非常有意思。面对破碎、患难与失望，即使我们自己不知如何祷告，我们依然能因着圣灵替我们祷告而得着安慰。但要注意的是，23-25 节清楚地表明保罗说这话是有特定语境的：

> 不但如此，就是我们这有圣灵初结果子的，
> 也是自己心里叹息，等候得着儿子的名分，
> 乃是我们的身体得赎。我们得救是在乎盼望；
> 只是所见的盼望不是盼望，谁还盼望他所见
> 的呢？（有古卷作"人所看见的何必再盼望

---

[14]《罗马书》第 8 章中插入的材料与传统意义上的祷告并无直接联系，而是与圣灵的作用有关。这超过了我们的讨论范围。

呢？") 但我们若盼望那所不见的，就必忍
耐等候。（罗 8:23-25）

保罗的忧愁是"福音的忧愁"，它不单单指在糟糕的现
实世界里努力让生活有意义。保罗预期的是这样一种情况，
即我们的现在与将来之间的张力，会最终成就我们的生命
（至少会成就我们的话语）。[15] 在这一点上，他向我们保证：
圣灵不仅在我们身上做福音的工作，而且帮助我们祷告，以
此推动这工作在我们身上顺利进行。

除了这一段经文，《罗马书》中另一段有关祷告的经文
见于第 12 章。保罗在这一章里罗列了"基督徒基本准则"，
它反应了保罗对祷告的态度：

> 爱人不可虚假；恶要厌恶，善要亲近。爱弟
> 兄，要彼此亲热；恭敬人，要彼此推让。殷
> 勤不可懒惰。要心里火热，常常服事主。在
> 指望中要喜乐，在患难中要忍耐；祷告要恒
> 切。圣徒缺乏要帮补，客要一味地款待。
> （罗 12:9-13）

其它两段必需关注的经文都颇具争议性，不过争议之处
都与祷告无关。第一段经文见于《提摩太前书》第2章，保罗
敦促提摩太要把祷告放在首位：

---

[15] 参见 Schreiner 1998，页 442–447，其中细致入微地阐述了保罗的
观点。

> 我劝你第一要为万人恳求、祷告、代求、祝谢，为君王和一切在位的，也该如此，使我们可以敬虔、端正，平安无事地度日。这是好的，在神我们救主面前可蒙悦纳。袖愿意万人得救，明白真道……我愿男人无忿怒，无争论（争论或作"疑惑"），举起圣洁的手，随处祷告。（提前 2:1-4，8）[16]

此处保罗的劝勉所包含的内在逻辑至关重要：他祷告的重点不是我们可以过自由平静的生活、管好自己的事务，而是特意将我们的祷告与神"愿意万人得救，明白真道"的旨意关联在一起。也就是说，第3节中的祷告是为第4节中福音的广传而发的。同样，他劝诫男人们不要争权、而要祷告，也无疑是为福音目的而作出的教导。[17]

保罗书信中最后一段需探讨的经文见于《哥林多前书》，这一段与祷告有关的内容同样有很多疑问：

> 我愿意你们知道，基督是各人的头，男人是女人的头，神是基督的头。凡男人祷告或是讲道（"讲道"或作"说预言"。下同），若蒙着头，就羞辱自己的头。凡女人祷告或是讲道，若不蒙着头，就羞辱自己的头，因

---

[16] 这段经文其余部分并未直接涉及祷告事宜，因此我未加讨论。若读者对其余部分感兴趣，可以参考 Köstenberger 与 Schreiner 2005 的论述（还可参考 Towner 2006 的不同观点）。

[17] 参见 Towner（2006，页 202–203），他认为使用"随处"这个词可能暗示了保罗关注神对全世界的旨意。

> 为这就如同剃了头发一样。女人若不蒙着头，就该剪了头发；女人若以剪发剃发为羞愧，就该蒙着头。男人本不该蒙着头，因为他是神的形像和荣耀，但女人是男人的荣耀。起初，男人不是由女人而出，女人乃是由男人而出。并且男人不是为女人造的，女人乃是为男人造的。因此，女人为天使的缘故，应当在头上有服权柄的记号。然而照主的安排，女也不是无男，男也不是无女。因为女人原是由男人而出，男人也是由女人而出；但万有都是出乎神。你们自己审察，女人祷告神，不蒙着头是合宜的吗？你们的本性不也指示你们，男人若有长头发，便是他的羞辱吗？但女人有长头发，乃是她的荣耀，因为这头发是给她作盖头的。若有人想要辩驳，我们却没有这样的规矩，神的众教会也是没有的。
>
> （林前 11:3-16）

此处的关键问题是：这段话在多大程度上关系到保罗对祷告的理解？[18]

女人无论"祷告"还是"讲道"（或"说预言"）都必需蒙头，这不是在谈保罗对祷告的理解。给哥林多教会带来羞辱的，是那些对圣经所说的祷告（或讲道）知之甚少或一无所知的人。问题不在于"什么样的祷告导致哥林多教会受辱"，而在于"什么样的行为让哥林多教会的名声越来越

---

[18] 请参考 Winter（2001，页 121-140）对这个问题的讨论。

坏"。温特（Winter）认为，问题的答案就是：哥林多教会的妇女选择用一种不体面的方式来表现她们的自由，使得教会的名声受辱。这个问题最终是关于婚姻（和婚姻中的权柄），而不是关于祷告本身。[19]

总的来说，保罗直接教导人如何祷告的材料少得出奇。在祷告这件事上，这位使徒似乎宁愿少说（或少写），而只愿多做。

## 保罗关于祷告的劝勉

保罗虽极少教人如何祷告，却总是劝勉他人**要祷告**，这些劝勉分为两类：（1）为保罗自己及其传道事工代祷；（2）对祷告的一般性勉励（在这些书信的背景中，主要还是指为福音的传播祷告）。

保罗常常请求众人为他能竭力建立教会而祷告。即使在面对生命危险或失去自由时，保罗请求代祷的最终目的仍是为了福音的兴旺：

> 弟兄们，我藉着我们主耶稣基督，又藉着圣灵的爱，劝你们与我一同竭力，为我祈求神，叫我脱离在犹太不顺从的人；也叫我为耶路撒冷所办的捐项可蒙圣徒悦纳；并叫我顺着神的旨意，欢欢喜喜地到你们那里，与你们

---

[19] 关于这一章经文所谈问题的详尽解释，请参考 Thiselton 2001，页 799-848。

> 同得安息。愿赐平安的神常和你们众人同在。阿们！（罗 15:30-33）
>
> 你们以祈祷帮助我们，好叫许多人为我们谢恩，就是为我们因许多人所得的恩。（林后 1:11）
>
> 靠着圣灵，随时多方祷告祈求，并要在此警醒不倦，为众圣徒祈求，也为我祈求，使我得着口才，能以放胆开口讲明福音的奥秘，（我为这福音的奥秘作了带锁链的使者）并使我照着当尽的本分放胆讲论。（弗 6:18-20）
>
> 也要为我们祷告，求神给我们开传道的门，能以讲基督的奥秘（我为此被捆锁），叫我按着所该说的话将这奥秘发明出来。（西 4:3-4）
>
> 弟兄们，我还有话说：请你们为我们祷告，好叫主的道理快快行开，得着荣耀，正如在你们中间一样；也叫我们脱离无理之恶人的手，因为人不都是有信心。（帖后 3:1-2）

使徒保罗不断强调他的福音事工需要代祷，这对我们很有启发。我们有理由认为，他劝人祷告也是以此为出发点的。保罗不是单纯地劝人深入默想或反思，而是鼓励人呼求神成就祂透过福音和主耶稣的死与复活所应许的事。当我们结合上下文来考察他的一般性劝勉时，便会更清楚地看到这一点。

保罗在《以弗所书》第6章中劝人要"靠着圣灵，随时多方祷告祈求"，这个总体指令里面包含了关于"神的全副军装"的教导。

> 所以要站稳了，用真理当作带子束腰，用公义当作护心镜遮胸，又用平安的福音当作预备走路的鞋穿在脚上。此外，又拿着信德当作藤牌，可以灭尽那恶者一切的火箭。并戴上救恩的头盔，拿着圣灵的宝剑，就是神的道。靠着圣灵，随时多方祷告祈求。（弗6:14-18）

这副军装是从《以赛亚书》11章4-5节和59章17节中"仆人的军装"而来，但是保罗显然依照福音对它做了重新设计。"公义"、"预备"（显然源自福音）、"信德""救恩"与"神的道"都在本质上与保罗进行的福音传道相连。因此，这里的祷告不可能是别的，只可能是在激烈的属灵冲突中，为继续活出福音并传讲福音而做的祷告。我们再一次看到祷告与福音的内在联系。

同样地，在《腓立比书》第4章这个关于"如何面对忧虑"的经典段落中，保罗对祷告的呼吁也不能脱离福音的背景。

> 你们要靠主常常喜乐！我再说，你们要喜乐！当叫众人知道你们谦让的心。主已经近了。应当一无挂虑，只要凡事藉着祷告、祈求和感谢，将你们所要的告诉神。神所赐出人意外的平安，必在基督耶稣里，保守你们的心怀意念。（腓4:4-7）

保罗两次呼吁"要喜乐",这是新约常用的手法,它几乎总是关联着神在主耶稣基督里已经和将要为我们成就的事。[20] 正是这个基础使我们变得理智而温和。"主已经近了"可以指主的"临近",也可以指"将要再来"[21],无论哪种情况,我们都有理由继续将一切交托给祂,因为知道祂已经承诺要在我们里面做福音的工作,也要透过我们使福音广传。因此,我们再次看到祷告就等同于"求耶和华成就福音之工"。

在之前看过的一段经文里,保罗提到一般性祷告的同时,也请求众人为他的植堂与传道事工献上特别代祷:

> 你们要恒切祷告,在此警醒感恩;也要为我们祷告,求神给我们开传道的门,能以讲基督的奥秘(我为此被捆锁),叫我按着所该说的话将这奥秘发明出来。(西 4:2-4)

保罗如此请求,背后有一个预设:歌罗西信徒所做的一般性祷告(大概是为他们自己和歌罗西教会)和他们为保罗福音事工所做的祷告之间,有一种连续性。

在这段经文的后面,保罗提到以巴弗时,也显示出他对祷告预设的理解:有你们那里的人,作基督耶稣仆人的以巴弗问你们安。他在祷告之间,常为你们竭力地祈求,愿你们在神一切的旨意上得以完全,信心充足,能站立得稳(西 4:12)。联系这封书信(尤其是第4章)的上下文,以巴弗所

---

[20] 例如《歌罗西书》5 章 2 和 11 节,12 章 12 节;《哥林多前书》7 章 30 节;《哥林多后书》6 章 10 节;《加拉太书》4 章 27 节;《腓立比书》1 章 18 节,2 章 17 节;《歌罗西书》1 章 24 节。
[21] 有关这两种解释的论证,请参考 O'Brien 1991,页 488 - 489。

求的肯定是歌罗西教会能更深入地明白福音真理，以致他们能继续在歌罗西忠心地活出福音并宣扬福音。

最后，在《帖撒罗尼迦前书》5章16-18节中，保罗说了类似的话：要常常喜乐，不住地祷告，凡事谢恩，因为这是神在基督耶稣里向你们所定的旨意。这里的思维模式是一样的，即我们的喜乐与感恩皆基于福音，福音体现了神的旨意。对保罗来说，我们祷告的内容与操练也都是以福音为基础的。

## 题外话：保罗与集体祷告？

我们以上看过的材料有一个有趣的地方，即除了三封教牧书信与《腓利门书》之外，其它书信都是写给信徒团体的，因此那些关于祷告的指示都是对**教会**说的。《使徒行传》中的祷告主要是教会的集体祷告，保罗书信中关于祷告的勉励大部分也是针对教会团体而言的。鉴于这个事实，我们现在通常把祷告降为个人层面的操练，似乎不符合新约教导的祷告模式。[22]

## 结语

无论是保罗对祷告的呼吁和敦促，还是他对祷告的劝勉和指令，其中最显著的特征都在于一个普世性的焦点：祈求福音透过他的传道植堂事工而扎根在众人的生命里。这显然发展了之前的圣经材料对祷告的教导，但这一发展是建立在

---

[22] "后记"部分将会对此作进一步解说。

前面教导的基础上的，而不是从根本上重新解释先知、耶稣与初代教会的教导。在保罗看来，祷告仍是求告神的名，求祂按应许而行。保罗对圣经祷告神学做出的伟大贡献是：他从主耶稣基督的福音层面阐明了神的应许。

# 第九章 祷告的结束：新约后期的祷告

新约最后几卷书是教会向"后使徒时代"过渡时期的精彩见证。在这个时期，第一代亲眼见证耶稣复活并创建教会的使徒逐渐让位给新一代教会带领者，教会面临了许多挑战。这几卷书都指向未来，它们关于祷告的理论与实践是否与先前的一样呢？这是我们在最后一章要探讨的关键问题。[1]

## 祷告与《希伯来书》

《希伯来书》的内容主题与写作对象比较独特，人们可能以为这卷书里会有丰富的祷告资料。然而，《希伯来书》中的祷告资料并不多。这可能是因为这卷书主要谈的是"人可以通过耶稣这位大祭司和祂的代赎**来到神面前**"。

虽然《希伯来书》1章10-12节引用了旧约的一处祷告，但直到第 4 章，我们才发现第一节经文可能与祷告有关。这

---

[1] Peterson 1990a 对此问题提供了一个有用的概述。

节的措辞很有意思：所以我们只管坦然无惧地来到施恩的宝座前，为要得怜恤，蒙恩惠，作随时的帮助（希 4:16）。我们几乎可以肯定，"施恩的宝座"这个短语是从旧约意象而来的。[2] 但尽管如此，它仍显得十分特殊。"来到施恩的宝座前"是否是对"祷告"的委婉说法？多年来，人们通常是如此解释的，这可能是受 7 章 25 节的影响（见下文）。[3] 但这可能不是最佳解释，理由如下：首先，在此之前，经文中都没有提到祷告。由于前面没有出现过这个短语，第 1-4 章也没有这方面的暗示，若要读者把这句话与祷告联系起来，就显得太跳跃了。其次，"坦然无惧"一词通常不会与祷告配搭使用（虽不是完全不可能，但通常不会如此使用）。另外，祷告也通常不会被当成一种获得"怜恤与恩惠"的方法。当然，这些理由都不是决定性的。从某种意义上讲，若这里真的是指祷告，那就进一步印证了我先前所说的——祷告在本质上就是求神按应许而行（祂曾经向那些求告祂名的人应许施予怜悯和恩惠）。不过尽管如此，鉴于《希伯来书》主要关注的不是祷告，作者此处很可能不是在专门谈论祷告，而只是想说明：通向神的道路现在已经打开，我们可以自由地来到神面前。

---

[2] O'Brien（2010，页 184 - 186）对宝座的背景进行了详细的解释，认为宝座是神掌权并赐下恩典的地方。不过，他没有解释为什么此处不提任何与祷告相关的词汇。总的来说，Ellingworth（1993，页 269 - 271）对这节经文的处理更细致，也更受人欢迎。
[3] 例如 Peterson（1990a，页 105 - 106）虽然延用了上述观点，但他在题为"基督徒的祷告"这个部分作出了自己的论证。

接下来提到祷告的地方是《希伯来书》5章7节，这节经文没有任何模糊之处：基督在肉体的时候既大声哀哭，流泪祷告，恳求那能救祂免死的主，就因祂的虔诚蒙了应允。根据上下文语境，作者欲以此证明耶稣是真正的人（同时也是神），因此才可以成为那位最终的中保。不过，这样论证也肯定了我在本书第六章中关于耶稣与祷告的观点。一方面，耶稣与旧约里的先辈一样，认为祷告（我将此句中的"祷告"与"恳求"视为同义词[4]）就是向那位承诺拯救百姓的耶和华呼求。另一方面，这节经文也是一个例子，印证了先知书中谈及祷告的一个要点，即对于那些始终不知悔改的人，神最终也会拒绝他们的祷告。因此这节经文提供了重要的证据，证明《希伯来书》的作者与其他圣经作者有相似的祷告观。

下一处可能与祷告相关的经文是7章23-25节，主要是谈耶稣的代求。再一次，经文没有完全清楚地告诉我们"祷告"是否是作者关注的中心：

> 那些成为祭司的，数目本来多，是因为有死阻隔，不能长久。这位既是永远常存的，祂祭司的职任就长久不更换。凡靠着祂进到神面前的人，祂都能拯救到底，因为祂是长远活着，替他们祈求。（希7:23-25）

这里有两个问题需要思考：（1）作者提到耶稣的"祈求"，这到底是指什么？（2）作者使用"进到"

---

[4] 请参考 O'Brien（2010，页198），他提到了这个词的传统背景。

(*proserchomai*)这个词,究竟是在描述什么?这两个问题都没有办法明确解释。

虽然耶稣"替他们祈求"至少在某种程度上**可能**是指作**代求性的祷告**,但这里和《希伯来书》其它地方的经文都没有明确地这样说。作为大祭司,代求是耶稣基本的工作之一——耶稣不只是替我们向父说话,而且**引我们到父面前**。[5] 无论如何,谈到耶稣升天之后的活动,我们很难将这里的"代求"理解为任何普通意义上的"祷告"。第二个问题对我们的讨论更为重要:此处所说的"进到"神面前,是否指祷告?从这个词本身来说,除了指在关系上"靠近"神这个意思,并没有其它更多解释。若是这样的话,这段经文就对圣经祷告神学没有什么贡献了。

《希伯来书》中最后一个提到祷告的地方是信件末尾。作者(可能是亚波罗[6])以一种很像保罗的口吻,请求收信人为他和他的同工代祷,好叫他们能按正道而行,得以快些回到弟兄们那里去:请你们为我们祷告,因我们自觉良心无亏,愿意凡事按正道而行。我更求你们为我祷告,使我快些回到你们那里去(希 13:18-19)。

虽然《希伯来书》有独特的主题,但这封书信中没有迹象表明作者偏离了保罗对祷告的理解。不过,对于耶稣同母异父的兄弟雅各,我们是否也能这样说呢?毕竟雅各写信的表达方式明显与保罗不同。

---

[5] 这个词很可能指的是"代表我们与父说话",这似乎与我们的想法不符。即便如此,它也是指耶稣提醒父神祂已经为我们付出了什么,而不是为我们代祷。

[6] 我发现 Witherington 2007 对该书作者的推论颇具说服力。

## 祷告与《雅各书》

《雅各书》十分简略,对祷告也谈得不多,但尽管如此,雅各却为我们提供了整本圣经中关于祷告的几段最引人注目的论述。

雅各在书信的开头提出了一条重要而持久的原则,这条原则却也常被人误解:

> 你们中间若有缺少智慧的,应当求那厚赐与众人、也不斥责人的神,主就必赐给他。只要凭着信心求,一点不疑惑;因为那疑惑的人,就像海中的波浪,被风吹动翻腾。这样的人不要想从主那里得什么。心怀二意的人,在他一切所行的路上都没有定见。(雅 1:5-8)

首先要注意的是,这是一个特定的应许。第 6 节的条件并不是一个适用于所有祷告的普遍原则。[7] 经文并不是保证我们只要"使劲求",所有的愿望就都能实现。事实上,祷告给我们的是"智慧"。雅各显然深受智慧文学的影响,并认为耶稣就是我们的智慧,祂体现了对神的敬畏,也使我们明白福音和在福音里过敬虔的生活。现在我们若要领受"基督式"的智慧,只需做一件事——提出请求,亦即祷告(求告主名)。

有意思的是,雅各强调任何祈求都要凭着"信心"。雅各理解信心的内涵与其他使徒没有什么不同——信心就是信

---

[7] Davids(1982,页 72-73)认为,这个应许只是针对人经历考验的情况而言的。Martin(1988,页 19)也持此观点。

靠耶稣，相信福音。(《雅各书》第 2 章尤其呈现出雅各强烈的信心观，即信心的力量必会带出行为上的表现。)这也就意味着，导致第7-8节这两种情况的原因绝不是简单地缺乏表面的信心。这段经文里所说的"疑惑"是对福音本身的质疑。**正如旧约无数次提到的那样，当人不信靠耶和华时，祷告迟早会不蒙垂听。**《雅各书》所谈的一定也是这个情况。我们祷告是求神将祂早已在耶稣基督里为我们预备好的东西赐给我们。若我们不祈求，或祈求时怀疑自己是否真能得到（这段经文里是指得到智慧），那就不是信心不足的小问题，而是拒绝相信福音的大问题。

在这封书信中，雅各还处理了一些与情绪紧密相关的问题。事实上，当他在第 4 章回到祷告这个主题时，他所针对的背景是，收信教会的群体生活已全然崩溃。即使雅各可能运用了夸张的手法，但形势肯定是严峻的：你们贪恋，还是得不着；你们杀害嫉妒，又斗殴争战，也不能得。你们得不着，是因为你们不求；你们求也得不着，是因为你们妄求，要浪费在你们的宴乐中。你们这些淫乱的人哪（"淫乱的人"原文作"淫妇"）！（雅 4:2-4）雅各刻意将这一间（或数间）教会的情况与旧约中神百姓的景况相提并论，因他们问题的核心都在于只依靠自己而拒绝求告主名。他们自己已经无能为力，却仍不向神祈求。或者，更准确地说，他们如以色列民一般，在错误的时间、以错误的方式、向神要求错误的东西！因此，雅各呼吁神的百姓谦卑自己，趁着还来得及，赶紧回到神面前（雅四 7-10）。这里所包含的祷告神学与前面我们看到的也有惊人的一致性。

第九章 祷告的结束：新约后期的祷告

然后我们来看看《雅各书》中最长的、也是最具争议的一段经文，它出现在第5章。在冒险解读第5章之前，我们先将这段经文引出如下：

> 你们中间有受苦的呢，他就该祷告；有喜乐的呢，他就该歌颂。你们中间有病了的呢，他就该请教会的长老来，他们可以奉主的名用油抹他，为他祷告。出于信心的祈祷要救那病人，主必叫他起来；他若犯了罪，也必蒙赦免。所以你们要彼此认罪，互相代求，使你们可以得医治。义人祈祷所发的力量是大有功效的。以利亚与我们是一样性情的人，他恳切祷告，求不要下雨，雨就三年零六个月不下在地上。他又祷告，天就降下雨来，地也生出土产。（雅5:13-18）

这段话的第一句就很有意思，它是理解整个段落的关键所在。**"你们中间有受苦的呢，他就该祷告（proseuchomai）。"** "受苦"（kakopathō）一词用得不寻常，根据上下文判断（该词首先出现在5章10节谈先知受苦的经文中），它在这里有一个特定的语境，指的是一个人因为他人或自己的错误行为而遭受"邪恶带来的不幸"。[8] 这解释了为什么雅各发出

---

[8] 我们可以在《提摩太后书》2章9节看到这个词的模糊性，在这节经文中，保罗"像犯人一样"受苦，也就是说，他受苦似乎是因为他犯了罪。但是保罗并没有犯罪，在这种情况下受苦是不应当的。

不同寻常的祷告指示。[9] 当时教会已经在某种不同寻常的处境中，某些非一般的不幸已经临到个人（也许被捕了），因此要求告主名，盼望神施救。

这段话的逻辑是：受苦就祷告，喜乐就歌颂，生病就请长老。中间一组词语配搭（喜乐就歌颂）的逻辑性不言而喻，这说明每一组都应该类似，前后配搭应有明显和正常的逻辑性。问题是，另外两组的逻辑性其实不甚明了。为什么受苦的时候就祷告？好吧，这也许还讲得通。但为什么"有病"的时候去请长老？这看起来太奇怪了。其实，经文的真实含义可能与字面意思有所不同。虽然"有病"（$astheneō$）可以指"身体生病"（例如《路加福音》4 章 40 节），但它也可以指"信心软弱"（例如《罗马书》14 章 1 节）。根据《雅各书》5 章 15 节的内容，我们有理由相信后一种翻译更站得住脚。[10]

人们通常认为，"信心的祈求"是指带着极大确信的祷告（有点像雅各在第 1 章所谈的那种祷告的加强版），祷告者极大的确信会对病人产生强烈的影响。[11] 不过，这节经文还有另外一种更自然而直接的解读方式：假如这人并不是身体生病，而是"信心软弱"（甚至信仰薄弱），以致犯了大罪，他就很可能陷入极度绝望的崩溃状态。若是这样，他最

---

[9] 这也许不难理解，但这并不改变一个事实，即圣经没有常常把受苦与祷告联系在一起。

[10] 反对这种观点的人有 Davids（1982，页 192），他承认这个词可以表示"软弱"，但随即又通过上下文论证这个词只能表示"得病"。他的论点似乎是在兜圈子。

[11] Davids（同上）也讨论了与这个短语相关的希腊文背景，但并不具有说服力。

需要的是什么呢？这一类人最需要的是再次听到福音，再次认识到他们的罪可以在基督里得赦免，甚至再次知道圣灵住在他们里面，再次明白他们在基督里有保障。他们需要有人去鼓励他们悔改，重新回到基督面前品尝主恩的美好。这是否就是《雅各书》5章15节所描述的呢？"出于信心的祈祷要救那病人，主必叫他起来；他若犯了罪，也必蒙赦免。"

《雅各书》5章16节也可以证明这一点："所以你们要彼此认罪，互相代求，使你们可以得医治。"这里谈的并非身体上的医治，而是勉励众人认罪悔改，以便经历从福音而来的信心上的医治。如此解读《雅各书》第5章就解决了好几个释经难题，同时也显示出雅各的祷告观与我们先前的观点完全吻合，甚至还解释了经文结尾为何要提到以利亚的故事。

雅各在5章16节继续说道："义人祈祷所发的力量是大有功效的。"乍一看，雅各似乎提出了一种全新的、有特效的祷告类别，这一类祷告之所以有特效，是因为这些"大有能力的祷告勇士"是"义人"。然而，这种理解似乎带有浓厚的"因行为称义"的味道。但如果把此处的"义人"简单地理解为"因信称义"的人，那么雅各的意思就很直白了——那些摇摆不定的人会去寻找那些坚定信靠基督的人，并请求他们的帮助，因为他们不仅会为摇摆不定的人祷告，还会与这些人一同祷告，他们知道带领浪子回头的重要意义。[12]

经文结尾提到以利亚的例子，证明我的观点应该是正确的。5章16节这句经文并不是叫我们去另寻其他像以利亚一

---

[12] 参见 Tim Chester 的精彩讨论（2003，页82–83，与 Steve Timmis 合作），该讨论呈现了大致相同的解读。

样的中保,因为"以利亚与我们是一样性情的人"(5:17),只不过他恳切祷告,深知得罪神的严重后果。在《列王纪上》的故事中,以利亚宣告旱灾是耶和华降下的,是约的咒诅降在悖逆的以色列人身上。当以利亚在迦密山与巴力众先知对峙之后,百姓(不情愿地)承认"耶和华是神",约的咒诅便解除了。现在雅各所针对的情形是:有人似乎因犯罪而招致神临时的审判,当我们看见这人正在经历神的不悦与管教时,应该怎么做呢?我们只要找一个被称为义的人("义人")带领这人悔改就好了,因为神已经在福音里清楚地告诉我们,祂会饶恕那些归向祂的人。这个事实在《雅各书》5章19-20节里讲得更加清楚。

继续研读新约后期的书卷,我们还会看到一系列关于祷告的精彩教导,它们丰富并塑造了我们对祷告的理解,也始终保持着明显的一致性——祷告就是求神成就祂在福音里应许的事,也就是以一种更新了的方式求告耶和华的名。

## 祷告与彼得

为完整起见,我们在讨论约翰书信[13]之前,先来看看彼得和犹大的书信。这两人在信中提及祷告的内容都很少。

《彼得前书》中有一段经文论到丈夫与妻子的角色(尤其是一方已经归信、另一方尚未归信的情况),彼得在这段经文中提醒读者一个旧约里的原则,即违背神的命令会使一个人的祷告不蒙垂听。彼得以此来教导那些粗鲁的丈夫:

---

[13] 假设约翰书信与《启示录》是同一位约翰(很有可能就是耶稣所爱的门徒约翰)所写。

> 你们作丈夫的也要按情理和妻子同住（"情理"原文作"知识"），因她比你软弱（"比你软弱"原文作"是软弱的器皿"），与你一同承受生命之恩的，所以要敬重她。这样，便叫你们的祷告没有阻碍。（彼前 3:7）

随后在 12 节中，彼得直接引用了旧约经文：

> 因为主的眼看顾义人，主的耳听他们的祈祷；惟有行恶的人，主向他们变脸。（彼前 3:12）[14]

类似的教导也出现在《彼得前书》第 4 章，彼得在其中强调：我们一定要按照神的旨意生活，要晓得基督已经做了什么和将要做什么，因为这会塑造我们的生命，使我们有能力参与神在世上的工作、发挥我们的作用；在等候神最终介入历史、成就一切的这段时间里，我们能按照福音的样式进行祷告："万物的结局近了，所以你们要谨慎自守，儆醒祷告。"（彼前 4:7）

## 祷告与《犹大书》

《犹大书》对祷告的论述只有一句："亲爱的弟兄啊，你们却要在至圣的真道上造就自己，在圣灵里祷告，保守自己常在神的爱中，仰望我们主耶稣基督的怜悯，直到永生。"（犹 20-21）犹大与彼得一样，也表达了对未来的盼望，但表

---

[14] 参见《诗篇》第 34 篇 13-17 节。

达方式有所不同，他提出的是"在圣灵里祷告"。人们对这个短语有各种各样的解释，[15] 但犹大很可能只是想表达"有圣灵内住的人会被圣灵引导、使用、改变"这个意思，而不是想创造什么奇异的经验来让人追求，或鼓励人作某种疯狂的祷告。[16]

不过，与约翰书信相比起来，《犹大书》中关于祷告的只言片语就显得没那么重要了。约翰书信中的教导给我们带来祷告观的经典材料，也为我们的神学之旅画上句号。

## 祷告与约翰

《约翰壹书》里有两段重要的经文在先前的基础上发展了圣经祷告神学，它们是 1 章 8-10 节与 5 章 13-17 节。这两段经文为祈求饶恕的祷告带来了新鲜的教导，使圣经祷告观中的这个特定部分变得更加清晰。第一段经文如下：

> 我们若说自己无罪，便是自欺，真理不在我
> 们心里了；我们若认自己的罪，神是信实的，
> 是公义的，必要赦免我们的罪，洗净我们一
> 切的不义；我们若说自己没有犯过罪，便是

---

[15] 参见包衡 1983，页 113–114 与 Davids 2006，页 94–95 的多种解释。
[16] 关于这个问题，Chester（2003，页 62–73）对"何为在圣灵里祷告"作了精彩的讨论，令人受益匪浅。

以神为说谎的，祂的道也不在我们心里了。（约壹 1:8-10）[17]

第二段经文如下：

> 将这些话写给你们信奉神儿子之名的人，要叫你们知道自己有永生。我们若照祂的旨意求什么，祂就听我们，这是我们向祂所存坦然无惧的心。既然知道祂听我们一切所求的，就知道我们所求于祂的，无不得着。人若看见弟兄犯了不至于死的罪，就当为他祈求，神必将生命赐给他；有至于死的罪，我不说当为这罪祈求。凡不义的事都是罪，也有不至于死的罪。（约壹 5:13-17）

使徒约翰特别以《约翰福音》中耶稣的教导为基础（见本书第六章），清楚地告诉我们：因为主耶稣基督的福音，赦免那些信靠耶稣的人已经成为神的职责。这是关乎公义的问题（约壹 1:9*）。"饶恕"是《约翰壹书》5 章 13-17 节谈论的主题之一。第 14 节说："我们若照祂的旨意求什么，祂就听我们。"当然，"照祂的旨意求"的事，就是祂早已在福音里为我们成就的事。这里的有趣之处在于，神甚至垂听

---

[17] 像其它一些关键的新约经文一样，这几节经文也没有明确提及祷告。然而，此处显然是在谈如何对神说话，我们没有理由将它排除在关于圣经祷告的材料之外。

* 译者注：原著误植为约壹 5:9。

我们为弟兄姐妹的代求,除非他们自己弃绝福音(因为在我看来,弃绝福音就是"至于死的罪")。[18]

这种以福音为内涵的观点,大概也是《约翰叁书》中使徒约翰为该犹喜乐的原因:

> 作长老的,写信给亲爱的该犹,就是我诚心
> 所爱的。亲爱的兄弟啊,我愿你凡事兴盛,
> 身体健壮,正如你的灵魂兴盛一样。有弟兄
> 来证明你心里存的真理,正如你按真理而行,
> 我就甚喜乐。我听见我的儿女们按真理而行,
> 我的喜乐就没有比这个大的。(约叁 1-4)

我们再次看到,活出并宣扬福音真理是圣经祷告优先关注的事,这件事才是最重要的。此观点在圣经的最后一卷书中也被极其有力地展现出来,这卷书最终把我们带到那个不再需要祷告的地方。

《启示录》中约翰看到的异像穿插了许多祷告的场景,既有在天上的,也有在地上的,既有现在的,也有将来的,人们都在耶稣基督的福音之光中祷告。[19]

我们首先看到的是5章8-10节中"众圣徒的祈祷":

> 祂既拿了书卷,四活物和二十四位长老就俯
> 伏在羔羊面前,各拿着琴和盛满了香的金炉;
> 这香就是众圣徒的祈祷。他们唱新歌,说:
> "你配拿书卷,配揭开七印。因为你曾被杀,

---

[18] 参见 Jobes(2014,页 232 - 237)出色的探讨。
[19] 参见 Ng(1990,页 119 - 135)颇有帮助的概述。

> 用自己的血从各族、各方、各民、各国中买了人来，叫他们归于神，又叫他们成为国民，作祭司，归于神，在地上执掌王权。"

众圣徒的祈祷充满了香炉。从二十四长老与众活物的歌唱中，我们可以知道众圣徒的祈祷只关乎一件事，即福音在地上的进展。[20] 这是福音式的祷告，它关注的是神在地上的救赎与审判工作。第6章中"殉道者的祈祷"印证了这一点：

> 揭开第五印的时候，我看见在祭坛底下，有为神的道并为作见证被杀之人的灵魂，大声喊着说："圣洁真实的主啊！你不审判住在地上的人给我们伸流血的冤，要等到几时呢？"于是有白衣赐给他们各人，又有话对他们说："还要安息片时，等着一同作仆人的和他们的弟兄，也像他们被杀，满足了数目。"（启 6:9-11）

我们不得不说，圣徒祷告的主题就是福音的进展，无论是普通信徒，还是殉道者，都是如此。他们全神贯注于神的圣约计划，关注这个计划实施过程中的每一步以及它的最终胜利。包衡（Bauckham）如此评论：

> 《启示录》中所有的祷告都完全是终末性的，也就是说，它们祈求的是神国的降临、神创

---

[20] 尤其是对不敬虔之人的公义审判。见 Beale 1998，页 357；Mounce 1997，页 34。

造旨意的完成、神所有应许的实现；它们是为那最终要来的事祈求，为神亲自来到祂的创造之中，用祂自己永恒的同在使一切变得完美而祈求。[21]

《启示录》第8章重申了这一点：

> 另有一位天使拿着金香炉，来站在祭坛旁边。有许多香赐给他，要和众圣徒的祈祷一同献在宝座前的金坛上。那香的烟和众圣徒的祈祷，从天使的手中一同升到神面前。天使拿着香炉，盛满了坛上的火，倒在地上，随有雷轰、大声、闪电、地震。（启 8:3-5）

毫无疑问，神垂听这些圣徒的祷告，他们祈求审判与救赎的祷告将会得到应允。随着救赎历史的伟大进程临近尾声，如果我们发现有什么不同的话，那显然就是祷告越来越强地以福音为其本质核心。从一开始，祷告就是关乎救赎历史的，也就是求神成就祂的应许、推进祂在地上的救赎计划。

当与神一同得胜的人"唱出"摩西和羔羊之歌时，我们再次看到这一点：

> 主神，全能者啊，你的作为大哉，奇哉！万世之王啊（"世"或作"国"），你的道途义哉，诚哉！主啊，谁敢不敬畏你，不将荣耀归与你的名呢？因为独有你是圣的，万民

---

[21] 包衡 2001，页 252-253。

> 都要来在你面前敬拜，因你公义的作为已经显出来了。（启 15:3-4）

对于"主啊，谁敢不敬畏你，不将荣耀归与你的名呢？"这个反问，答案当然是"无人敢如此行！"因为神已经断然施行了拯救与审判，哀哭的祷告已经被得胜与伸冤之歌所取代。

当约翰的异象《启示录》乃至整本《圣经》快要结束时，祷告似乎已被歌唱取代。圣徒的祈祷已蒙应允，除了欢庆，现在已别无所求了。所以《启示录》19-22 章里有许多"呼喊"（见启 19:1-3，6-8），但这已不再是求主工作的祷告，而是同声高唱"哈利路亚！"的声音。因为他们一切的祷告最终都得到了明确的回应，剩下的只有无止尽的喜乐，以及对神无限荣耀的敬拜与赞叹！

## 总结

新约后期的几卷书为圣经祷告神学贡献了丰富的内容。雅各告诉我们，只要祈求就可获得智慧；约翰告诉我们，若信靠神的人祈求饶恕，神都会垂听和应允。这些教导扩充了我们先前对祷告的理解。不过，并没有任何迹象表明，新约后期的这几卷书背离了圣经其它地方的祷告观，祷告在本质上仍然是求告耶和华的名，求祂成就在主耶稣基督里的应许。

因此，正如我一开始提到的，在圣经的结尾，祷告的时代显然也即将结束。祷告是为堕落的世界而设的。圣经结尾时，一个不再需要"求告耶和华之名"的日子就要来到，因祂已经满足我们一切的需要,而且无论如何祂都与我们同在,并带我们进入祂完全的荣美。在《启示录》21-22章里,这个结局在约翰所见的一系列异象的高潮部分变得越来越明显:

> 我未见城内有殿,因主神全能者和羔羊为城的殿。那城内又不用日月光照,因有神的荣耀光照,又有羔羊为城的灯。列国要在城的光里行走,地上的君王必将自己的荣耀归与那城。城门白昼总不关闭,在那里原没有黑夜。(启 21:22-25)
>
> 以后再没有咒诅。在城里有神和羔羊的宝座,祂的仆人都要事奉祂,也要见祂的面。祂的名字必写在他们的额上。不再有黑夜,他们也不用灯光、日光,因为主神要光照他们。他们要作王,直到永永远远。(启 22:3-5)

此时还需要呼求神成就所应许的吗?一切都已经完成了,我们将在那最终的伊甸园里享受神的同在,直到永远。[22]

但是,在等候结局到来的这段时间里,我们要做什么呢?我们要祷告。《启示录》最后的几句话,把我们在这趟贯通新旧约的圣经神学之旅中看到的一切,浓缩于一个词——"来!"在等候的这段时间里,我们要呼求神透过圣灵和福音在地上做祂的工,要求告祂的名,要祈求祂按应许而行。约翰紧紧抓住这一点,最后写道:

---

[22] 用 Chester(2003,页 38)的话说,"祷告不是最后一步,而是倒数第二步。"

> 圣灵和新妇都说:"来!"听见的人也该说:"来!"(启 22:17)
> 证明这事的说:"是了,我必快来!"阿们!主耶稣啊,我愿你来!(启 22:20)

**这就是圣经祷告的核心。**

# 后记：为何要（重新）学习祷告

## 引言

虽然本书属于关注面相对狭窄的"圣经神学"系列，但本书主题既为祷告，所得结论若不应用于教会生活，便是空谈。我们生活的今天比以往任何时候都更难祷告，也更少祷告（至少在英语世界是如此），因此更加需要学习祷告。

祷告对基督徒而言向来不是件容易的事。斯托得（John Stott）曾说祷告是他信仰生活中最大的挣扎。侯士庭（James Houston）在1989年写作相关书籍时也说："为何要再写一本关于祷告的书？答案很简单，因为缺乏祷告是当今世界的一大特征。"[1] 一位十九世纪的英国主教写道："我敢说，绝大多数自称为基督徒的人根本不祷告。"[2] 祷告之难一直都存在[3]，

---

[1] 侯士庭 1989，页 11。
[2] Ryle 1998，页 68。
[3] 这至少可以追溯到第三世纪的"沙漠教父"。面对当时的教会日益世俗化，他们退到旷野里去寻求神。

所以我们（作为主耶稣基督的教会）面临的挑战并不独特。但我认为，在某种意义上，**如今这一代人确实比以前的人更难祷告**。我的担心是，福音派教会无疑正在渐渐放弃祷告。

首先，我要指出福音派信徒的祷告比以往少了很多；然后，我想分析一下其中的原因。做完这些之后，我就来谈谈本书的观察研究将**如何重塑我们的祷告方式、更新我们的祷告内容**。

## 分析：福音派与祷告出了什么状况？

我今年四十八岁，我在这段有生之年里见证了福音派**祷告**方式的转变。当我在北爱尔兰的贝尔法斯特与苏格兰的阿伯丁读书时，祷告会是大学生团契的一个标志性特征。福音派学生小组每周聚会两次，一次以学习圣经为主，另一次则完全用来祷告。在贝尔法斯特，大约 50% 的小组成员会来参加祷告，在阿伯丁，人数大约为 80%。普遍而言，一起祷告是属灵成熟与委身的一个可靠标志。大多数学生的本地教会也模仿这种模式，教会除了有主日学，周间还会有某种形式的祷告会。尽管每个人的祷告活力有所不同，但大家都明白：要参与教会生活的核心，就要委身参与祷告。今天的情况却不再是如此。[4] 这种转变与改革宗福音派（至少自十七世纪以来）的作法大相径庭。然而，这种趋势并非前所未有。

---

[4] 比如，虽然澳大利亚大部分学校仍有校园祷告会，但澳大利亚福音派学生团契（Australian Fellowship of Evangelical Students）的同工说，这些祷告会的规模通常非常小，也多少被排除在校园"主要活动"之外。据我所知，很少有教会仍保留专门的集体祷告会。

查理德·洛夫莱斯（Richard Lovelace）在其著作《属灵生命的动力》（*The Dynamics of Spiritual Life*）中写道：

> 若问福音派信徒什么是属灵复兴最根本的条件，他们很可能会说是祷告。但是，在二十世纪的大部分教会生活中，不管是福音派还是非福音派，祷告的位置变得极其有限，几乎已经退化。教会横向交流（规划、辩论与解释）的比例大大超过纵向交流（敬拜、感恩、认罪与代祷）。委员会召开重要会议时，开始和结束虽有例行祷告，但也仅仅是完成礼仪形式，而非真实地表达对神的仰赖。因此，一旦发生问题与争吵，他们几乎不会用深入的祷告来解决，而是在人的高谈阔论中争辩不休。[5]

洛夫莱斯的著作写于1979年。在此之后的情况若有什么变化的话，那就是变得更糟，而不是更好。教会里，祷告从日程计划中进一步滑落；个人生活中，我怀疑祷告是福音派信徒最感愧疚的难言之隐。重要的是：为什么会这样呢？

## 诊断：为什么教会祷告越来越少？

我认为至少有六个因素，造成了目前英语世界福音派教会软弱的祷告现状。

---

[5] Lovelace 1979，页153。

**生活舒适**

现今的生活相对来说比较舒适。尽管受到全球金融危机的影响，但西方经济仍在继续增长，主要冲突已经平息。比如，作为一个北爱尔兰人，我在一个小国家长大。在以前的历史上，那里的人相互厮杀，核毁灭也可能真的会发生。但现在，我们已经迎来了和平，那些对我们的安全存在威胁的事似乎离我们很远了。这一切带来什么影响呢？那就是在"无忧无虑"的日子里，祷告反而更艰难了。

**通讯革命**

这一代人面对的挑战之一，是接受和适应信息科技的发展所带来的生活方式的巨大改变。全球信息交流的即时性已发展到令人震惊的地步。在网上同时与多个时区的同事面对面开会，对我已是家常便饭；只要醒着，我就可以随时看到别人回复我的短信；家人和朋友的信息以及各种广告常常打断我的工作。对今天的人来说，不让用手机是一种特别的酷刑，能够随时随地浏览网页、读书、玩游戏、发信息，已成为一项不可剥夺的人权！而这一切都让祷告变得越发困难。过去祷告也不容易，那时也有令人分心的事，但如今的不同在于，我们只要从衣兜里掏出手机，就能被分心了。如果台上的讲道乏味或祷告太长，我们再也不用看着教会墙壁数砖块，只要手机里装个"消消乐"就够了。

**查经小组兴起**

祷告（尤其是公共祈祷）不受教会重视的第三个原因有点特殊，那就是查经小组的兴起。这一类小组在不同的地方有不同的名字，小组活动的焦点也可能略有不同。在我生活的年代,"家庭小组"已成为福音派教会的一个普遍特征。这当然是好事。我敢肯定,在读经与经文应用方面,现今教会在整体上比上一代人优秀许多。但是这一收获却不是没有代价的。

观察一下身边的查经小组,我猜他们晚上聚会时的情况可能是这样:一些人会在聚会开始后才姗姗来迟(总有人因为交谈堵塞、伺候小孩或接听电话而耽搁了时间);然后开始研读那些写得极好、要求也很高的查经材料。大家免不了说得太多,然后发现时间有点晚了。这时候带领者就会说:"我想我们现在该结束了,某某马上就要离开,我们赶紧祷告吧。大家有什么需要代祷的吗?"然后,要么大家毫无反应(因为大家都知道时间不够了),要么有一两个人提出为他们邻居的朋友的阿姨最近遭遇的坏事代祷。这样,我们就算尽了诸般的义,做个祷告就散了。[6] 年常日久,这种作法逐渐削弱了祷告的重要性和祷告在教会中的地位。

**优秀的教导唾手可得**

第四个原因听起来就更奇怪了。我认为现在祷告变得越发困难,是因为好的教导资源实在太多了。四十岁以下的人可能很难想象,在不算太久之前,人们若想听其它地方的优秀讲员讲道,就只能听磁带(除非讲员亲自来到你的城市,但这种情况很少)。由于这些磁带既昂贵又不容易获得,它们通常都被借来借去,反复使用,直到磁带坏掉(我至今还想听听钟马田讲《罗马书》11 章的磁带,它的末尾被人录成

---

[6] 这些年我参加过的家庭小组我都很喜欢,然而,小组一起查经似乎总是比一起祷告要容易得多,除了 2001-2007 年在我家聚会的豪斯家庭小组是个令人骄傲的例外。

了 ABBA 乐队的主打歌曲）。在"糟糕的过去"，基督徒只能从自己教会的牧师获得教导。这听起来有点不可思议，但却是事实。而这种情况促使人们祷告，有时甚至是热切地祷告！

当我们指望自己的牧师来教导时，我们明白如果想要听到神的话，就离不开神的工作。我们每周都见到自己的牧师，了解他的软弱，晓得他何时累了，何时他须一周主持三场葬礼，何时他的孩子病了——这一切都促使我们祷告。但如果我们领受的教导大部分来自播客，那情况就不一样了：讲员虽然优秀，我们却不认识他；讲道的地方我们未曾去过，听众我们也不认识。坦率地说，录音的时候，神是否透过祂的话语向会众显现并说话，这与我们没什么关系；那间教会是什么状况，那位讲员的生活怎样，这些也无关紧要。唯一重要的就是讲员讲了一篇道，而我们期待的也就是这一篇道。我们无需祷告，只需按下播放键就行了。祷告与讲道之间的联系因此被切断，而这个联系一旦断裂，便难以修复。

### 实用主义盛行

今天的教会有许多我喜欢的地方。比如，在澳大利亚，我看见释经讲道、植堂事工、策略思考和咨询辅导都有长足的进步。我们为此向神感恩。但祷告呢？我想情况就不同了，原因可能在于，我们觉得以技能为基础的事最容易掌控。而阅读、谈话、开会等活动能给我们做事和解决问题的技能。我们天生就是实用主义的。现今，我们掌控生活的能力比以往任何年代都强，这就使我们的祷告更少了。

**犬儒主义带来祷告真空**

我是一个愤世嫉俗的犬儒派。但是在今天，做我这样的人有一个最大的问题，那就是我周围还有成千上万像我一样的人。无论是在澳大利亚，还是全世界，我们呼吸的空气中都弥漫着愤世嫉俗的气息，我们身边的人都爱冷嘲热讽。我们对什么都不太相信，因此我们也觉得祷告很难。我们祷告的时候，心里很清楚什么是祷告办不到的，所以也就不祷告了。洛夫莱斯曾说：

> 我们不得不说：不完美的祷告形式带来令人不悦的经历，从而造成了一种心理上的过敏，这是导致教会缺少祷告的一个原因。另一个原因是某些基督徒生活典范对我们的误导，我们认为，只有超人般的祷告才能让自己的圣洁程度达到一个可接受的水平。[7]

我们不能祷告，是因为我们看到和听到的很多东西是错误的或极其不现实的。我们许多人都曾感到受骗和受伤——我们被告知祷告可以解决一切问题，可事实根本不是这样。因此，我们放弃了，不再殷勤祷告。那我们该何去何从呢？

## 重新学习祷告

**用合乎圣经的祷告神学重新调整祷告的方式**
**因认识我们最大的需求而祷告**

---

[7] Lovelace 1979，页 154。

神对我们的计划不是别的，就是要使我们变得更像耶稣。祂热切地希望帮助我们每一天都全心为祂而活。一旦我们认识到这一点，我们的祷告需求以及祷告内容就显而易见了。如果教会让我们演讲、教主日学、带领家庭小组、与他人一起祷告、探访病人，我们能做到吗？当然能。我们可以制作演讲道具，预备课堂讲义，阅读代祷事项，泡好咖啡、开车去医院。我们做这些事游刃有余，根本用不着恐慌。但我们能在自己的生活或别人的生活中做神的工作吗？断无可能！保罗·米勒（Paul Miller）说得好：" 知道绝望是祷告生活的核心。"[8]这绝望来自于看见神对我们和世界的宏伟计划，看见我们没有能力改变自己和世界，看见神过去为我们和世界做了什么，看见祂今天和明天还将为我们和世界做什么，看见我们多么需要神用祂的灵来改变我们自己和他人。当我们看见这些时，就会开始祷告，并且坚持祷告。如果我们明白了这一点，我们的祷告方式也会发生根本的转变。神在我们以及他人生命中的工作将逐渐变成我们祷告的重心。

因此，在生命的每个阶段，我们将会持续不断地如此祷告：

"主啊，求你帮助我看见，这是你在我生命中和这个世界上伟大工作的一部分。"

"主啊，求你使用这个际遇，让我变得更像耶稣，并带领他人认识耶稣。"

"主啊，求你坚固我，使我能帮助他人仰望耶稣，鼓励他们看见你对他们的旨意。"

---

[8] P. E. Miller 2009，页 114。

"主啊,求你透过我来推进你的计划,就是你在福音里为我的朋友、家人与这个世界所定的计划。"

### 因认识祷告永远不是一件易事而祷告

人们普遍相信一个神话,即如果我们是那种特别属灵的人,又祷告得合理,则祷告就是件轻而易举的事。这不是什么新想法,它已经存在很久了。问题是,这个想法错了!保罗告诉歌罗西教会,以巴弗是新约中跟随耶稣的典范,"在祷告之间,常为你们**竭力地**祈求"(西 4:12)。祷告是艰苦的工作!看看《马太福音》26 章中耶稣在客西马尼园的祷告,我们肯定会发现,祷告从来不像在公园里散步那么容易。所以,你若觉得祷告很困难,不要以为是出了什么问题,因为祷告本来就是困难的。祷告之所以困难,是因为我们活在一个堕落的世界里,也是因为它与神不断改变我们生命的工作有着错综复杂的联系。你觉得祷告很难吗?那就对了,说明你已在正确的轨道上。

### 耐心祈求(期待神一步一步地成就我们所求的事)

我们可能看不见所有祷告都因着神在我们生命中的工作而得到回应。我们不会在某天早上醒来时,惊奇地发现自己变得很像主耶稣了,也不会在某天晚上躺在床上时,突然发现自己知晓了有关神的一切。我们的许多祷告可能都看不见答案。有时候,神因着祂的慈爱,会让我们看见祂在我们身上的工作,这实在是恩典;但更多时候,我们需要等待。你可能有这样的经历:如果你换了辆红色丰田车,就会发现路上原来有那么多红色丰田车,以前竟没注意到。祷告也是如此,我们需要学习去看见那已经存在的东西。我常常为我的女儿们祷告,希望她们越长大,越爱耶稣。但我有时没看见神对我的祷告做出的回应,因为我没有注意到:孩子们自己探讨问题,自己在房间里读经,做出一些只有在主的恩典里才有的无私举动,毫无怨言地参加教会服事,彼此促膝长谈,抓住机会向朋友传讲福音——这一切都是神对我祷告的回应,只是常常被我忽视了。因此,我们的祷告需要耐心、坚持,并以福音为基础。接下来,让我们更具体地谈谈这一点。

**用合乎圣经的祷告神学重新调整祷告的内容**

我们祷告的内容应该让福音来主导。圣经中,神一次又一次地告诉我们要去祈求,因为祂乐意给予。圣经中有关"祷告"的所有词汇都有一个相同的意思,就是"求"。这绝非偶然,它与福音完美契合,难倒不是吗?**福音的核心就是我们一无所有,毫无功劳,没有任何东西可以给神;我们得救只能是本乎恩,因着信,只要"求",就得着。祷告因福音才成为可能,并受福音塑造,因此,祷告的方式与福音工作的方式完全相同,这一点也不奇怪。** 福音告诉我们,是神给我们,不是我们给神。因此我们需要"求"。神已经对我们说话,我们需要回应祂,这就是"求"——求祂帮助我们明白祂已经为我们所成就的,按照祂为我们所成就的而活,坚守祂为我们所成就的,并向世人展现祂为我们所成就的。

在某种意义上,我们对"求什么"无需过于紧张。《路加福音》11 章有一段十分精彩的经文,在那段经文里耶稣清楚地说,我们可以自由地向天父祈求,因为我们知道,若所求的东西对我们或神的国有害(或太愚蠢),天父就不会给我们。所以,我们应当怎么做呢?应当继续祈求!关于这一点，我从我的小女儿丽贝卡学到了很多。有时她的要求完全是荒谬的，但我若对她的要求说"不"，她也会欣然接受。

"爸爸，我可以有自己的车吗？"

"不可以，丽贝卡。"

"好吧，爸爸，那我能养一只袋獾吗？"

"不可以，丽贝卡。"

"好的，爸爸，那我可以把姐姐心爱的东西都拿走吗？"

"不可以，丽贝卡。"

"好的，爸爸。"

我想，耶稣说我们要像小孩子一样，大概就是这个意思吧。小孩子会毫不犹豫地求，也完全相信父母只会把对他们好的东西给他们。

但这并不是新约关于祷告的重点。新约明确告诉我们要祷告什么，至少祷告的焦点应该是什么。这是因为对有些祷告，**神说祂永远都会应允**。我认为，神永远会应允的祷告，就是那些求祂实现新约应许的祷告。或者更笼统地说，只要我们求神透过祂的话语作工，祂都会应允。因此，**我们应该祷告求神透过福音完成祂的新约之工**。

我能找出五种祷告，是新约告诉我们神永远会应允的。也就是说，**当我们求祂透过祂的话语和圣灵来成就祂的新约之工时**，这五种祷告祂总是会答应。它们是什么样的祷告呢？以下就是五种"无障碍"祷告的总结，个人和团体都应为这些事祷告，因为神已经保证会应允：

- ✓ 祈求赦免（约壹1:9）
- ✓ 祈求更深认识神（弗1:15-22；3:18-19）
- ✓ 祈求得着智慧，好叫我们明白如何为神而活（雅1:5-6）

- ✓ 祈求得着力量来顺服神、爱神并为神而活（弗1:15-22；3:14-15）
- ✓ 祈求福音的传播（路10:2；徒5；西4）

我们怎么知道神会应允这些祷告？首先，这是神自己说的。除此之外，因为这些祷告总结了福音的工作。这些工作是神已经承诺要做的，是神现在所做的，也是神将要做的。这些祷告都是求神透过祂的话语成就新约之工，这也就是"求告耶和华之名"的意思。你想成为"祷告高手"吗？你无需秒表计时，无需学习新的默想方法，无需练习跪姿，但你需要用福音来驱动你的祷告，成为专业的祈求者。你需要认识到自己根本不会走路，你每一天的每一步都需要神的引领，才能免于摔倒或绊倒他人，以致生活脱轨翻车。你需要知道，福音在向我们呐喊："犯罪之人啊，你虽软弱、又有瑕疵，但神是刚强、仁爱又良善的！"因此，让我们求祂按照祂已经应许的而行吧。最重要的是，为福音传遍地极而祷告！神必应允，因为祂就是要用此方式向堕落的世界展现祂的良善和荣耀。不要停止祷告，直到不再需要祷告的那日，因为到那日，我们将面对面看见我们的神和大君王。

# 参考书目

Aejmelaus, A. (1986), *The Traditional Prayer in the Psalms*, BZAW 167, Berlin: de Gruyter.

Allen, L. C. (2012), 'Jeremiah: Book of', in M. J. Boda and J. G. McConville (eds.), *Dictionary of the Old Testament Prophets*, Downers Grove: IVP Academic; Nottingham: Inter-Varsity Press, 423–441.

Alter, R. (1999), *The David Story*, New York: Norton.

Arnold, C. E. (2010), *Ephesians*, ZECNT, Grand Rapids: Zondervan.

Ash, C. J. (2014), *Job: The Wisdom of the Cross*, PTW, Wheaton: Crossway.

Baker, D. W. (2003), 'God, Names of', in *DOTP*, 359–368.

Balentine, S. E. (1993), *Prayer in the Hebrew Bible: The Drama of Divine–Human Dialogue*, OBT, Minneapolis: Fortress.

——— (2006), *Job*, SHBC, Macon, Georgia: Smith & Helwys.

Baltzer, K. (1971), *The Covenant Formulary*, Oxford: Blackwell.

Barrett, C. K. (1978), *The Gospel According to John*, London: SPCK.

Bauckham, R. J. (1983), *Jude, 2 Peter*, WBC, Waco: Word.

——— (2001), 'Prayer in the Book of Revelation', in R. N. Longenecker (ed.), *Into God's Presence*, Grand Rapids: Eerdmans, 43–65.

Baumgartner, W. L. (1987), *Jeremiah's Poems of Lament*, Sheffield: Almond.

Beale, G. K. (1998), *Revelation*, NIGTC, Exeter: Paternoster.

Blenkinsopp, J. (2002), *Isaiah 40–55: A New Translation with Introduction and Commentary*, AYB, New Haven: Yale University Press.

Block, D. I. (2012), *Deuteronomy*, NIVAC, Grand Rapids: Zondervan.

———(2014), *For the Glory of God: Recovering a Biblical Theology of Worship*, Grand Rapids: Baker.

Boice, J. M. (1975), *John: Peace in a Storm, John 13–17*, Grand Rapids: Baker.

Boling, R. G. (1975), *Judges*, AB, New York: Doubleday.

Boling, R. G., and G. E. Wright (1995), *Joshua*, AYB, New Haven: Yale University Press.

Bonhoeffer, D. (1974), *Psalms: The Prayerbook of the Bible*, Minne- apolis: Augsburg Fortress.

Boyce, R. N. (1988), *The Cry to God in the Old Testament*, SBLDS 103, Atlanta: Scholars Press.

Bruce, F. F. (1983), *The Gospel of John*, Grand Rapids: Eerdmans. (1993), 'Habakkuk', in T. E. McComiskey (ed.), *The Minor Prophets: An Exegetical and Expository*

*Commentary: Obadiah, Jonah, Micah, Nahum, and Habakkuk*, Grand Rapids: Baker, 831–896.

Bruckner, J. K. (2003), 'Habakkuk, Book of', in *DOTP*, 294–301.

Brueggemann, W. (1998), *A Commentary on Jeremiah: Exile and Homecoming*, Grand Rapids: Eerdmans.

Bruner, F. D. (2004), *The Christbook: Matthew 1–12*, Grand Rapids: Eerdmans.

Bunyan, J. (1999), *Prayer*, Carlisle: Banner of Truth.

Butler, T. C. (2006), *Judges*, WBC, Waco: Word.

Calvin, J. (1847), *Genesis*, Carlisle: Banner of Truth.

——— (1960), *Institutes of the Christian Religion*, ed. J. T. McNeill, tr. F. L. Battles, vols. 1–2, Philadelphia: Westminster.

Carson, D. A. (ed.) (1990), *Teach Us to Pray: Prayer in the Bible and the World*, Grand Rapids: Baker.

——— (1991), *The Gospel According to John*, PNTC, Grand Rapids: Eerdmans; Leicester: Apollos.

——— (1992), *A Call to Spiritual Reformation: Priorities from Paul and His Prayers*, Grand Rapids: Baker; Leicester: Inter-Varsity Press.

——— (1995), *Matthew*, EBC, Grand Rapids: Zondervan.

Charlesworth, J. H., M. Harding and M. Kiley (eds.) (1994), *The Lord's Prayer and Other Prayer Texts from the Greco-Roman Era*, Valley Forge, Pa.: Trinity Press International.

Chester, T. (2003), *The Message of Prayer*, Leicester, Inter-Varsity Press.

Childs, B. S. (2001), *Isaiah: A Commentary*, OTL, Louisville: West- minster John Knox.

Clements, R. E. (1985), *The Prayers of the Bible*, London: SCM.

Clines, D. J. A. (1989), *Job 1–20*, WBC, Waco: Word.

Clowney, E. P. (1990), 'A Biblical Theology of Prayer', in D. A. Carson (ed.), *Teach Us to Pray: Prayer in the Bible and the World*, Grand Rapids: Baker, 136–173.

Collins, J. J. (1993), *Daniel*, Hermeneia, Minneapolis: Fortress.

Crump, D. M. (1992), *Jesus the Intercessor: Prayer and Christology in Luke-Acts*, Tübingen: Mohr-Siebeck.

——— (2006), *Knocking on Heaven's Door: A New Testament Theology of Petitionary Prayer*, Grand Rapids: Baker.

——— (2013), 'Prayer', in J. B. Green, S. McKnight and N. Perrin (eds.), *Dictionary of Jesus and the Gospels*, 2nd ed., Downers Grove: InterVarsity Press; Nottingham: Inter-Varsity Press, 684–692.

Cullman, O. (1995), *Prayer in the New Testament*, London: SCM. Cumerford, B. (2015), 'In What Ways Does the Book of the Twelve

Prepare for a New Movement in Salvation History?', MDiv thesis, St Lucia: Queensland Theological College.

Davids, P. H. (1982), *James*, NIGTC, Grand Rapids: Eerdmans. (1990),

——— *1 Peter*, NICNT, Grand Rapids: Eerdmans.

——— (2006), *The Letters of 2 Peter and Jude*, PNTC, Nottingham: Apollos.

Davis, D. R. (1999), *2 Samuel: Out of Every Adversity*, FOTB, Tain: Christian Focus.

——— (2000), *Judges: Such a Great Salvation*, FOTB, Tain: Christian Focus.

——— (2007), *1 Kings: The Wisdom and the Folly*, FOTB, Tain: Christian Focus.

deClaisse-Walford, N., R. A. Jacobson and B. LaNeel Tanner (2014), *Psalms*, NICOT, Grand Rapids: Eerdmans.

Dillard, R. B. (1987), *2 Chronicles*, WBC, Waco: Word.

——— (1992), 'Joel', in T. E. McComiskey (ed.), *The Minor Prophets: An Exegetical & Expository Commentary*, vol. 1, Grand Rapids: Baker Academic, 203–248.

Dozemann, T. B. (2009), *Exodus*, ECC, Grand Rapids: Eerdmans.

Dunn, J. D. G. (1992), 'Prayer', in J. B. Green, S. McKnight and I. H. Marshall (eds.), *Dictionary of Jesus and the Gospels*, Downers Grove: IVP Academic; Leicester: Inter-Varsity Press, 617–625.

Ellingworth, P. (1993), *The Epistle to the Hebrews*, NIGTC, Grand Rapids: Eerdmans.

Farris, S. (2001), 'The Canticles of Luke's Infancy Narrative as the Appropriation of a Biblical Tradition', in R. N. Longenecker (ed.), *Into God's Presence: Prayer in the New Testament*, Grand Rapids: Eerdmans, 91–112.

Finkel, A. (2001), 'Prayer in Jewish Life of the First Century as Back- ground to Early Christianity', in R. N. Longenecker (ed.), *Into God's Presence: Prayer in the New Testament*, Grand Rapids: Eerdmans, 43–65.

Firth, D. G. (2009), *1 & 2 Samuel*, AOTC, Nottingham: Apollos; Downers Grove: InterVarsity Press.

Forsyth, P. T. (1916), *The Soul of Prayer*, London: Independent.

France, R. T. (1985), *Matthew*, TNTC, Leicester: Inter-Varsity Press.

——— (2007), *Matthew*, NICNT, Grand Rapids: Eerdmans.

Fredericks, D. C., and D. J. Estes (2010), *Ecclesiastes and the Song of Songs*, AOTC, Nottingham: Apollos; Downers Grove: InterVarsity Press.

Futato, M. D. (2007), *Interpreting the Psalms*, Grand Rapids: Kregel. Garrett, D. A. (2012), 'Joel: Book of', in M. J. Boda and J. G. McConville (eds.), *Dictionary of the Old Testament Prophets*, Downers Grove: IVP Academic; Nottingham: Inter-Varsity Press, 449–455.

Gerstenberger, E. S. (1988), *Psalms: Part 1*, FOTL, Grand Rapids: Eerdmans.

Goldingay, J. (2008), *Psalms Volume 3: Psalms 90–150*, BCOTWP, Grand Rapids: Baker.

Goldsworthy, G. (2003), *Prayer and the Knowledge of God*, Leicester: Inter-Varsity Press.

Gordon, R. P. (1986), *1 & 2 Samuel*, Exeter: Paternoster.

Grant, J. A. (2004), *The King as Exemplar: The Function of Deuter- onomy's Kingship Law in the Shaping of the Book of Psalms*, AcBib 17, Atlanta: Society of Biblical Literature.

Green, J. B. (2001), 'Persevering Together in Prayer – the Significance of Prayer in the Acts of the Apostles', in R. N. Longenecker (ed.), *Into God's Presence: Prayer in the New Testament*, Grand Rapids: Eerdmans, 183–202.

Greenberg, M. (1983), *Biblical Prose Prayer: As a Window to the Popular Religion of Ancient Israel*, Berkeley: University of California.

Gregg, R. C. (1980), *Athanasius: The Life of Anthony and the Letter to Marcellinus*, Mahwah, N.J.: Paulist Press.

Gundry, R. H. (1993), *Mark: A Commentary for His Apology for the Cross*, Grand Rapids: Eerdmans.

Gunkel, H. (1967), *The Psalms – a Form Critical Introduction*, Minneapolis: Fortress.

——— (1998), *Introduction to Psalms: The Genres of the Religious Lyric of Israel*, MLBS, Macon, Ga.: Mercer University Press.

Gunn, D. M. (1980), *The Fate of King Saul*, Sheffield: Sheffield Academic Press.

Hallesby, O. (1948), *Prayer*, Leicester: Inter-Varsity Press.

Harrison, R. K. (1973), *Jeremiah and Lamentations*, TOTC, Leicester: Inter-Varsity Press.

Hobbs, T. R. (1986), *2 Kings*, WBC, Waco: Word.

Hossfeld, F.-L., and E. Zenger (2005), *Psalms 2: A Commentary on Psalms 51–100*, Hermeneia, Minneapolis: Fortress.

——— (2011), *Psalms 3: A Commentary on Psalms 101–150*, Hermeneia, Minneapolis: Fortress.

Hertzberg, H. W. (1964), *1, 2 Samuel*, OTL, London: SCM.

House, P. R. (1990), *The Unity of the Twelve*, Sheffield: Almond.
——— (1995), *1,2 Kings*, NAC, Nashville: Holman.
Houston, J. (1989), *Prayer: The Transforming Friendship*, Oxford: Lion.
Howard Jr., D. M. (2005), 'The Psalms and Current Study', in D. G. Firth and P. S. Johnston (eds.), *Interpreting the Psalms*, Leicester: Apollos, 23–40.
Jacobson, R. A. (2004), *Many Are Saying: The Function of Direct Discourse in the Hebrew Psalter*, London: T. & T. Clark.
Jenson, P. P. (2008), *Obadiah, Jonah, Micah: A Theological Commen- tary*, LHB/OTS, New York: T. & T. Clark.
Jeremias, J. (1967), *The Prayers of Jesus*, London: SCM.
Jobes, K. H. (2014), *1, 2, and 3 John*, ZECNT, Grand Rapids: Zondervan.
Johnston, P. S., and D. G. Firth (2005), *Interpreting the Psalms*, Leicester: Apollos.
Johnstone, W. B. (1986), 'Guilt and Atonement: The Theme of 1 and 2 Chronicles', in J. D. Martin and P. R. Davies (eds.), *A Word in Season: Essays in Honour of William McKane*, JSOTSup 42, Sheffield: JSOT Press, 113–138.
Jung, K. N. (1990), 'Prayer in the Psalms', in D. A. Carson (ed.), *Teach Us to Pray: Prayer in the Bible and the World*, Grand Rapids: Baker, 35–57.
Keener, C. S. (2012), *Acts: An Exegetical Commentary*, vol. 1: *Intro- duction and 1:1–2:47*, Grand Rapids, Baker.

Keller, T. J. (2014), *Prayer: Experiencing Awe and Intimacy with God*, New York: Dutton.

Kelly, D. F. (1990), 'Prayer and Union with Christ', *SBET* 8.2: 109–127. Kidner, D. (1973), *Psalms 1–72*, TOTC, Leicester: Inter-Varsity Press.

Knohl, I. (1988), 'The Conception of God and Cult in the Priestly Torah and in the Holiness School', PhD diss., Jerusalem: Hebrew University of Jerusalem.

Köstenberger, A. J. (2004), *John*, BECNT, Grand Rapids: Baker.

——— (2008), *Father, Son and Spirit: The Trinity in John's Gospel*, NSBT: Nottingham: Apollos; Downers Grove: InterVarsity Press.

Köstenberger, A. J., and T. R. Schreiner (eds.) (2005), *Women in the Church: An Analysis and Application of 1 Timothy 2:9–15*, Grand Rapids: Baker.

Kraus, H.-J. (1993a), *Psalms 1–59*, CC, Minneapolis: Fortress.

——— (1993b), *Psalms 60–150*, CC, Minneapolis: Fortress.

Leithart, P. J. (2006), *1 & 2 Kings*, BTCB, Grand Rapids: Brazos.

Lenski, R. C. H. (1946), *The Interpretation of St. Luke's Gospel*, Minneapolis: Augsburg.

Levine, B. A. (1993), *Numbers 1–20: A New Translation*, AB, New York: Doubleday.

Lincoln, A. T. (1990), *Ephesians*, WBC, Waco: Word.

——— (2001), 'God's Name, Jesus' Name, and Prayer in the Fourth Gospel', in R. N. Longenecker (ed.), *Into God's*

*Presence: Prayer in the New Testament*, Grand Rapids: Eerdmans, 155–180.

Lloyd-Jones, D. M. (2000), *The Assurance of Our Salvation: Exploring the Depth of Jesus' Prayer for His Own: Studies in John 17*, Wheaton: Crossway.

Longenecker, R. N. (ed.) (2001), *Into God's Presence: Prayer in the New Testament*, Grand Rapids: Eerdmans.

Longman III, T. (1999), *Daniel*, NIVAC, Grand Rapids, Zondervan.

——— (2012), *Job*, BECOT, Grand Rapids: Baker.

Lovelace, R. F. (1979), *The Dynamics of Spiritual Life*, Downers Grove: InterVarsity Press.

McCarter, K. (1980), *1 Samuel*, AB, New York: Doubleday.

McConville, J. G. (1992), '1 Kings 8:46–53 and the Deuteronomic Hope', *VT* 42.1: 67–79.

——— (1993a), *Grace in the End*, Grand Rapids: Zondervan.

——— (1993b), *Judgment and Promise*, Leicester: Apollos.

McKeown, J. (2008), *Genesis*, THOTC, Grand Rapids: Eerdmans.

Marshall, I. H. (1978), *The Gospel of Luke*, NIGTC: Grand Rapids: Eerdmans.

——— (2001), 'Jesus – Example and Teacher of Prayer in the Synoptics', in R. N. Longenecker (ed.), *Into God's Presence: Prayer in the New Testament*, Grand Rapids: Eerdmans, 113–131.

Martin, R. P. (1988), *James*, WBC, Waco: Word.

Metzger, J. A. (2010), 'God as F(r)iend? Reading Luke 11:5–13 & 18:1–8 with a Hermeneutic of Suffering', *HBT* 32: 33–57.

Milgrom, J. (1991), *Leviticus 1–16*, AB, New York: Doubleday.

Miller Jr., P. D. (1994), *They Cried to the Lord: The Form and Theology of Biblical Prayer*, Minneapolis: Fortress.

Miller, P. E. (2009), *A Praying Life*, Carol Stream, Ill.: NavPress.

Mitchell, D. C. (1997), *Message of the Psalter: An Eschatological Programme in the Book of Psalms*, JSOTSup 252, Sheffield: JSOT Press.

——— (2006), 'Lord, Remember David: G. H. Wilson and the Message of the Psalter', *VT* 56.4: 526–548.

Moo, D. J. (1996), *The Epistle to the Romans*, NICNT, Grand Rapids: Eerdmans.

——— (2008), *The Letters to Colossians and Philemon*, NIGTC, Grand Rapids: Eerdmans.

Morris, L. (1992), *The Gospel According to Matthew*, Leicester: Apollos.

———(1995), *The Gospel According to John*, NICNT: Grand Rapids: Eerdmans.

Motyer, J. A. (1959), *Revelation of the Divine Name*, London: Tyndale.

———(1999), *Isaiah*, TOTC, Leicester: Inter-Varsity Press.

Mounce, R. H. (1997), *The Book of Revelation*, NICNT, Grand Rapids: Eerdmans.

Mowinckel, S. (1962), *The Psalms as Israel's Worship*, repr., Grand Rapids: Eerdmans, 2004.

Ng, E. Y. L. (1990), 'Prayer in Revelation', in D. A. Carson (ed.), *Teach Us to Pray: Prayer in the Bible and the World*, Grand Rapids: Baker, 119–135.

O'Brien, P. T. (1973), 'Prayer in Luke-Acts', *TynB* 24: 111–127.

——— (1977), *Introductory Thanksgivings in the Letters of Paul*, NTS, Leiden: Brill.

——— (1982), *Colossians–Philemon*, WBC, Waco: Word.

——— (1991), *Philippians*, NIGTC, Grand Rapids: Eerdmans.

——— (1999), *The Letter to the Ephesians*, PNTC, Leicester: Apollos.

——— (2010), *Hebrews*, PNTC, Grand Rapids: Eerdmans; Nottingham: Apollos.

O'Donnell, D. S. (2013), *Matthew: All Authority in Heaven and on Earth*, PTW, Wheaton: Crossway.

Olson, D. T. (1996), *Numbers*, Interpretation, Louisville: Westminster John Knox.

Parry, R. A. (2010), *Lamentations*, THOTC, Grand Rapids: Eerdmans.

Peterson, D. G. (1990a), 'Prayer in the General Epistles', in D. A. Carson (ed.), *Teach Us to Pray: Prayer in the Bible and the World*, Grand Rapids: Baker, 102–118.

——— (1990b), 'Prayer in Paul's Writings', in D. A. Carson (ed.), *Teach Us to Pray: Prayer in the Bible and the World*, Grand Rapids: Baker, 84–101.

——— (2009), *The Acts of the Apostles*, PNTC, Grand Rapids: Eerdmans; Nottingham: Apollos.

Petterson, A. R. (2015), *Haggai, Zechariah, Malachi*, AOTC, Notting- ham: Apollos; Downers Grove: InterVarsity Press.

Philip, W. (2015), *Why We Pray*, Wheaton: Crossway; Nottingham: Inter-Varsity Press.

Pitkänen, P. M. A. (2012), *Joshua*, AOTC, Nottingham: Apollos; Downers Grove: InterVarsity Press.

Pritchard, J. B. (1969), *Ancient Near Eastern Texts Relating to the Old Testament*, Princeton: Princeton University Press.

Provan, I. M. (1995), *1 & 2 Kings*, NIBC, Peabody, Mass.: Hendrickson. Rad, G. von (1972), *Genesis*, OTL, London: SCM.

Reif, S. C. (1993), *Judaism and Hebrew Prayer*, Cambridge: Cambridge University Press.

Reventlow, H. G. (1986), *Gebet im Alten Testament*, Stuttgart: Kohlhammer.

Ross, A. (1997), 'šēm', in *NIDOTTE* 5: 147–151.

Ryle, J. C. (1998), *Practical Religion*, Edinburgh: Banner of Truth. Sarkissian, M. J. (2009), *Before God: The Biblical Doctrine of Prayer*, Maitland: Xulon.

Sawyer, J. F. A. (1980), 'Types of Prayer in the Old Testament: Some Semantic Observations on Hitpallell, Hithannen etc.', *Semitics* 7: 131–143.

Schaefer, K. (2001), *Berit Olam Studies in Hebrew Narrative and Poetry: Psalms*, Collegeville, Minn.: Liturgical Press.

Schnabel, E. J. (2012), *Acts*, ZECNT, Grand Rapids: Zondervan.

Schreiner, T. R. (1998), *Romans*, BECNT, Grand Rapids: Baker.

Seitz, C. R. (2001), 'Prayer in the Old Testament or Hebrew Bible', in R. N. Longenecker (ed.), *Into God's Presence: Prayer in the New Testament*, Grand Rapids: Eerdmans, 3–22.

Sweeney, M. A. (2007), *1 & 2 Kings*, OTL, Atlanta: Westminster John Knox.

Talmon, S. (1978), 'The Emergence of Institutionalised Prayer in Israel in the Light of the Qumran Literature', in M. Delcor (ed.), *Qumran: sa piété, sa théologie et son milieu*, Paris: Duculot, 265–284.

Thiselton, A. C. (2001), *1 Corinthians*, NIGTC, Grand Rapids: Eerdmans.

Thompson, J. A. (1980), *Jeremiah*, NICOT, Grand Rapids: Eerdmans.

Thompson, M. E. W. (1996), *I Have Heard Your Prayer: The Old Testament and Prayer*, Peterborough: Epworth.

Towner, P. H. (2006), *1, 2 Timothy, Titus*, NICNT, Grand Rapids: Eerdmans.

Turner, M. M. B. (1990), 'Prayer in the Gospels and Acts', in D. A. Carson (ed.), *Teach Us to Pray: Prayer in the Bible and the World*, Grand Rapids: Baker, 58–83.

Verhoef, P. A. (1997), 'Prayer', in *NIDOTTE* 4: 1060–1066.

Walton, J. H. (2006), *Ancient Near Eastern Thought and the Old Testament*, Grand Rapids: Baker; Nottingham: Apollos.

——— (2011), *Genesis*, NIVAC, Grand Rapids: Zondervan.

Webb, B. G. (2012), *Judges*, NICOT, Grand Rapids: Eerdmans.

Wenham, G. J. (1979), *Leviticus*, NICOT, Grand Rapids: Eerdmans.

Westermann, C. (1980), *The Psalms: Structure, Content, Message*, Kitchener, Ont.: Augsburg Fortress Canada.

——— (1981), *Praise and Lament in the Psalms*, Atlanta: Westminster John Knox.

——— (1982), *Elements of Old Testament Theology*, Atlanta: John Knox.

Westermann, C. (1987), *Genesis 1–11*, CC, Minneapolis: Fortress.

Williamson, H. G. M. (1977), 'Eschatology in Chronicles', *TynB* 28: 115–154.

——— (1985), *Ezra-Nehemiah*, WBC, Waco: Word.

Wilson, G. H. (1985), *The Editing of the Hebrew Psalter*, SBLDS 85, Atlanta: Society of Biblical Literature Press.

——— (2002), *Psalms*, NIVAC, Grand Rapids: Zondervan.

Wilson, I. (1995), *Out of the Midst of the Fire: Divine Presence in Deuteronomy*, SBLDS 151, Atlanta: Society of Biblical Literature Press.

Winter, B. W. (2001), *After Paul Left Corinth*, Grand Rapids: Eerdmans.

Witherington III, B. (2007), *Letters and Homilies for Jewish Christians: A Socio-Rhetorical Commentary on Hebrews, James and Jude*, Downers Grove: InterVarsity Press; Nottingham: Apollos.

Woodhouse, J. (2008), *1 Samuel: Looking for a Leader*, PTW, Wheaton: Crossway.

Woudstra, M. (1981), *Joshua*, NICOT, Grand Raids: Eerdmans.

Wray Beal, L. M. (2014), *1 & 2 Kings*, AOTC, Nottingham: Apollos; Downers Grove: InterVarsity Press.

Wright, N. T. (1997), *The Lord and His Prayer*, Grand Rapids: Eerdmans.

——— (2001), 'The Lord's Prayer as a Paradigm of Christian Prayer', in R. N. Longenecker (ed.), *Into God's Presence: Prayer in the New Testament*, Grand Rapids: Eerdmans, 132–154.

Zimmerli, W. T. (1978), *Old Testament Theology in Outline*, Edinburgh: T. & T. Clark.

www.ingramcontent.com/pod-product-compliance
Lightning Source LLC
Chambersburg PA
CBHW071558080526
44588CB00010B/949